Collection dirigée par
Johan Faerber

Charles Baudelaire
Les Fleurs du mal (1857-1868)

**Texte intégral
suivi d'un dossier Nouveau BAC**

Édition annotée et commentée par
Florence Bouchy

Avec la collaboration
d'**Hubert Curial**
et de **Johan Faerber**

avec le parcours « **Alchimie poétique : la boue et l'or** »

sommaire

L'AVANT-TEXTE

POUR SITUER L'ŒUVRE DANS SON CONTEXTE

- 12   Qui est l'auteur ?
- 14   Quel est le contexte historique ?
- 16   Quel est le contexte littéraire et artistique ?
- 18   Pourquoi vous allez aimer ce recueil

LE TEXTE

- 6   Liste des poèmes
- 380   Index des poèmes

Les Fleurs du mal

- 19   L'édition de 1857
- 195   Poèmes apportés par l'édition de 1861
- 263   Poèmes apportés par *Les Épaves* en 1866
- 291   Poèmes apportés par l'édition de 1868

Des clés *pour vous guider*

- 31   « Correspondances »
- 41   « L'Ennemi »
- 44   « La Vie antérieure »
- 52   « La Beauté »
- 58   « Parfum exotique »
- 69   « Une charogne »
- 103   « L'Invitation au voyage »
- 110   « L'Héautontimorouménos »
- 124   « Spleen »
- 183   « L'Âme du vin »
- 207   « L'Albatros »
- 251   « À une passante »

Bilan de *lecture*

- 306   12 questions pour faire le point

© Hatier Paris 2020 - ISBN 978-2-401-6360-0

LE PARCOURS LITTÉRAIRE

POUR METTRE L'ŒUVRE EN PERSPECTIVE

Alchimie poétique : la boue et l'or

I. Le poète, alchimiste de la laideur

1. Baudelaire : « tu m'as donné ta boue et j'en ai fait de l'or »
309 Baudelaire, « Alchimie de la douleur »
310 Baudelaire, « Ébauche d'un épilogue
pour la 2e édition des *Fleurs du mal* »
313 Baudelaire, « Une charogne »

2. Victor Hugo : l'éloge de la laideur
314 Hugo, « J'aime l'araignée et j'aime l'ortie »

3. Le comte de Lautréamont : le culte de la laideur
315 Lautréamont, « Le Pou »

II. Le poète, alchimiste du quotidien

1. Paul Verlaine : la beauté impressionniste de la ville
317 Verlaine, « Le bruit des cabarets, la fange du trottoir »

2. Germain Nouveau : la beauté espiègle du banal
318 Nouveau, « Le Peigne »

3. Émile Verhaeren : la beauté nouvelle du monde industriel
320 Verhaeren, « Les Usines »

III. L'alchimiste du verbe

1. Arthur Rimbaud : l'alchimie par l'image
323 Rimbaud, « Alchimie du verbe »

2. Tristan Corbière : l'alchimie par la musicalité
325 Corbière, « le Crapaud »

3. Guillaume Apollinaire : la beauté de la langue familière
326 Apollinaire, « Réponse des Cosaques Zaporogues
au Sultan de Constantinople »

LE DOSSIER

POUR APPROFONDIR SA LECTURE ET S'ENTRAINER POUR LE BAC

Fiches de lecture

331   FICHE 1 • *Les Fleurs du mal* : la fiche d'identité

333   FICHE 2 • L'architecture du recueil
> Une exigence de composition
> Des thèmes subversifs

337   FICHE 3 • La figure du poète
> Les missions du poète
> Une figure du déchirement

340   FICHE 4 • Le spleen
> Les circonstances propices au spleen
> Les effets du spleen
> Les antidotes au spleen

343   FICHE 5 • L'image de la femme
> La femme célébrée
> La femme détestée
> La femme, un thème clé du lyrisme baudelairien

348   FICHE 6 • L'écriture poétique
> Une écriture moderne
> Une forme privilégiée : le sonnet
> Une écriture expressive
> Une écriture musicale

354   FICHE 7 • *Les Fleurs du mal* en 10 citations

Groupement de textes complementaires

La fuite du temps, source de création artistique

356   DOC. 1 • Baudelaire, « L'Ennemi »

356   DOC. 2 • Musset, « Tristesse »

357   DOC. 3 • Apollinaire, « Automne malade »

358   DOC. 4 • Aragon, « Je chante pour passer le temps »

Prolongements artistiques et culturels
Baudelaire, le poète des peintres

361   **IMAGE 1** • Della Vecchia, *Les Trois Parques* (XVIIe siècle)

361   **IMAGE 2** • Watteau, *L'Embarquement pour Cythère* (1717)

362   **IMAGE 3** • Delacroix, *Dante et Virgile aux Enfers* (1822)

362   **IMAGE 4** • Courbet, *Portrait de Baudelaire* (1848)

363   **IMAGE 5** • Matisse, *Luxe, calme et volupté* (1904)

Sujets de BAC

▪ L'épreuve écrite

364   SUJET DE DISSERTATION 1 : « Concevoir un beau banal »

366   SUJET DE DISSERTATION 2 : « Tout est matière à poésie »

368   SUJET DE COMMENTAIRE : Hugo, « J'aime l'araignée… »

▪ L'épreuve orale

369   SUJET D'ORAL 1 : « Harmonie du soir »

371   SUJET D'ORAL 2 : « Le peigne »

372   DES IDÉES DE LECTURES CURSIVES

Les méthodes du BAC

374   Réussir la dissertation

376   Réussir le commentaire de texte

378   Réussir l'épreuve orale

Liste des poèmes

Les poèmes surlignés sont étudiés dans l'une de ces trois rubriques : « Clés pour vous guider », « Parcours littéraire » ou « Sujet d'oral ». Ils font l'objet d'un marquage spécifique au fil du texte.

L'ÉDITION DE 1857

Au lecteur 21

Spleen et Idéal

1. Bénédiction 24
2. Le Soleil 28
3. Élévation 29
4. Correspondances 30
5. « J'aime le souvenir de ces époques nues... » 32
6. Les Phares 34
7. La Muse malade 37
8. La Muse vénale 38
9. Le Mauvais Moine 39
10. L'Ennemi 40
11. Le Guignon 42
12. La Vie antérieure 43
13. Bohémiens en voyage 45
14. L'Homme et la Mer 46
15. Don Juan aux Enfers 47
16. Châtiment de l'orgueil 49
17. La Beauté 51
18. L'Idéal 53
19. La Géante 54
20. Les Bijoux 55
21. Parfum exotique 57
22. « Je t'adore à l'égal de la voûte nocturne... » 59
23. « Tu mettrais l'univers entier dans ta ruelle... » 60
24. Sed non satiata 61
25. « Avec ses vêtements ondoyants et nacrés... » 63
26. Le Serpent qui danse 64
27. Une charogne 66
28. De profundis clamavi 70
29. Le Vampire 71

30. Le Léthé 73
31. *« Une nuit que j'étais près d'une affreuse Juive »* 73
32. Remords posthume 76
33. Le Chat *(« Viens, mon beau chat... »)* 77
34. Le Balcon 78
35. *« Je te donne ces vers afin que si mon nom »* 80
36. Tout entière 81
37. *« Que diras-tu ce soir, pauvre âme solitaire »* 83
38. Le Flambeau vivant 84
39. À celle qui est trop gaie 85
40. Réversibilité 87
41. Confession 89
42. L'Aube spirituelle 91
43. Harmonie du soir 92
44. Le Flacon 93
45. Le Poison 95
46. Ciel brouillé 96
47. Le Chat *(« Dans ma cervelle se promène... »)* 97
48. Le Beau Navire 99
49. L'Invitation au voyage 101
50. L'irréparable 104
51. Causerie 107
52. L'Héautontimorouménos 108
53. Franciscæ meæ laudes 111
54. À une Dame créole 113
55. Mœsta et errabunda 114
56. Les Chats 116
57. Les Hiboux 117
58. La Cloche fêlée 118
59. Spleen *(« Pluviôse, irrité... »)* 119
60. Spleen *(« J'ai plus de souvenirs... »)* 120
61. Spleen *(« Je suis comme le roi... »)* 122
62. Spleen *(« Quand le ciel bas et lourd... »)* 123
63. Brumes et pluies 125
64. L'irrémédiable 126
65. À une mendiante rousse 129
66. Le Jeu 132
67. Le Crépuscule du soir 134

68. Le Crépuscule du matin 136
69. *« La servante au grand cœur dont vous étiez jalouse »* 138
70. *« Je n'ai pas oublié, voisine de la ville »* 139
71. Le Tonneau de la haine 140
72. Le Revenant 141
73. Le Mort joyeux 142
74. Sépulture 143
75. Tristesses de la lune 144
76. La Musique 145
77. La Pipe 146

Fleurs du mal

78. La Destruction 147
79. Une martyre 148
80. Lesbos 151
81. Femmes damnées – Delphine et Hippolyte 155
82. Femmes damnées *(« Comme un bétail pensif... »)* 160
83. Les Deux Bonnes Sœurs 162
84. La Fontaine de sang 163
85. Allégorie 164
86. La Béatrice 165
87. Les Métamorphoses du vampire 167
88. Un voyage à Cythère 169
89. L'Amour et le Crâne 172

Révolte

90. Le Reniement de saint Pierre 174
91. Abel et Caïn 176
92. Les litanies de Satan 178

Le Vin

93. L'Âme du vin 181
94. Le Vin des chiffonniers 184
95. Le Vin de l'assassin 186
96. Le Vin du solitaire 189
97. Le Vin des amants 190

La Mort

98. La Mort des amants 191
99. La Mort des pauvres 192
100. La Mort des artistes 193

POÈMES APPORTÉS PAR L'ÉDITION DE 1861

[Fin de] La Mort

101. La Fin de la journée 197
102. Le Rêve d'un curieux 198
103. Le Voyage 199

[Suite à] Spleen et Idéal

104. L'Albatros 206
105. Le Masque 208
106. Hymne à la Beauté 210
107. La Chevelure 212
108. Duellum 214
109. Le Possédé 215
110. Un fantôme 216
    I. Les Ténèbres 216
    II Le Parfum 216
    III. Le Cadre 217
    IV. Le Portrait 218
111. Semper eadem 219
112. Chant d'automne 220
113. À une Madone 222
114. Chanson d'après-midi 225
115. Sisina 227
116. Sonnet d'automne 228
117. Une gravure fantastique 229
118. Obsession 230
119. Le Goût du néant 231
120. Alchimie de la douleur 232
121. Horreur sympathique 233
122. L'Horloge 234

Tableaux parisiens

123. Paysage 236
124. Le Cygne 238
125. Les Sept Vieillards 241
126. Les Petites Vieilles 244
127. Les Aveugles 249
128. À une passante 250
129. Le Squelette laboureur 252
130. Danse macabre 254
131. L'Amour du mensonge 257
132. Rêve parisien 259

POÈMES APPORTÉS PAR L'ÉDITION DE 1866

133. Le Coucher du soleil romantique 265
134. Le Jet d'eau 266
135. Les Yeux de Berthe 268
136. Hymne 269
137. Les Promesses d'un visage 270
138. Le Monstre ou le paranymphe d'une nymphe macabre 271
139. Vers pour le portrait de M. Honoré Daumier 275
140. Lola de Valence 276
141. Sur *Le Tasse en prison* d'Eugène Delacroix 277
142. La Voix 278
143. L'Imprévu 280
144. La Rançon 283
145. À une Malabaraise 284
146. Sur les débuts d'Amina Boschetti 286
147. À M. Eugène Fromantin. À propos d'un importun
     qui se disait son ami 287
148. Un cabaret folâtre 290

POÈMES APPORTÉS PAR L'ÉDITION DE 1868

149. Le Gouffre 292
150. Le Couvercle 293
151. L'Examen de minuit 294
152. L'Avertisseur 296

153. Le Rebelle 297
154. Les Plaintes d'un Icare 298
155. La Prière d'un païen 299
156. Bien loin d'ici 300
157. Madrigal triste 301
158. La Lune offensée 303
159. Recueillement 304
160. Épigraphe pour un livre condamné 305

L'AUTEUR

Qui est l'auteur ?

CHARLES BAUDELAIRE (1821-1867)

Une jeunesse douloureuse

- Baudelaire perd son père à l'âge de six ans. Sa mère se remarie avec le commandant Aupick. L'enfant en éprouve un sentiment d'abandon d'autant plus fort qu'il est mis en pension.
- Après son baccalauréat (1839), Baudelaire fréquente les milieux littéraires, mène une vie libre et contracte une maladie vénérienne. Effrayés, sa mère et son beau-père l'obligent à s'embarquer pour Calcutta, afin de l'éloigner de Paris. Mais Baudelaire ne va pas plus loin que l'île de La Réunion et revient en France.

Jeanne Duval,
dessin de Baudelaire

Misère, amour et poésie

- L'héritage de son père, qu'il touche à sa majorité, lui permet de mener un temps une existence dorée. Mais bientôt les dettes s'accumulent.
- En 1842, il devient l'amant de Jeanne Duval, une actrice vraisemblablement d'origine haïtienne, à laquelle il restera lié après leur séparation.
- Ses premières publications dans diverses revues ne le guérissent pas de ses angoisses. Après un suicide raté en 1845, il s'adonne à ce qu'il nommera ses « paradis artificiels » : drogue, alcool et sexe.

Une fin de vie tragique

- En 1852, le poète rencontre madame Sabatier à qui il vouera longtemps un amour platonique et idéalisé.
- En 1857, il publie *Les Fleurs du mal*, aussitôt condamnées par la justice et censurées. Suivent en 1860, *Les Paradis artificiels* et, en 1862, vingt-et-un poèmes en prose qui seront édités plus tard dans *Le Spleen de Paris*.
- Paralysé et aphasique, après quasiment un an d'agonie, Baudelaire meurt en août 1867.

Les Fleurs du mal
sont censurées par la justice

● Succès et scandale

Le 21 juin 1857 paraissent *Les Fleurs du mal*. C'est le succès : Gustave Flaubert, Victor Hugo, Théophile Gautier et bien d'autres en louent la modernité et la profondeur. Et c'est le scandale. Le 5 juillet, un article du *Figaro* dénonce leur immoralité. L'époque est à la vertu et l'ordre moral. En janvier de la même année, Flaubert a lui aussi été traîné devant les tribunaux pour le même motif à propos de *Madame Bovary*. Dès le 7 juillet, la justice est saisie et poursuit Baudelaire pour « atteinte à la morale religieuse » et « offense aux bonnes mœurs ».

Frontispice d'une édition des *Fleurs du mal*, 1817

● Condamnation et censure

Le 20 août le jugement tombe. Si Flaubert a été acquitté, Baudelaire, lui, est condamné. Le grief d'« atteinte à la morale religieuse » est abandonné, mais pas celui d'« offense aux bonnes mœurs ». Baudelaire doit s'acquitter d'une amende de 300 francs-or, somme alors importante (plus tard réduite à 50 francs sur intervention de l'impératrice Eugénie). Son éditeur doit, lui, payer une amende de 100 francs. Surtout, six poèmes sont censurés et doivent être supprimés du recueil. Il faudra attendre 1866 pour qu'ils soient tous publiés, à Bruxelles.

● Une réhabilitation judiciaire très tardive

Ce n'est que près d'un siècle plus tard, le 31 mai 1949, qu'un arrêté officiel du ministère de la Justice décharge Baudelaire de toute accusation et annule sa condamnation. C'est une réhabilitation pour l'Histoire, le poète étant mort depuis longtemps. Quant aux *Fleurs du mal*, elles n'en ont jamais eu besoin tant leur importance n'a cessé d'être reconnue. Avec ce recueil, en effet, la poésie entre dans l'ère de la modernité.

LE CONTEXTE

Quel est le contexte historique ?

Deux révolutions, trois régimes politiques

La restauration de la monarchie

• La chute du Premier Empire provoque la « restauration » (le rétablissement) de la monarchie : ce sont successivement les règnes de Louis XVIII (1815-1824) et de Charles X (1824-1830).

• La révolution de 1830, dite des « Trois Glorieuses » (27-29 juillet), renverse Charles X. Lui succède Louis-Philippe, à son tour renversé par la Révolution de 1848.

De la Deuxième République au Second Empire

• La Deuxième République est proclamée le 25 février 1848. Le prince Louis-Napoléon Bonaparte (neveu de Napoléon Ier) en est élu président le 10 décembre suivant. Il y met fin le 2 décembre 1851 par un coup d'État.

• Un an plus tard, le 2 décembre 1852, naît officiellement le Second Empire. Le prince-président, comme on l'appelait jusque-là, devient l'empereur Napoléon III. La guerre perdue en 1870 contre la Prusse entraînera sa chute. Le 4 septembre 1870 est alors proclamée la Troisième République.

Les transformations économiques et sociales

La naissance d'une civilisation industrielle

• Des progrès scientifiques se manifestent dans de nombreux domaines : en médecine, avec les découvertes en biologie de Claude Bernard (1853-1865) ; en physique, avec les travaux de Berthelot (1854) ; en astronomie, avec la découverte par Leverrier de la planète Neptune (1846)...

Les dates clés

1821	1830	1830-1848	1848
NAISSANCE DE BAUDELAIRE	Révolution de juillet Renversement de Charles X	Monarchie de juillet Règne de Louis-Philippe	Révolution de fé...

14 • Fleurs du mal

- Les progrès techniques ne sont pas moins importants : développement des chemins de fer à partir de 1840, invention du moteur à essence en 1860, construction des premières voitures automobiles en 1864, production massive d'acier favorisant les constructions métalliques de ponts et de viaducs.
- Le développement des banques et du crédit accompagne l'industrialisation du pays. C'est la naissance d'une civilisation et d'un capitalisme industriels.
- À Paris, le baron Haussmann (1809-1891) entreprend de grands travaux. Faisant raser les vieux quartiers, il fait ouvrir de larges avenues le long desquelles s'édifient des immeubles luxueux. Un Paris moderne surgit, non sans spéculation, contestation et violences.
- Témoins de ces progrès et évolutions, deux expositions universelles se tiennent dans la capitale en 1855 et 1867.

Travaux sur l'avenue de l'Opéra, XIXe siècle

Une société fortement inégalitaire

- La société s'en trouve profondément modifiée. Les concentrations industrielles généralisent le salariat, vécu comme une nouvelle forme d'esclavage. Un prolétariat, toujours plus nombreux, s'agglutine dans les faubourgs des grandes villes, exploité, mal payé, asservi aux machines et sans protection sociale.
- La « question sociale », selon l'expression de l'époque, devient un enjeu politique majeur et soulève un débat passionné sur les modes de production et la répartition des richesses. Des grèves, interdites depuis 1849, et des révoltes éclatent périodiquement pour de meilleurs salaires, une réduction du temps de travail, dont celui des enfants.
- Après une période autoritaire (1852-1860), le Second Empire se libéralise, timidement toutefois : instauration, dans des conditions très précises, du droit de grève en 1864 ; création de l'enseignement secondaire féminin en 1867…

1848-1852	**1852-1870**	**1867**
Deuxième République	Second Empire Règne de Napoléon III	Mort de Baudelaire

Avant-texte • 15

Quel est le contexte littéraire et artistique ?

Le règne du romantisme

En 1820, la publication par Lamartine (1790-1869) des *Méditations poétiques* marque la naissance officielle du romantisme.

☛ L'essor de la poésie lyrique

• L'amour et la mort, la fuite du temps, la nature, l'inquiétude religieuse, les préoccupations humanitaires en sont les thèmes majeurs.

• Ses deux principaux représentants sont Victor Hugo (1802-1885) avec par exemple *Les Feuilles d'automne* (1831) et Alfred de Musset (1810-1857) avec le cycle de ses *Nuits* (1835-1838).

☛ L'invention du drame romantique

• La tragédie classique est jugée trop figée. Le drame romantique entend la supplanter : place au mélange des genres, à la couleur locale, au mouvement.

• Les dramaturges les plus importants sont Victor Hugo, qui en est le théoricien (*Cromwell*, 1827 ; *Hernani*, 1830), Alfred de Vigny avec *Cinq-Mars* (1826) et *Chatterton* (1835) ainsi qu'Alfred de Musset avec *Lorenzaccio* (1834).

☛ L'explosion romanesque

• En faisant du « Moi » un objet d'étude, le romantisme favorise l'apparition d'un roman retraçant une destinée personnelle.

• Se voulant l'historien des mœurs de son temps, Honoré de Balzac (1799-1850) conçoit sa vaste fresque intitulée *La Comédie humaine* (1830-1850).

• Stendhal (1783-1842), de son côté dépeint des héros à la recherche du bonheur avec *Le Rouge et le Noir* (1830) et *La Chartreuse de Parme* (1839).

Les œuvres clés

1821	**1842**	**1854**	**1857**
NAISSANCE DE BAUDELAIRE	Aloysius Bertrand, *Gaspard de la Nuit*	Nerval, *Les Chimères*	Baudelaire, *Les Fleurs du m* Flaubert, *Madame Bovary*

16 • Fleurs du mal

🞂 La peinture romantique

• Rompant avec le néo-classicisme du xviiie siècle, Eugène Delacroix (1798-1863), le chef de file du romantisme en peinture, privilégie la modernité des sujets, le mouvement et la vivacité des couleurs. Ses tableaux les plus célèbres sont : *Scènes des massacres de Scio* (1824) et *La Liberté guidant le peuple* (1830).

• Théodore Géricault (1791-1824) est surtout connu pour son *Radeau des la méduse* (1818-1819), peint suite après le naufrage de la frégate Méduse sur la côte ouest de l'Afrique.

La contestation du romantisme

🞂 La bataille du réalisme

• Une réaction antiromantique se fait jour vers le milieu du siècle. Elle se livre d'abord en peinture. Le peintre Gustave Courbet (1819-1877) expose au salon de 1850-1851 *Un enterrement à Ornans*. C'est le scandale. On crie à la vulgarité, il réplique que c'est du réalisme. Le mot est lancé.

• Le roman s'en empare. L'observation et la description du réel doivent désormais l'emporter sur l'imagination. Gustave Flaubert (1821-1880) écrit *Madame Bovary* (1857).

🞂 L'art pour l'art et le Parnasse

• La poésie connaît une évolution différente. En 1852, Théophile Gautier (1811-1872) publie *Émaux et camées*. Il y prône le culte de la beauté de la forme au détriment du contenu. C'est la doctrine de « l'art pour l'art ».

• Quelques années plus tard, les poètes du Parnasse (Leconte de Lisle, Théodore de Banville, José Maria de Heredia) continueront à s'en inspirer. C'est à son ami Théophile Gautier que Baudelaire dédie *Les Fleurs du mal*.

1859	**1866**	**1867**
Hugo, *La Légende des siècles*	Verlaine, *Poèmes saturniens*	MORT DE BAUDELAIRE

Pourquoi vous allez AIMER CE RECUEIL

▶ *Parce que* Les Fleurs du mal *évoquent le destin d'un homme pris entre* SPLEEN et IDÉAL

Tiraillé entre l'idéal, qu'il ne peut atteindre, et le spleen, cette mélancolie profonde qui l'accable, Baudelaire dépeint le destin tumultueux d'un homme qui cherche à s'en libérer. Le poète se révolte, erre dans la ville, se réfugie dans le vin et les amours interdites, mais ce déchirement intérieur le consume et la mort n'en finit pas le hanter.

▶ *Parce que Baudelaire est* L'INVENTEUR de la MODERNITÉ

Baudelaire est celui qui a révolutionné la poésie en l'ouvrant à la modernité. Une modernité dans le choix des sujets : il n'y a plus aucun interdit, le poète peut parler de tout car il est un alchimiste capable de faire des pires horreurs une source de beauté insoupçonnée. Mais aussi une modernité formelle : il s'affranchit des règles établies pour fonder une poésie libérée des contraintes traditionnelles.

▶ *Parce que Baudelaire un grand* POÈTE de l'AMOUR

Cet amour est certes souvent malheureux et contrarié, mais son intensité est telle que toute sa création poétique s'en trouve bouleversée. Baudelaire a follement aimé trois femmes auxquelles il rend un vibrant hommage dans nombre de ses poèmes. Fascinante et adorée, la femme devient une source d'inspiration privilégiée. Mais elle peut aussi se montrer indifférente ou cruelle. Ce sont toutes ses amours qui inspirent au poète un lyrisme incandescent.

18 • Fleurs du mal

Les Fleurs du mal
(1857)

AU POÈTE IMPECCABLE
AU PARFAIT MAGICIEN ÈS LETTRES FRANÇAISES
À MON TRÈS CHER ET TRÈS VÉNÉRÉ
MAÎTRE ET AMI

THÉOPHILE GAUTIER *

AVEC LES SENTIMENTS
DE LA PLUS PROFONDE HUMILITÉ
JE DÉDIE
CES FLEURS MALADIVES
C. B.

L'édition originale de 1857, reproduite ici dans son intégralité, contient cent poèmes, soigneusement organisés en cinq sections. Elle est la seule édition, parue du vivant de Baudelaire, comportant les six pièces condamnées lors du procès des *Fleurs du mal*.

* Théophile Gautier (1811-1872) est un écrivain français qui fut le chef de file des poètes parnassiens.

Au lecteur

La sottise, l'erreur, le péché, la lésine[1],
Occupent nos esprits et travaillent nos corps,
Et nous alimentons nos aimables remords,
Comme les mendiants nourrissent leur vermine[2].

5 Nos péchés sont têtus, nos repentirs[3] sont lâches ;
Nous nous faisons payer grassement nos aveux,
Et nous rentrons gaiement dans le chemin bourbeux,
Croyant par de vils[4] pleurs laver toutes nos taches.

Sur l'oreiller du mal c'est Satan Trismégiste[5]
10 Qui berce longuement notre esprit enchanté,
Et le riche métal de notre volonté
Est tout vaporisé par ce savant chimiste.

ooo

---

1. Lésine : tendance excessive à l'épargne.
2. Vermine : insectes parasites.
3. Repentir : vif regret d'une faute que l'on veut réparer.
4. Vil : qui inspire le mépris.
5. Satan Trismégiste : trois fois grand. L'épithète est d'habitude attribuée au dieu Hermès, maître de la magie.

C'est le Diable qui tient les fils qui nous remuent !
Aux objets répugnants nous trouvons des appas [1] ;
15 Chaque jour vers l'Enfer nous descendons d'un pas,
Sans horreur, à travers des ténèbres qui puent.

Ainsi qu'un débauché pauvre qui baise et mange
Le sein martyrisé d'une antique catin [2],
Nous volons au passage un plaisir clandestin
20 Que nous pressons bien fort comme une vieille orange.

Serré, fourmillant, comme un million d'helminthes [3],
Dans nos cerveaux ribote [4] un peuple de Démons,
Et, quand nous respirons, la Mort dans nos poumons
Descend, fleuve invisible, avec de sourdes plaintes.

25 Si le viol, le poison, le poignard, l'incendie,
N'ont pas encor brodé de leurs plaisants dessins
Le canevas [5] banal de nos piteux destins,
C'est que notre âme, hélas ! n'est pas assez hardie.

Mais parmi les chacals, les panthères, les lices [6],
30 Les singes, les scorpions, les vautours, les serpents,
Les monstres glapissants, hurlants, grognants, rampants,
Dans la ménagerie infâme de nos vices,

---

1. Appas : charmes.

2. Catin : prostituée.

3. Helminthes : vers intestinaux.

4. Ribote : formé à partir de l'ancien verbe « riboter », se livrer à un excès de nourriture et de boisson.

5. Canevas : toile de fond des tapisseries. Par extension : plan, scénario.

6. Lice : femelle d'un chien de chasse.

Au lecteur (édition de 1857)

Il en est un plus laid, plus méchant, plus immonde !
Quoiqu'il ne pousse ni grands gestes ni grands cris,
35   Il ferait volontiers de la terre un débris
Et dans un bâillement avalerait le monde ;

C'est l'Ennui ! – l'œil chargé d'un pleur involontaire,
Il rêve d'échafauds en fumant son houka [1].
Tu le connais, lecteur, ce monstre délicat,
40   – Hypocrite lecteur, – mon semblable, – mon frère !

---

1. Houka : pipe à réservoir, ressemblant à un narguilé.

Spleen et Idéal

1
Bénédiction

Lorsque, par un décret des puissances suprêmes,
Le Poète apparaît en ce monde ennuyé,
Sa mère épouvantée et pleine de blasphèmes [1]
Crispe ses poings vers Dieu, qui la prend en pitié :

5 — « Ah ! que n'ai-je mis bas tout un nœud de vipères,
Plutôt que de nourrir cette dérision !
Maudite soit la nuit aux plaisirs éphémères
Où mon ventre a conçu mon expiation [2] !

« Puisque tu m'as choisie entre toutes les femmes [3]
10 Pour être le dégoût de mon triste mari,
Et que je ne puis pas rejeter dans les flammes,
Comme un billet d'amour, ce monstre rabougri,

« Je ferai rejaillir ta haine qui m'accable
Sur l'instrument maudit de tes méchancetés,
15 Et je tordrai si bien cet arbre misérable,
Qu'il ne pourra pousser ses boutons empestés ! »

---

1. Blasphème : insulte à l'égard d'un dieu ou d'une religion.
2. Expiation : souffrance destinée à purifier d'une faute.
3. Le second hémistiche est repris de la version française de l'*Ave Maria*.

Elle ravale ainsi l'écume de sa haine,
Et, ne comprenant pas les desseins éternels,
Elle-même prépare au fond de la Géhenne [1]
20 Les bûchers consacrés aux crimes maternels.

Pourtant, sous la tutelle invisible d'un Ange,
L'Enfant déshérité s'enivre de soleil,
Et dans tout ce qu'il boit et dans tout ce qu'il mange
Retrouve l'ambroisie [2] et le nectar vermeil.

25 Il joue avec le vent, cause avec le nuage,
Et s'enivre en chantant du chemin de la croix;
Et l'Esprit qui le suit dans son pèlerinage
Pleure de le voir gai comme un oiseau des bois.

Tous ceux qu'il veut aimer l'observent avec crainte,
30 Ou bien, s'enhardissant de sa tranquillité,
Cherchent à qui saura lui tirer une plainte,
Et font sur lui l'essai de leur férocité.

Dans le pain et le vin destinés à sa bouche
Ils mêlent de la cendre avec d'impurs crachats;
35 Avec hypocrisie ils jettent ce qu'il touche,
Et s'accusent d'avoir mis leurs pieds dans ses pas.

ooo

---

1. Géhenne: enfer.
2. Ambroisie: nourriture des dieux de l'Olympe qui leur procurait l'immor-
talité.

Sa femme va criant sur les places publiques :
« Puisqu'il me trouve assez belle pour m'adorer,
Je ferai le métier des idoles antiques,
40   Et comme elles je veux me faire redorer ;

« Et je me soûlerai de nard [1], d'encens, de myrrhe [2],
De génuflexions, de viandes et de vins,
Pour savoir si je puis dans un cœur qui m'admire
Usurper en riant les hommages divins !

45   « Et, quand je m'ennuierai de ces farces impies [3],
Je poserai sur lui ma frêle et forte main ;
Et mes ongles, pareils aux ongles des harpies [4],
Sauront jusqu'à son cœur se frayer un chemin.

« Comme un tout jeune oiseau qui tremble et qui palpite,
50   J'arracherai ce cœur tout rouge de son sein,
Et, pour rassasier ma bête favorite,
Je le lui jetterai par terre avec dédain ! »

Vers le Ciel, où son œil voit un trône splendide,
Le Poète serein lève ses bras pieux,
55   Et les vastes éclairs de son esprit lucide
Lui dérobent l'aspect des peuples furieux :

---

1. Nard : aromate très apprécié dans l'Antiquité.
2. Myrrhe : résine aromatique. Dans la Bible, les Rois mages offrent de l'or, de l'encens et de la myrrhe à l'Enfant Jésus.
3. Impie : qui offense la religion.
4. Harpie : dans la mythologie grecque, monstre à tête de femme et à corps de vautour.

Spleen et Idéal (édition de 1857)

— « Soyez béni, mon Dieu, qui donnez la souffrance
Comme un divin remède à nos impuretés
Et comme la meilleure et la plus pure essence
60 Qui prépare les forts aux saintes voluptés !

« Je sais que vous gardez une place au Poète
Dans les rangs bienheureux des saintes Légions,
Et que vous l'invitez à l'éternelle fête
Des Trônes, des Vertus, des Dominations.

65 « Je sais que la douleur est la noblesse unique
Où ne mordront jamais la terre et les enfers,
Et qu'il faut pour tresser ma couronne mystique
Imposer tous les temps et tous les univers.

« Mais les bijoux perdus de l'antique Palmyre [1],
70 Les métaux inconnus, les perles de la mer,
Par votre main montés, ne pourraient pas suffire
À ce beau diadème éblouissant et clair ;

« Car il ne serait fait que de pure lumière,
Puisée au foyer saint des rayons primitifs,
75 Et dont les yeux mortels, dans leur splendeur entière,
Ne sont que des miroirs obscurcis et plaintifs ! »

---

1. Palmyre : oasis du désert de Syrie, qui eut le monopole du commerce caravanier entre l'Inde et la Méditerranée aux IIe et IIIe siècles après J.-C.

Le Soleil

Le long du vieux faubourg, où pendent aux masures [1]
Les persiennes, abri des secrètes luxures [2],
Quand le soleil cruel frappe à traits redoublés
Sur la ville et les champs, sur les toits et les blés,
Je vais m'exercer seul à ma fantasque [3] escrime,
Flairant dans tous les coins les hasards de la rime,
Trébuchant sur les mots comme sur les pavés,
Heurtant parfois des vers depuis longtemps rêvés.

Ce père nourricier, ennemi des chloroses [4],
Éveille dans les champs les vers comme les roses ;
Il fait s'évaporer les soucis vers le ciel,
Et remplit les cerveaux et les ruches de miel.
C'est lui qui rajeunit les porteurs de béquilles
Et les rend gais et doux comme des jeunes filles,
Et commande aux moissons de croître et de mûrir
Dans le cœur immortel qui toujours veut fleurir !

Quand, ainsi qu'un poète, il descend dans les villes,
Il ennoblit le sort des choses les plus viles [5],
Et s'introduit en roi, sans bruit et sans valets,
Dans tous les hôpitaux et dans tous les palais.

---

1. Masure : petite maison misérable.
2. Luxure : recherche des plaisirs sexuels.
3. Fantasque : imprévisible, qui est sujet à des sautes d'humeur.
4. Chlorose : état maladif, résultant du manque de fer, et caractérisé par une pâleur verdâtre de la peau.
5. Vil : qui inspire le mépris.

Spleen et Idéal (édition de 1857)

3
Élévation

Au-dessus des étangs, au-dessus des vallées,
Des montagnes, des bois, des nuages, des mers,
Par-delà le soleil, par-delà les éthers [1],
Par-delà les confins des sphères étoilées,

5   Mon esprit, tu te meus avec agilité,
Et, comme un bon nageur qui se pâme dans l'onde,
Tu sillonnes gaiement l'immensité profonde
Avec une indicible et mâle volupté.

Envole-toi bien loin de ces miasmes [2] morbides ;
10   Va te purifier dans l'air supérieur,
Et bois, comme une pure et divine liqueur,
Le feu clair qui remplit les espaces limpides.

Derrière les ennuis et les vastes chagrins
Qui chargent de leur poids l'existence brumeuse,
15   Heureux celui qui peut d'une aile vigoureuse
S'élancer vers les champs lumineux et sereins ;

Celui dont les pensers, comme des alouettes,
Vers les cieux le matin prennent un libre essor,
– Qui plane sur la vie, et comprend sans effort
20   Le langage des fleurs et des choses muettes !

---

1. Éther : dans l'Antiquité, fluide qu'on se représentait régner au-dessus de l'atmosphère. Par extension, les éthers désignent les espaces célestes.
2. Miasmes : gaz, émanations censées propager les maladies infectieuses et les épidémies.

4
Correspondances

Clés ci-contre

La Nature est un temple où de vivants piliers
Laissent parfois sortir de confuses paroles ;
L'homme y passe à travers des forêts de symboles
Qui l'observent avec des regards familiers.

5 Comme de longs échos qui de loin se confondent
Dans une ténébreuse et profonde unité,
Vaste comme la nuit et comme la clarté,
Les parfums, les couleurs et les sons se répondent.

Il est des parfums frais comme des chairs d'enfants,
10 Doux comme les hautbois, verts comme les prairies,
— Et d'autres, corrompus, riches et triomphants,

Ayant l'expansion des choses infinies,
Comme l'ambre, le musc[1], le benjoin et l'encens[2],
Qui chantent les transports de l'esprit et des sens.

---

1. Ambre, musc : parfums précieux, d'origine animale, et très odorants.
2. Benjoin, encens : substances résineuses aromatiques, qui brûlent en répandant une odeur pénétrante.

Des clés
pour vous guider

« Correspondances »
Un poème des sens

« Correspondances » dévoile, dès l'ouverture du recueil, la manière dont Baudelaire conçoit le monde. La nature y est dépeinte comme un lieu symbolique et sacré que l'homme doit déchiffrer.

1) Comment la Nature est-elle représentée dans le premier quatrain ?

pour vous aider
- Relevez les termes qui assimilent la nature à un être vivant.
- Comment interprétez-vous l'usage du mot « temple » (v. 1) ?

2) Comment le second quatrain présente-t-il les « correspondances » ?

pour vous aider
Rappel : la synesthésie désigne une perception simultanée qui associe des sensations de nature différente. La notion de « correspondances » repose sur la théorie des synesthésies.

3) Quelles « correspondances » sensorielles établissent les deux tercets ?

4) GRAMMAIRE • Dans les vers 1 à 4, relevez les expansions du nom et identifiez leur fonction respective.

pour vous aider
L'expansion du nom désigne tout mot ou groupe de mots qui complète le nom dans un groupe nominal étendu.

POUR ALLER *plus loin*

LECTURE CURSIVE • Lisez « Ma Bohème » d'Arthur Rimbaud dans *Les Cahiers de Douai* (1872). Comparez la manière dont Baudelaire et Rimbaud évoquent la nature.

5

J'aime le souvenir de ces époques nues,
Dont Phoebus[1] se plaisait à dorer les statues.
Alors l'homme et la femme en leur agilité
Jouissaient sans mensonge et sans anxiété,
5 Et, le ciel amoureux leur caressant l'échine,
Exerçaient la santé de leur noble machine.
Cybèle[2] alors, fertile en produits généreux,
Ne trouvait point ses fils un poids trop onéreux,
Mais, louve au cœur gonflé de tendresses communes,
10 Abreuvait l'univers à ses tétines brunes.
L'homme, élégant, robuste et fort, avait le droit
D'être fier des beautés qui le nommaient leur roi ;
Fruits purs de tout outrage et vierges de gerçures,
Dont la chair lisse et ferme appelait les morsures !

15 Le Poète aujourd'hui, quand il veut concevoir
Ces natives grandeurs, aux lieux où se font voir[3]
La nudité de l'homme et celle de la femme,
Sent un froid ténébreux envelopper son âme
Devant ce noir tableau plein d'épouvantement.
20 Ô monstruosités pleurant leur vêtement !
Ô ridicules troncs ! torses dignes des masques !
Ô pauvres corps tordus, maigres, ventrus ou flasques,
Que le dieu de l'Utile, implacable et serein,

---

1. Phoebus : autre nom du dieu grec Apollon, lorsqu'il est considéré comme dieu de la lumière.
2. Cybèle : divinité représentant, dans le monde gréco-romain, la fertilité de la nature.
3. Aux lieux où se font voir : dans les ateliers des peintres notamment.

Spleen et Idéal (édition de 1857)

Enfants, emmaillota dans ses langes d'airain[1] !
25   Et vous, femmes, hélas ! pâles comme des cierges,
Que ronge et que nourrit la débauche, et vous, vierges,
Du vice maternel traînant l'hérédité
Et toutes les hideurs de la fécondité !
Nous avons, il est vrai, nations corrompues,
30   Aux peuples anciens des beautés inconnues :
Des visages rongés par les chancres[2] du cœur,
Et comme qui dirait des beautés de langueur ;
Mais ces inventions de nos muses tardives
N'empêcheront jamais les races maladives
35   De rendre à la jeunesse un hommage profond,
– À la sainte jeunesse, à l'air simple, au doux front,
À l'œil limpide et clair ainsi qu'une eau courante,
Et qui va répandant sur tout, insouciante
Comme l'azur du ciel, les oiseaux et les fleurs,
40   Ses parfums, ses chansons et ses douces chaleurs.

---

1. Airain : en bronze. D'où le sens figuré : dur, implacable.
2. Chancre : érosion ou ulcération de la peau.

6
Les Phares

Rubens[1], fleuve d'oubli, jardin de la paresse,
Oreiller de chair fraîche où l'on ne peut aimer,
Mais où la vie afflue et s'agite sans cesse,
Comme l'air dans le ciel et la mer dans la mer ;

5 Léonard de Vinci[2], miroir profond et sombre,
Où des anges charmants, avec un doux souris[3]
Tout chargé de mystère, apparaissent à l'ombre
Des glaciers et des pins qui ferment leur pays ;

Rembrandt[4], triste hôpital tout rempli de murmures,
10 Et d'un grand crucifix décoré seulement,
Où la prière en pleurs s'exhale des ordures,
Et d'un rayon d'hiver traversé brusquement ;

Michel-Ange[5], lieu vague où l'on voit des Hercules[6]
Se mêler à des Christs, et se lever tout droits
15 Des fantômes puissants qui dans les crépuscules
Déchirent leur suaire[7] en étirant leurs doigts ;

---

1. Rubens : peintre flamand (1577-1640).
2. Léonard de Vinci : peintre italien (1452-1519).
3. Souris : sourire (forme archaïque). L'ensemble de la vignette peut évoquer plusieurs tableaux, notamment *La Joconde*.
4. Rembrandt : peintre et graveur hollandais (1606-1669). La vignette peut évoquer l'une de ses gravures, *Jésus guérissant les malades* (*Pièce aux cent florins*) ou *Les Trois Croix*.
5. Michel-Ange : peintre italien (1475-1564).
6. Hercule : demi-dieu romain qui accomplit de nombreux exploits grâce à sa force et son courage.
7. Suaire : linceul. L'ensemble de la vignette se réfère à la peinture de la chapelle Sixtine, *Le Jugement dernier*.

Spleen et Idéal (édition de 1857)

Colères de boxeur, impudences de faune [1],
Toi qui sus ramasser la beauté des goujats [2],
Grand cœur gonflé d'orgueil, homme débile [3] et jaune,
20   Puget [4], mélancolique empereur des forçats [5];

Watteau [6], ce carnaval où bien des cœurs illustres,
Comme des papillons, errent en flamboyant,
Décors frais et légers éclairés par des lustres
Qui versent la folie à ce bal tournoyant;

25   Goya [7], cauchemar plein de choses inconnues,
De fœtus qu'on fait cuire au milieu des sabbats [8],
De vieilles au miroir et d'enfants toutes nues,
Pour tenter les démons ajustant bien leurs bas;

Delacroix [9], lac de sang hanté des mauvais anges,
30   Ombragé par un bois de sapins toujours vert,
Où, sous un ciel chagrin, des fanfares étranges
Passent, comme un soupir étouffé de Weber [10];

ooo

---

1. Faune : divinité mythologique champêtre, représentée avec le corps velu, des oreilles pointues, des cornes et des pieds de chèvre.

2. Goujat : valet d'armée.

3. Débile : qui manque de force physique.

4. Puget: sculpteur français (1620-1694). Il a notamment représenté des goujats sur le bas-relief *Alexandre et Diogène*.

5. Forçat : bagnard. Les forçats servirent de modèle à Puget.

6. Watteau : peintre français (1684-1721).

7. Goya : peintre espagnol (1746-1828). La strophe évoque successivement les planches des *Caprices : Todos caerán, Hasta la muerte, Bien tirada está.*

8. Sabbat : assemblée nocturne et bruyante de sorciers.

9. Delacroix : peintre français (1798-1863), auquel Baudelaire a consacré de nombreux écrits.

10. Weber : compositeur allemand (1786-1826).

Ces malédictions, ces blasphèmes [1], ces plaintes,
Ces extases, ces cris, ces pleurs, ces *Te Deum* [2],
35   Sont un écho redit par mille labyrinthes ;
C'est pour les cœurs mortels un divin opium !

C'est un cri répété par mille sentinelles,
Un ordre renvoyé par mille porte-voix ;
C'est un phare allumé sur mille citadelles,
40   Un appel de chasseurs perdus dans les grands bois !

Car c'est vraiment, Seigneur, le meilleur témoignage
Que nous puissions donner de notre dignité
Que cet ardent sanglot qui roule d'âge en âge
Et vient mourir au bord de votre éternité !

---

1. Blasphème : insulte à l'égard d'un dieu ou d'une religion.
2. *Te Deum* : « Nous te louons » : dans la liturgie chrétienne, chant de louange et
d'action de grâces en latin.

7
La Muse malade

Ma pauvre muse, hélas ! qu'as-tu donc ce matin ?
Tes yeux creux sont peuplés de visions nocturnes,
Et je vois tour à tour réfléchis sur ton teint
La folie et l'horreur, froides et taciturnes.

5   Le succube [1] verdâtre et le rose lutin
T'ont-ils versé la peur et l'amour de leurs urnes ?
Le cauchemar, d'un poing despotique et mutin,
T'a-t-il noyée au fond d'un fabuleux Minturnes [2] ?

Je voudrais qu'exhalant l'odeur de la santé
10 Ton sein de pensers forts fût toujours fréquenté,
Et que ton sang chrétien coulât à flots rythmiques,

Comme les sons nombreux des syllabes antiques,
Où règnent tour à tour le père des chansons [3],
Phoebus [4], et le grand Pan [5], le seigneur des moissons.

---

1. Succube : démon qui prend la forme d'une femme pour séduire les hommes.
2. Minturnes : lieux marécageux au sud de Rome où Marius (général et homme d'État romain, 157-86 av. J.-C.) s'enfonça et se cacha pour échapper aux soldats de Sylla (général et homme d'État romain, 138-78 av. J.-C.).
3. Le père des chansons : le dieu Bacchus.
4. Phoebus : autre nom du dieu grec Apollon, lorsqu'il est considéré comme dieu de la lumière.
5. Pan : divinité de la fécondité en Grèce.

8
La Muse vénale

Ô muse de mon cœur, amante des palais,
Auras-tu, quand Janvier lâchera ses Borées[1],
Durant les noirs ennuis des neigeuses soirées,
Un tison pour chauffer tes deux pieds violets ?

5   Ranimeras-tu donc tes épaules marbrées
Aux nocturnes rayons qui percent les volets ?
Sentant ta bourse à sec autant que ton palais,
Récolteras-tu l'or des voûtes azurées ?

Il te faut, pour gagner ton pain de chaque soir,
10 Comme un enfant de chœur, jouer de l'encensoir,
Chanter des *Te Deum*[2] auxquels tu ne crois guère,

Ou, saltimbanque[3] à jeun, étaler tes appas[4]
Et ton rire trempé de pleurs qu'on ne voit pas,
Pour faire épanouir la rate[5] du vulgaire[6].

---

1. Borée : vent du nord.
2. *Te Deum* : chant latin de louange et d'action de grâces.
3. Saltimbanque : personne qui réalise des acrobaties en public.
4. Appas : charmes.
5. Faire épanouir la rate : expression familière et archaïque pour « faire rire ».
6. Du vulgaire : de la foule.

9
Le Mauvais Moine

Les cloîtres anciens sur leurs grandes murailles
Étalaient en tableaux la sainte Vérité,
Dont l'effet, réchauffant les pieuses entrailles[1],
Tempérait la froideur de leur austérité.

5   En ces temps où du Christ florissaient les semailles,
Plus d'un illustre moine, aujourd'hui peu cité,
Prenant pour atelier le champ des funérailles,
Glorifiait la Mort avec simplicité.

— Mon âme est un tombeau que, mauvais cénobite[2],
10 Depuis l'éternité je parcours et j'habite;
Rien n'embellit les murs de ce cloître odieux.

Ô moine fainéant! quand saurai-je donc faire
Du spectacle vivant de ma triste misère
Le travail de mes mains et l'amour de mes yeux?

---

1. Entrailles: ensemble des organes compris dans l'abdomen. Par extension, désigne les organes de la gestation. Par métaphore, désigne la partie la plus intime, le siège des émotions.
2. Cénobite: moine vivant dans une communauté religieuse.

10
L'Ennemi

Clés
ci-contre

Ma jeunesse ne fut qu'un ténébreux orage,
Traversé çà et là par de brillants soleils ;
Le tonnerre et la pluie ont fait un tel ravage,
Qu'il reste en mon jardin bien peu de fruits vermeils[1].

5 Voilà que j'ai touché l'automne des idées,
Et qu'il faut employer la pelle et les râteaux
Pour rassembler à neuf les terres inondées,
Où l'eau creuse des trous grands comme des tombeaux.

Et qui sait si les fleurs nouvelles que je rêve
10 Trouveront dans ce sol lavé comme une grève[2]
Le mystique aliment qui ferait leur vigueur ?

– Ô douleur ! ô douleur ! Le Temps mange la vie[3],
Et l'obscur Ennemi qui nous ronge le cœur[4]
Du sang que nous perdons croît et se fortifie !

---

1. Vermeil : d'un ton chaud, tirant vers le rouge.
2. Grève : terrain plat situé au bord de la mer.
3. Le Temps mange la vie : allusion à Cronos, le Titan qui dévora ses propres enfants.
4. Qui nous ronge le cœur : allusion à la punition infligée à Prométhée, enchaîné au sommet du Caucase. Un aigle rongeait son foie, qui repoussait sans cesse.

Des clés
pour vous guider

« L'Ennemi »
La fuite du temps

Dans ce poème, Baudelaire renouvelle un thème poétique traditionnel : la fuite du temps. Partagé entre spleen et idéal, le poète est rongé par l'idée fatidique de la mort.

1 **Qui est l'Ennemi dont parle le poète ?**

2 **Sur quelle métaphore filée repose le poème ?**

> *pour vous aider*
>
> **Rappel :** une métaphore est dite filée quand elle se développe longuement sur plusieurs vers (ou phrases).

3 **Analysez les effets de l'automne sur l'inspiration du poète.**

> *pour vous aider*
>
> • Relevez les images de la mort. En quoi renvoient-elles à l'inspiration poétique ?
> • Relevez le champ lexical du renouveau. Suggère-t-il un espoir ?

4 GRAMMAIRE • **Vers 1 : Analysez la forme de la négation.**

> *pour vous aider*
>
> La négation peut prendre trois formes : totale, partielle et restrictive.

POUR ALLER *plus loin*

APPROFONDISSEMENT DOCUMENTAIRE • Faites une recherche sur le thème de la fuite du temps en poésie, du romantisme jusqu'au surréalisme.

> *pour vous aider*
>
> Vous pouvez vous appuyer sur les origines du traitement du *tempus fugit* chez Virgile, poète latin (70-19 av. J.-C.).

11

Le Guignon

Pour soulever un poids si lourd,
Sisyphe [1], il faudrait ton courage !
Bien qu'on ait du cœur à l'ouvrage,
L'Art est long et le Temps est court [2].

5 Loin des sépultures célèbres,
Vers un cimetière isolé,
Mon cœur, comme un tambour voilé,
Va battant des marches funèbres.

— Maint joyau dort enseveli
10 Dans les ténèbres et l'oubli,
Bien loin des pioches et des sondes ;

Mainte fleur épanche à regret
Son parfum doux comme un secret
Dans les solitudes profondes.

---

1. Sisyphe : personnage de la mythologie grecque, condamné à rouler éternellement sur une pente, un rocher qui retombe une fois parvenu au sommet.
2. L'Art est long et le Temps est court : traduction d'une maxime du Grec Hippocrate.

12
La Vie antérieure

J'ai longtemps habité sous de vastes portiques [1]
Que les soleils marins teignaient de mille feux,
Et que leurs grands piliers, droits et majestueux,
Rendaient pareils, le soir, aux grottes basaltiques [2].

5 Les houles [3], en roulant les images des cieux,
Mêlaient d'une façon solennelle et mystique
Les tout-puissants accords de leur riche musique
Aux couleurs du couchant reflété par mes yeux.

C'est là que j'ai vécu dans les voluptés calmes,
10 Au milieu de l'azur, des vagues, des splendeurs
Et des esclaves nus, tout imprégnés d'odeurs,

Qui me rafraîchissaient le front avec des palmes,
Et dont l'unique soin était d'approfondir
Le secret douloureux qui me faisait languir [4].

---

1. Portique : galerie soutenue par deux rangées de colonnes. Les philosophes stoïciens, notamment, enseignaient sous un portique à Athènes.
2. Basaltique : qui est formé de basalte, une roche volcanique de couleur noire.
3. Houle : grosses vagues.
4. Languir : dépérir.

Des clés
pour vous guider

« La Vie antérieure »
Un paradis douloureux

Dans ce poème, Baudelaire évoque un décor idéal dans lequel le spleen et le désespoir apparaissent soudainement.

1) Dans quel décor le poète installe-t-il sa « vie antérieure »?

pour vous aider
- Relevez les champs lexicaux dominants.
- Identifiez les synesthésies (voir p. 31). Quel effet produisent-elles?

2) Relevez les termes mélioratifs. Comment le monde décrit par le poète apparaît-il?

3) Quelles sont les limites de ce monde idéal?

pour vous aider
- Relevez les marques de la présence du poète. En quoi son portrait est-il contrasté?
- Quel effet le dernier vers produit-il?

4) GRAMMAIRE • Analysez les propositions subordonnées du premier quatrain.

pour vous aider
On distingue plusieurs types de propositions subordonnées selon leur rôle dans la phrase (complétive, relative, circonstancielle...)

POUR ALLER *plus loin*

ÉCRITURE D'INVENTION • En prenant pour modèle le poème de Baudelaire, vous imaginerez à votre tour, dans un décor merveilleux, une vie antérieure que vous auriez pu avoir.

13
Bohémiens en voyage

La tribu prophétique [1] aux prunelles ardentes
Hier s'est mise en route, emportant ses petits
Sur son dos, ou livrant à leurs fiers appétits
Le trésor toujours prêt des mamelles pendantes.

Les hommes vont à pied sous leurs armes luisantes
Le long des chariots où les leurs sont blottis,
Promenant sur le ciel des yeux appesantis
Par le morne regret des chimères absentes.

Du fond de son réduit sablonneux, le grillon,
Les regardant passer, redouble sa chanson ;
Cybèle [2], qui les aime, augmente ses verdures,

Fait couler le rocher et fleurir le désert
Devant ces voyageurs, pour lesquels est ouvert
L'empire familier des ténèbres futures.

---

1. Prophétique : qui annonce l'avenir.
2. Cybèle : divinité représentant, dans le monde gréco-romain, la fertilité de la nature.

14

L'Homme et la Mer

Homme libre, toujours tu chériras la mer!
La mer est ton miroir; tu contemples ton âme
Dans le déroulement infini de sa lame,
Et ton esprit n'est pas un gouffre moins amer.

5   Tu te plais à plonger au sein de ton image;
Tu l'embrasses des yeux et des bras, et ton cœur
Se distrait quelquefois de sa propre rumeur
Au bruit de cette plainte indomptable et sauvage.

Vous êtes tous les deux ténébreux et discrets:
10 Homme, nul n'a sondé le fond de tes abîmes;
Ô mer, nul ne connaît tes richesses intimes,
Tant vous êtes jaloux de garder vos secrets!

Et cependant voilà des siècles innombrables
Que vous vous combattez sans pitié ni remord,
15 Tellement vous aimez le carnage et la mort,
Ô lutteurs éternels, ô frères implacables!

Spleen et Idéal (édition de 1857)

15
Don Juan aux Enfers

Quand Don Juan[1] descendit vers l'onde[2] souterraine
Et lorsqu'il eut donné son obole à Charon[3],
Un sombre mendiant, l'œil fier comme Antisthène[4],
D'un bras vengeur et fort saisit chaque aviron.

5   Montrant leurs seins pendants et leurs robes ouvertes,
Des femmes se tordaient sous le noir firmament,
Et, comme un grand troupeau de victimes offertes,
Derrière lui traînaient un long mugissement.

Sganarelle[5] en riant lui réclamait ses gages,
10   Tandis que Don Luis[6] avec un doigt tremblant
Montrait à tous les morts errant sur les rivages
Le fils audacieux qui railla son front blanc.

ooo

---

1. Don Juan : personnage mythique représentant le séducteur libertin. Le poème s'inspire de tableaux de Delacroix, *Naufrage de Don Juan* et *La Barque de Dante.*

2. Onde : eau de la mer ou d'un fleuve. Ici, il s'agit de l'Achéron, le fleuve des Enfers dans la mythologie grecque.

3. Charon : dans la mythologie grecque, il faisait traverser l'Achéron au prix d'une contribution en argent.

4. Antisthène : philosophe grec cynique (444-365 av. J.-C.).

5. Sganarelle : valet de Don Juan. Le *Dom Juan* de Molière (1665) s'achève sur ces mots de Sganarelle : « Mes gages, mes gages, mes gages ! »

6. Don Luis : père de Don Juan.

Frissonnant sous son deuil, la chaste et maigre Elvire[1],
Près de l'époux perfide et qui fut son amant,
Semblait lui réclamer un suprême sourire
Où brillât la douceur de son premier serment.

Tout droit dans son armure, un grand homme de pierre[2]
Se tenait à la barre et coupait le flot noir;
Mais le calme héros, courbé sur sa rapière[3],
Regardait le sillage et ne daignait rien voir.

---

1 Elvire : femme de Don Juan.

2. Un grand homme de pierre : la statue du Commandeur représente, dans le mythe de Don Juan, la loi divine qui se rappelle à plusieurs reprises à celui qui défie le Ciel.

3. Rapière : épée longue et effilée.

Spleen et Idéal (édition de 1857)

16
Châtiment de l'orgueil

En ces temps merveilleux où la Théologie [1]
Fleurit avec le plus de sève et d'énergie,
On raconte qu'un jour un docteur des plus grands [2],
— Après avoir forcé les cœurs indifférents ;
5   Les avoir remués dans leurs profondeurs noires ;
Après avoir franchi vers les célestes gloires
Des chemins singuliers à lui-même inconnus,
Où les purs Esprits seuls peut-être étaient venus,
— Comme un homme monté trop haut, pris de panique,
10   S'écria, transporté d'un orgueil satanique :
« Jésus, petit Jésus ! Je t'ai poussé bien haut !
Mais, si j'avais voulu t'attaquer au défaut
De l'armure, ta honte égalerait ta gloire,
Et tu ne serais plus qu'un fœtus dérisoire ! »

15   Immédiatement sa raison s'en alla.
L'éclat de ce soleil d'un crêpe [3] se voila ;
Tout le chaos roula dans cette intelligence,
Temple autrefois vivant, plein d'ordre et d'opulence [4],
Sous les plafonds duquel tant de pompe avait lui.

ooo

---

1. Théologie : étude des questions religieuses. En particulier, doctrine de l'Église sur un point de dogme ou de morale.
2. Le poème est inspiré d'une anecdote rapportée au XIIIᵉ siècle au sujet du chanoine Simon de Tournay, reprise par l'historien et écrivain français Jules Michelet (1798-1874) dans son *Histoire de France*, puis par Saint-René Taillandier dans un article de la *Revue des Deux Mondes* en 1848.
3. Crêpe : morceau de tissu compressé, noir lorsqu'on le porte en signe de deuil.
4. Opulence : grande abondance de biens, richesse.

20 Le silence et la nuit s'installèrent en lui,
Comme dans un caveau dont la clef est perdue.
Dès lors il fut semblable aux bêtes de la rue,
Et, quand il s'en allait sans rien voir, à travers
Les champs, sans distinguer les étés des hivers,
25 Sale, inutile et laid comme une chose usée,
Il faisait des enfants la joie et la risée.

17
La Beauté

Clés
p. 52

Je suis belle, ô mortels ! comme un rêve de pierre,
Et mon sein, où chacun s'est meurtri tour à tour,
Est fait pour inspirer au poète un amour
Éternel et muet ainsi que la matière.

5 Je trône dans l'azur comme un sphinx[1] incompris ;
J'unis un cœur de neige à la blancheur des cygnes ;
Je hais le mouvement qui déplace les lignes,
Et jamais je ne pleure et jamais je ne ris.

Les poètes, devant mes grandes attitudes,
10 Que j'ai l'air d'emprunter aux plus fiers monuments,
Consumeront leurs jours en d'austères études ;

Car j'ai, pour fasciner ces dociles amants,
De purs miroirs qui font toutes choses plus belles :
Mes yeux, mes larges yeux aux clartés éternelles !

---

1. Sphinx : dans la mythologie grecque, monstre à tête et buste de femme, à corps de lion ailé, qui tuait les voyageurs ne sachant résoudre l'énigme qu'il leur soumettait.

Des clés
pour vous guider

« La Beauté »
Un autoportrait idéal et cruel

Dans ce poème inspiré par Jeanne Duval, sa maîtresse, Baudelaire offre un véritable hymne à la beauté qui, chez lui, devient synonyme d'un idéal froid et cruel.

1 **Sur quelle principale figure de style se construit le poème ?**

2 **Quel autoportrait la Beauté fait-elle d'elle-même ?**

pour vous aider
- Trouvez deux comparaisons. Quelle image donnent-elles de la beauté ?
- Relevez le champ lexical de la froideur.

3 **Quels rapports la Beauté entretient-elle avec les poètes ?**

4 GRAMMAIRE • **Au vers 8, analysez le sens de la répétition de la conjonction de coordination « et ».**

pour vous aider
« Et » est une conjonction de coordination qui peut marquer l'addition, la succession, la conséquence ou l'opposition.

POUR ALLER *plus loin*

LECTURE CURSIVE • Lisez *Mignonne, allons voir si la rose* de Pierre de Ronsard, puis comparez la manière dont les deux poètes évoquent la beauté.

pour vous aider
Chez Ronsard comme chez Baudelaire, la beauté est toujours liée à l'éloge de la femme aimée.

18

L'Idéal

Ce ne seront jamais ces beautés de vignettes[1],
Produits avariés, nés d'un siècle vaurien,
Ces pieds à brodequins[2], ces doigts à castagnettes,
Qui sauront satisfaire un cœur comme le mien.

5   Je laisse à Gavarni[3], poète des chloroses[4],
Son troupeau gazouillant de beautés d'hôpital,
Car je ne puis trouver parmi ces pâles roses
Une fleur qui ressemble à mon rouge idéal.

Ce qu'il faut à ce cœur profond comme un abîme,
10   C'est vous, Lady Macbeth[5], âme puissante au crime,
Rêve d'Eschyle[6] éclos au climat des autans[7] ;

Ou bien toi, grande Nuit, fille de Michel-Ange[8],
Qui tors paisiblement dans une pose étrange
Tes appas[9] façonnés aux bouches des Titans[10] !

---

1. Vignette : petit dessin, souvent marque de fabrique d'un produit.

2. Brodequins : chaussures portées par les acteurs dans les comédies antiques.

3. Gavarni : caricaturiste français (1804-1866).

4. Chlorose : état maladif, résultant du manque de fer, et caractérisé par une pâleur verdâtre de la peau.

5. Lady Macbeth : femme de Macbeth qui, dans la tragédie de Shakespeare (*Macbeth*, 1666), incita son mari à commettre des crimes pour conquérir le pouvoir.

6. Eschyle : poète tragique grec (525-456 av. J.-C.).

7. Autans : au pluriel, désigne des vents violents.

8. Michel-Ange : peintre et sculpteur italien (1475-1564). Le tercet évoque la statue qui orne le tombeau de Julien de Médicis à Florence.

9. Appas : charmes.

10. Titans : fils et filles d'Ouranos et de Gaïa, les Titans sont les parents des dieux de l'Olympe.

19

La Géante

Du temps que la Nature en sa verve puissante
Concevait chaque jour des enfants monstrueux,
J'eusse aimé vivre auprès d'une jeune géante,
Comme aux pieds d'une reine un chat voluptueux.

5   J'eusse aimé voir son corps fleurir avec son âme
Et grandir librement dans ses terribles jeux ;
Deviner si son cœur couve une sombre flamme
Aux humides brouillards qui nagent dans ses yeux ;

Parcourir à loisir ses magnifiques formes ;
10 Ramper sur le versant de ses genoux énormes,
Et parfois en été, quand les soleils malsains,

Lasse, la font s'étendre à travers la campagne,
Dormir nonchalamment à l'ombre de ses seins,
Comme un hameau paisible au pied d'une montagne.

20

Les Bijoux [1]

La très chère était nue, et, connaissant mon cœur,
Elle n'avait gardé que ses bijoux sonores,
Dont le riche attirail lui donnait l'air vainqueur
Qu'ont dans leurs jours heureux les esclaves des Mores [2].

5   Quand il jette en dansant son bruit vif et moqueur,
Ce monde rayonnant de métal et de pierre
Me ravit en extase, et j'aime à la fureur
Les choses où le son se mêle à la lumière.

Elle était donc couchée et se laissait aimer,
10   Et du haut du divan elle souriait d'aise
À mon amour profond et doux comme la mer,
Qui vers elle montait comme vers sa falaise.

Les yeux fixés sur moi, comme un tigre dompté,
D'un air vague et rêveur elle essayait des poses,
15   Et la candeur unie à la lubricité [3]
Donnait un charme neuf à ses métamorphoses ;
                        ooo

---

1. Ce poème a sans doute été inspiré par Jeanne Duval et inaugure donc le cycle de poèmes qui lui est consacré. Il fait partie des textes qui firent scandale en 1857, et fut donc exclu de l'édition suivante.
2. Les Mores : population saharienne répartie en de nombreuses tribus. Le mot désignait aussi, en particulier, les musulmans conquérants de l'Espagne.
3. Lubricité : vif penchant pour la sensualité et la luxure.

Et son bras et sa jambe, et sa cuisse et ses reins,
Polis comme de l'huile, onduleux comme un cygne,
Passaient devant mes yeux clairvoyants et sereins ;
20 Et son ventre et ses seins, ces grappes de ma vigne [1],

S'avançaient, plus câlins que les Anges du mal,
Pour troubler le repos où mon âme était mise,
Et pour la déranger du rocher de cristal
Où, calme et solitaire, elle s'était assise.

25 Je croyais voir unis par un nouveau dessin
Les hanches de l'Antiope [2] au buste d'un imberbe [3],
Tant sa taille faisait ressortir son bassin
Sur ce teint fauve et brun le fard était superbe !

— Et la lampe s'étant résignée à mourir,
30 Comme le foyer seul illuminait la chambre,
Chaque fois qu'il poussait un flamboyant soupir,
Il inondait de sang cette peau couleur d'ambre [4] !

---

1. Ce vers fait écho à un verset du Cantique des cantiques (VII, 9) : « Que tes seins soient pour moi comme les grappes de la vigne ».

2. Antiope : dans la mythologie grecque, fille du roi de Thèbes, séduite pendant son sommeil par Zeus qui avait pris les traits d'un satyre. Elle a inspiré de nombreux tableaux, dont ceux du Corrège (1489-1534), de Watteau (1684-1721) et d'Ingres (1780-1867).

3. Imberbe : qui n'a pas encore de barbe.

4. Ambre : il s'agit ici d'ambre jaune, une résine fossilisée d'origine végétale.

21
Parfum exotique[1]

Clés
p. 58

Quand, les deux yeux fermés, en un soir chaud d'automne,
Je respire l'odeur de ton sein chaleureux,
Je vois se dérouler des rivages heureux
Qu'éblouissent les feux d'un soleil monotone ;

5 Une île paresseuse où la nature donne
Des arbres singuliers et des fruits savoureux ;
Des hommes dont le corps est mince et vigoureux,
Et des femmes dont l'œil par sa franchise étonne.

Guidé par ton odeur vers de charmants climats,
10 Je vois un port rempli de voiles et de mâts
Encor tout fatigués par la vague marine,

Pendant que le parfum des verts tamariniers[2],
Qui circule dans l'air et m'enfle la narine,
Se mêle dans mon âme au chant des mariniers.

---

1. Ce poème est inspiré par Jeanne Duval et empreint des souvenirs d'un voyage de Baudelaire à l'île Bourbon, aujourd'hui nommée La Réunion.
2. Tamarinier : grand arbre à feuilles persistantes qui pousse dans les régions tropicales.

Des clés
pour vous guider

« Parfum exotique »
Un rêve d'ailleurs

Dans ce sonnet consacré à Jeanne Duval, Baudelaire évoque une rêverie provoquée par le parfum de son amante. Le poète s'ouvre à un univers idéal, sensuel et envoûtant.

1 **Dans quel décor se déroule le poème ?**

>**pour vous aider**
>• Relevez les champs lexicaux dominants. Quelle atmosphère s'en dégage ?
>• Identifiez une synesthésie dans le deuxième tercet.

2 **Relevez les références à la femme aimée. Quel est son rôle dans le poème ?**

3 **Qu'est-ce qui rend musical les deux tercets ?**

>**pour vous aider** Relevez les allitérations et les assonances. Quels effets produisent-elles ?

4 **GRAMMAIRE • Analysez la construction de la phrase complexe qui compose les deux tercets.**

>**pour vous aider** Une phrase complexe comporte plusieurs propositions qui sont juxtaposées, coordonnées ou subordonnées.

POUR ALLER plus loin

LECTURE CURSIVE • En vous inspirant de Baudelaire, vous proposerez à votre tour une rêverie à partir d'un élément du quotidien.

>**pour vous aider** Choisissez un objet important pour vous. Vous prendrez soin, comme Baudelaire, de convoquer les cinq sens.

58

22

Je t'adore à l'égal de la voûte nocturne,
Ô vase de tristesse, ô grande taciturne[1],
Et t'aime d'autant plus, belle, que tu me fuis,
Et que tu me parais, ornement de mes nuits,
Plus ironiquement accumuler les lieues
Qui séparent mes bras des immensités bleues.

Je m'avance à l'attaque, et je grimpe aux assauts,
Comme après un cadavre un chœur de vermisseaux,
Et je chéris, ô bête implacable et cruelle !
Jusqu'à cette froideur par où tu m'es plus belle !

---

1. Taciturne : qui, par nature, parle peu.

23

Tu mettrais l'univers entier dans ta ruelle[1],
Femme impure! L'ennui rend ton âme cruelle.
Pour exercer tes dents à ce jeu singulier,
Il te faut chaque jour un cœur au râtelier[2].
Tes yeux, illuminés ainsi que des boutiques
Et des ifs[3] flamboyants dans les fêtes publiques,
Usent insolemment d'un pouvoir emprunté,
Sans connaître jamais la loi de leur beauté.

Machine aveugle et sourde, en cruautés féconde!
Salutaire instrument, buveur du sang du monde,
Comment n'as-tu pas honte et comment n'as-tu pas
Devant tous les miroirs vu pâlir tes appas[4]?
La grandeur de ce mal où tu te crois savante
Ne t'a donc jamais fait reculer d'épouvante,
Quand la nature, grande en ses desseins cachés,
De toi se sert, ô femme, ô reine des péchés,
— De toi, vil animal, — pour pétrir un génie?

Ô fangeuse[5] grandeur! sublime ignominie!

---

1. Le poème est sans doute inspiré par une prostituée que connaissait Baudelaire, Sara dite Louchette.
2. Râtelier: lieu où l'on dépose le fourrage pour le bétail.
3. If: arbre à fruits rouges.
4. Appas: charmes.
5. Fangeux(se): plein(e) de boue. Au sens figuré: abject(e).

24

Sed non satiata [1]

Bizarre déité [2], brune comme les nuits,
Au parfum mélangé de musc [3] et de havane [4],
Œuvre de quelque obi [5], le Faust [6] de la savane,
Sorcière au flanc d'ébène [7], enfant des noirs minuits,

5   Je préfère au constance [8], à l'opium [9], au nuits [10],
L'élixir de ta bouche où l'amour se pavane ;
Quand vers toi mes désirs partent en caravane [11],
Tes yeux sont la citerne où boivent mes ennuis.

Par ces deux grands yeux noirs, soupiraux de ton âme,
10   Ô démon sans pitié ! verse-moi moins de flamme ;
Je ne suis pas le Styx [12] pour t'embrasser neuf fois,

ooo

---

1. « Mais elle n'est pas assouvie » : la citation est empruntée à la sixième *Satire* du poète latin Juvénal (55-140), et évoque le désir insatiable de l'impératrice romaine Messaline (morte en 48 après J.-C).

2. Déité : déesse, divinité. Le mot est relativement rare.

3. Musc : parfum précieux, d'origine animale.

4. Havane : tabac des dandys.

5. Obi : sorcier.

6. Faust : homme qui, selon la légende, vendit son âme au diable pour satisfaire son désir de connaissance.

7. Ébène : bois noir foncé.

8. Constance : le Constance est un vin récolté au Cap (Afrique du Sud).

9. Opium : drogue que l'on fume, produite à partir du pavot.

10. Nuits : le Nuits-saint-Georges est un vin de Bourgogne.

11. Caravane : dans un sens familier, peut à l'époque être synonyme de « débauche ».

12. Styx : dans la mythologie grecque, fleuve faisant neuf fois le tour des Enfers.

Hélas ! et je ne puis, Mégère[1] libertine,
Pour briser ton courage et te mettre aux abois,
Dans l'enfer de ton lit devenir Proserpine[2] !

---

1. Mégère : l'une des Érinyes grecques, qui déchaînent leur fureur contre les crimes marqués par la démesure et l'atteinte à la famille ou à l'ordre social.
2. Proserpine : reine des Enfers, à laquelle la Mégère doit se soumettre.

Spleen et Idéal (édition de 1857)

25

Avec ses vêtements ondoyants et nacrés,
Même quand elle marche on croirait qu'elle danse [1],
Comme ces longs serpents que les jongleurs sacrés [2]
Au bout de leurs bâtons agitent en cadence.

5 Comme le sable morne [3] et l'azur des déserts,
Insensibles tous deux à l'humaine souffrance,
Comme les longs réseaux de la houle [4] des mers,
Elle se développe avec indifférence.

Ses yeux polis sont faits de minéraux charmants,
10 Et dans cette nature étrange et symbolique
Où l'ange inviolé se mêle au sphinx [5] antique,

Où tout n'est qu'or, acier, lumière et diamants,
Resplendit à jamais, comme un astre inutile,
La froide majesté de la femme stérile.

---

1. Le poème est sans doute inspiré par Jeanne Duval.
2. Jongleurs sacrés : il s'agit de psylles, les charmeurs de serpents en Orient.
3. Morne : triste et monotone.
4. Houle : grosses vagues.
5. Sphinx : dans la mythologie grecque, monstre à tête et buste de femme, à corps de lion ailé, qui tuait les voyageurs ne sachant résoudre l'énigme qu'il leur soumettait.

26
Le Serpent qui danse

Que j'aime voir, chère indolente [1],
De ton corps si beau,
Comme une étoffe vacillante,
Miroiter la peau !

5   Sur ta chevelure profonde
Aux âcres [2] parfums,
Mer odorante et vagabonde
Aux flots bleus et bruns,

Comme un navire qui s'éveille
10   Au vent du matin,
Mon âme rêveuse appareille
Pour un ciel lointain.

Tes yeux, où rien ne se révèle
De doux ni d'amer,
15 Sont deux bijoux froids où se mêle
L'or avec le fer.

À te voir marcher en cadence,
Belle d'abandon,
On dirait un serpent qui danse
20   Au bout d'un bâton.

---

1. Indolente : personne qui évite de se donner de la peine, de faire des efforts physiques ou moraux.
2. Âcre : très irritant.

Spleen et Idéal (édition de 1857)

Sous le fardeau de ta paresse
Ta tête d'enfant
Se balance avec la mollesse
D'un jeune éléphant,

25 Et ton corps se penche et s'allonge
Comme un fin vaisseau
Qui roule bord sur bord et plonge
Ses vergues [1] dans l'eau.

Comme un flot grossi par la fonte
30 Des glaciers grondants,
Quand l'eau de ta bouche remonte
Au bord de tes dents,

Je crois boire un vin de Bohême,
Amer et vainqueur,
35 Un ciel liquide qui parsème
D'étoiles mon cœur !

---

1. Vergue : longue pièce de bois en forme de croix, servant à fixer et porter la voile.

LES FLEURS DU MAL

27

Une charogne[1]

Rappelez-vous l'objet que nous vîmes, mon âme,
      Ce beau matin d'été si doux ;
Au détour d'un sentier une charogne infâme
      Sur un lit semé de cailloux,

5   Les jambes en l'air, comme une femme lubrique[2],
      Brûlante et suant les poisons,
Ouvrait d'une façon nonchalante et cynique[3]
      Son ventre plein d'exhalaisons[4].

Le soleil rayonnait sur cette pourriture,
10   Comme afin de la cuire à point,
Et de rendre au centuple à la grande Nature
      Tout ce qu'ensemble elle avait joint ;

Et le ciel regardait la carcasse superbe
      Comme une fleur s'épanouir.
15 La puanteur était si forte, que sur l'herbe
      Vous crûtes vous évanouir.

Clés
p. 69
Parcours
p. 313

---

1. Charogne : corps de bête mort, en état de décomposition.
2. Lubrique : qui a un penchant pour la sensualité et la luxure.
3. Cynique : qui exprime des opinions choquant le sens moral, avec une intention de provocation.
4. Exhalaison : odeur.

Les mouches bourdonnaient sur ce ventre putride[1],
        D'où sortaient de noirs bataillons
De larves, qui coulaient comme un épais liquide
        Le long de ces vivants haillons[2].

Tout cela descendait, montait comme une vague,
        Ou s'élançait en pétillant ;
On eût dit que le corps, enflé d'un souffle vague,
        Vivait en se multipliant.

Et ce monde rendait une étrange musique,
        Comme l'eau courante et le vent,
Ou le grain qu'un vanneur[3] d'un mouvement rythmique
        Agite et tourne dans son van[4].

Les formes s'effaçaient et n'étaient plus qu'un rêve,
        Une ébauche lente à venir,
Sur la toile oubliée, et que l'artiste achève
        Seulement par le souvenir.

Derrière les rochers une chienne inquiète
        Nous regardait d'un œil fâché,
Épiant le moment de reprendre au squelette
        Le morceau qu'elle avait lâché.

ooo

---

1. Putride : gagné par la pourriture.
2. Haillon : vêtement en lambeaux.
3. Vanneur : métier qui consiste à secouer les grains pour les trier et les nettoyer.
4. Van : panier dont se sert le vanneur.

— Et pourtant vous serez semblable à cette ordure,
        À cette horrible infection,
Étoile de mes yeux, soleil de ma nature,
        Vous, mon ange et ma passion !

Oui ! telle vous serez, ô la reine des grâces,
        Après les derniers sacrements,
Quand vous irez, sous l'herbe et les floraisons grasses,
        Moisir parmi les ossements.

Alors, ô ma beauté ! dites à la vermine
        Qui vous mangera de baisers,
Que j'ai gardé la forme et l'essence divine
        De mes amours décomposés !

Des clés
pour vous guider

« Une charogne »
Un éloge de la laideur

Ce poème rapporte le récit d'une promenade amoureuse interrompue par la vision d'une charogne en décomposition. Cette charogne devient l'objet d'une fascination poétique.

1) Comment le poète représente-t-il la charogne ?

pour vous aider

• Relevez les champs lexicaux dominants. En quoi sont-ils contrastés ?
• Identifiez les comparaisons et les métaphores. Quels effets produisent-elles ?

2) Comment Baudelaire joue-t-il ici des codes de la poésie amoureuse ?

pour vous aider

• Relevez les expressions qui renvoient à la femme. Est-elle présente dans l'ensemble du poème ?
• Étudiez les rimes de la ligne 37 à 48. Quel effet les associations produisent-elles ?

3) Relevez le champ lexical de l'art. Quel rôle le poète attribue-t-il à l'artiste ?

4) GRAMMAIRE • Analysez, dans les vers 33 à 36, les différentes fonctions des adjectifs.

pour vous aider

Les adjectifs qualificatifs sont attribut, épithète ou apposé.

POUR ALLER *plus loin*

LECTURE CURSIVE • Lisez « Le Peigne » de Germain Nouveau (p. 318). Comparez le registre employé par Nouveau à celui de Baudelaire.

28

De profundis clamavi [1]

J'implore ta pitié, Toi, l'unique que j'aime,
Du fond du gouffre obscur où mon cœur est tombé.
C'est un univers morne [2] à l'horizon plombé,
Où nagent dans la nuit l'horreur et le blasphème [3] ;

5 Un soleil sans chaleur plane au-dessus six mois,
Et les six autres mois la nuit couvre la terre ;
C'est un pays plus nu que la terre polaire ;
— Ni bêtes, ni ruisseaux, ni verdure, ni bois !

Or il n'est pas d'horreur au monde qui surpasse
10 La froide cruauté de ce soleil de glace
Et cette immense nuit semblable au vieux Chaos [4] ;

Je jalouse le sort des plus vils [5] animaux
Qui peuvent se plonger dans un sommeil stupide,
Tant l'écheveau du temps lentement se dévide [6] !

---

1. « Des profondeurs, j'ai crié » : il s'agit des premiers mots du Psaume 130 de la Bible, « De Profundis », que l'on récite pour un défunt.

2. Morne : triste et monotone.

3. Blasphème : insulte à l'égard d'un dieu ou d'une religion.

4. Chaos : dans la mythologie grecque, l'élément primordial qui précède la création du monde et des dieux.

5. Vil : qui inspire le mépris.

6. Allusion aux Parques, divinités du Destin qui filaient l'écheveau du temps.

29
Le Vampire

Toi qui, comme un coup de couteau,
Dans mon cœur plaintif es entrée ;
Toi qui, forte comme un troupeau
De démons, vins, folle et parée,

5   De mon esprit humilié
Faire ton lit et ton domaine ;
— Infâme à qui je suis lié
Comme le forçat [1] à la chaîne,

Comme au jeu le joueur têtu,
10   Comme à la bouteille l'ivrogne,
Comme aux vermines la charogne [2],
— Maudite, maudite sois-tu !

J'ai prié le glaive [3] rapide
De conquérir ma liberté,
15   Et j'ai dit au poison perfide [4]
De secourir ma lâcheté.

Hélas ! le poison et le glaive
M'ont pris en dédain et m'ont dit :
« Tu n'es pas digne qu'on t'enlève
20   À ton esclavage maudit,

ooo

---

1. Forçat : bagnard.
2. Charogne : corps de bête mort, en état de décomposition.
3. Glaive : épée de combat, symbole de la justice divine.
4. Perfide : dangereux sans qu'il y paraisse.

« Imbécile ! — de son empire
Si nos efforts te délivraient,
Tes baisers ressusciteraient
Le cadavre de ton vampire ! »

30
 Le Léthé[1]

Viens sur mon cœur, âme cruelle et sourde,
Tigre adoré, monstre aux airs indolents[2];
Je veux longtemps plonger mes doigts tremblants
Dans l'épaisseur de ta crinière lourde;

5 Dans tes jupons remplis de ton parfum
Ensevelir ma tête endolorie,
Et respirer, comme une fleur flétrie,
Le doux relent[3] de mon amour défunt.

Je veux dormir! dormir plutôt que vivre!
10 Dans un sommeil aussi doux que la mort,
J'étalerai mes baisers sans remords
Sur ton beau corps poli comme le cuivre.

Pour engloutir mes sanglots apaisés
Rien ne me vaut l'abîme de ta couche;
15 L'oubli puissant habite sur ta bouche,
Et le Léthé[4] coule dans tes baisers.

ooo

---
1. Ce poème est l'un des titres condamné au procès de 1857.
2. Indolent: qui évite de se donner de la peine, de faire des efforts physiques ou moraux.
3. Relent: persistance d'une odeur ancienne, en général mauvaise.
4. Léthé: dans la mythologie grecque, fleuve de l'Oubli, dont les âmes des morts devaient boire l'eau.

À mon destin, désormais mon délice,
J'obéirai comme un prédestiné ;
Martyr docile, innocent condamné,
20   Dont la ferveur attise le supplice,

Je sucerai, pour noyer ma rancœur,
Le népenthès [1] et la bonne ciguë [2]
Aux bouts charmants de cette gorge aiguë,
Qui n'a jamais emprisonné de cœur.

---

1. Népenthès : dans la mythologie grecque, plante dont on tirait un breuvage magique dissipant la tristesse et la colère.
2. Ciguë : plante très toxique dont on tirait un poison mortel.

31

Une nuit que j'étais près d'une affreuse Juive [1],
Comme au long d'un cadavre un cadavre étendu,
Je me pris à songer près de ce corps vendu
À la triste beauté [2] dont mon désir se prive.

5   Je me représentai sa majesté native [3],
Son regard de vigueur et de grâces armé,
Ses cheveux qui lui font un casque parfumé,
Et dont le souvenir pour l'amour me ravive.

Car j'eusse avec ferveur baisé ton noble corps,
10   Et depuis tes pieds frais jusqu'à tes noires tresses
Déroulé le trésor des profondes caresses,

Si, quelque soir, d'un pleur obtenu sans effort
Tu pouvais seulement, ô reine des cruelles !
Obscurcir la splendeur de tes froides prunelles.

---

1. Juive : il s'agit ici sans doute d'une prostituée que fréquentait Baudelaire, nommée Sara.
2. La triste beauté : l'autre femme est ici vraisemblablement inspirée par Jeanne Duval.
3. Native : innée, donnée à la naissance, naturelle.

32
Remords posthume

Lorsque tu dormiras, ma belle ténébreuse,
Au fond d'un monument construit en marbre noir,
Et lorsque tu n'auras pour alcôve [1] et manoir
Qu'un caveau pluvieux et qu'une fosse creuse ;

5   Quand la pierre, opprimant ta poitrine peureuse
Et tes flancs qu'assouplit un charmant nonchaloir [2],
Empêchera ton cœur de battre et de vouloir,
Et tes pieds de courir leur course aventureuse,

Le tombeau, confident de mon rêve infini
10 (Car le tombeau toujours comprendra le poète [3]),
Durant ces grandes nuits d'où le somme est banni,

Te dira : « Que vous sert, courtisane imparfaite,
De n'avoir pas connu ce que pleurent les morts ? »
— Et le ver rongera ta peau comme un remords.

---

1. Alcôve : enfoncement, dans une chambre, où l'on peut placer le lit. Par extension, lieu des rapports amoureux.

2. Nonchaloir : forme archaïque et littéraire pour « nonchalance » : manque d'ardeur, indifférence.

3. Un tombeau est aussi une forme poétique en l'honneur de quelqu'un.

Spleen et Idéal (édition de 1857)

33
Le Chat

Viens, mon beau chat sur mon cœur amoureux ;
    Retiens les griffes de ta patte,
Et laisse-moi plonger dans tes beaux yeux,
    Mêlés de métal et d'agate.

5 Lorsque mes doigts caressent à loisir
    Ta tête et ton dos élastique,
Et que ma main s'enivre du plaisir
    De palper ton corps électrique,

Je vois ma femme en esprit. Son regard,
10   Comme le tien, aimable bête,
Profond et froid, coupe et fend comme un dard [1],

    Et, des pieds jusques à la tête,
Un air subtil, un dangereux parfum
    Nagent autour de son corps brun.

---

1. Dard : lance.

34

Le Balcon

Mère des souvenirs, maîtresse des maîtresses,
Ô toi, tous mes plaisirs ! ô toi, tous mes devoirs !
Tu te rappelleras la beauté des caresses,
La douceur du foyer et le charme des soirs,
Mère des souvenirs, maîtresse des maîtresses !

Les soirs illuminés par l'ardeur du charbon,
Et les soirs au balcon, voilés de vapeurs roses.
Que ton sein m'était doux ! que ton cœur m'était bon !
Nous avons dit souvent d'impérissables choses
Les soirs illuminés par l'ardeur du charbon.

Que les soleils sont beaux dans les chaudes soirées !
Que l'espace est profond ! que le cœur est puissant !
En me penchant vers toi, reine des adorées,
Je croyais respirer le parfum de ton sang.
Que les soleils sont beaux dans les chaudes soirées !

La nuit s'épaississait ainsi qu'une cloison,
Et mes yeux dans le noir devinaient tes prunelles,
Et je buvais ton souffle, ô douceur ! ô poison !
Et tes pieds s'endormaient dans mes mains fraternelles.
La nuit s'épaississait ainsi qu'une cloison.

Spleen et Idéal (édition de 1857)

Je sais l'art d'évoquer les minutes heureuses,
Et revis mon passé blotti dans tes genoux.
Car à quoi bon chercher tes beautés langoureuses
Ailleurs qu'en ton cher corps et qu'en ton cœur si doux ?
25   Je sais l'art d'évoquer les minutes heureuses !

Ces serments, ces parfums, ces baisers infinis,
Renaîtront-ils d'un gouffre interdit à nos sondes [1],
Comme montent au ciel les soleils rajeunis
Après s'être lavés au fond des mers profondes ?
30   – Ô serments ! ô parfums ! ô baisers infinis !

---

1. Sonde : instrument destiné à mesurer la profondeur de l'eau.

35

Je te donne ces vers afin que si mon nom
Aborde heureusement aux époques lointaines,
Et fait rêver un soir les cervelles humaines,
Vaisseau favorisé par un grand aquilon [1],

5 Ta mémoire, pareille aux fables incertaines,
Fatigue le lecteur ainsi qu'un tympanon [2],
Et par un fraternel et mystique chaînon
Reste comme pendue à mes rimes hautaines ;

Être maudit à qui, de l'abîme profond
10 Jusqu'au plus haut du ciel, rien, hors moi, ne répond !
– Ô toi qui, comme une ombre à la trace éphémère,

Foules d'un pied léger et d'un regard serein
Les stupides mortels qui t'ont jugée amère,
Statue aux yeux de jais [3], grand ange au front d'airain [4]!

---

1. Aquilon : vent violent du Nord.
2. Tympanon : instrument à cordes qu'on frappe avec deux petits maillets.
3. Jais : d'un noir luisant.
4. Airain : en bronze.

36

Tout entière [1]

Le Démon, dans ma chambre haute,
Ce matin est venu me voir,
Et, tâchant de me prendre en faute,
Me dit : « Je voudrais bien savoir,

5   « Parmi toutes les belles choses
Dont est fait son enchantement,
Parmi les objets noirs ou roses
Qui composent son corps charmant,

« Quel est le plus doux. » – Ô mon âme !
10   Tu répondis à l'Abhorré [2] :
« Puisqu'en Elle tout est dictame [3],
Rien ne peut être préféré.

« Lorsque tout me ravit, j'ignore
Si quelque chose me séduit.
15   Elle éblouit comme l'Aurore
Et console comme la Nuit ;

« Et l'harmonie est trop exquise,
Qui gouverne tout son beau corps,
Pour que l'impuissante analyse
20   En note les nombreux accords.

ooo

---

1. Ce poème peut être inspiré par Madame Sabatier, avec qui Baudelaire a entretenu une liaison.
2. Abhorré : détesté au plus haut point. Il s'agit ici du Diable.
3. Dictame : baume adoucissant les souffrances.

« Ô métamorphose mystique
De tous mes sens fondus en un !
Son haleine fait la musique,
Comme sa voix fait le parfum ! »

37

Que diras-tu ce soir, pauvre âme solitaire,
Que diras-tu, mon cœur, cœur autrefois flétri,
À la très belle, à la très bonne, à la très chère,
Dont le regard divin t'a soudain refleuri ?

— Nous mettrons notre orgueil à chanter ses louanges :
Rien ne vaut la douceur de son autorité ;
Sa chair spirituelle a le parfum des Anges,
Et son œil nous revêt d'un habit de clarté.

Que ce soit dans la nuit et dans la solitude,
Que ce soit dans la rue et dans la multitude,
Son fantôme dans l'air danse comme un flambeau.

Parfois il parle et dit : « Je suis belle, et j'ordonne
Que pour l'amour de moi vous n'aimiez que le Beau ;
Je suis l'Ange gardien, la Muse[1] et la Madone[2]. »

---

1. Muse : l'inspiratrice.
2. Madone : la Vierge, mère de l'Enfant Jésus.

38

Le Flambeau vivant [1]

Ils marchent devant moi, ces Yeux pleins de lumières [2],
Qu'un Ange très savant a sans doute aimantés;
Ils marchent, ces divins frères qui sont mes frères,
Secouant dans mes yeux leurs feux diamantés.

5   Me sauvant de tout piège et de tout péché grave,
Ils conduisent mes pas dans la route du Beau;
Ils sont mes serviteurs et je suis leur esclave;
Tout mon être obéit à ce vivant flambeau.

Charmants Yeux, vous brillez de la clarté mystique
10 Qu'ont les cierges brûlant en plein jour; le soleil
Rougit, mais n'éteint pas leur flamme fantastique;

Ils célèbrent la Mort, vous chantez le Réveil;
Vous marchez en chantant le réveil de mon âme,
Astres dont nul soleil ne peut flétrir la flamme!

---

1. Ce poème a d'abord été adressé à Madame Sabatier.
2. Yeux pleins de lumières: cette image est fréquente dans la poésie pétrarquiste.

39

À celle qui est trop gaie[1]

Ta tête, ton geste, ton air
Sont beaux comme un beau paysage ;
Le rire joue en ton visage
Comme un vent frais dans un ciel clair.

5   Le passant chagrin que tu frôles
Est ébloui par la santé
Qui jaillit comme une clarté
De tes bras et de tes épaules.

Les retentissantes couleurs
10 Dont tu parsèmes tes toilettes
Jettent dans l'esprit des poètes
L'image d'un ballet de fleurs.

Ces robes folles sont l'emblème
De ton esprit bariolé ;
15 Folle dont je suis affolé,
Je te hais autant que je t'aime !

Quelquefois dans un beau jardin
Où je traînais mon atonie[2],
J'ai senti, comme une ironie,
20 Le soleil déchirer mon sein ;

ooo

---
1. Poème condamné au procès de 1857, adressé d'abord à Madame Sabatier, mais peut-être inspiré par Marie Daubrun.
2. Atonie : manque d'énergie.

Et le printemps et la verdure
Ont tant humilié mon cœur,
Que j'ai puni sur une fleur
L'insolence de la Nature.

25 Ainsi je voudrais, une nuit,
Quand l'heure des voluptés[1] sonne,
Vers les trésors de ta personne,
Comme un lâche, ramper sans bruit,

Pour châtier ta chair joyeuse,
30 Pour meurtrir ton sein pardonné,
Et faire à ton flanc étonné
Une blessure large et creuse,

Et, vertigineuse douceur !
À travers ces lèvres nouvelles,
35 Plus éclatantes et plus belles,
T'infuser mon venin, ma sœur !

___

1. Volupté : plaisir sensuel.

40
Réversibilité[1]

Ange plein de gaieté, connaissez-vous l'angoisse,
La honte, les remords, les sanglots, les ennuis,
Et les vagues terreurs de ces affreuses nuits
Qui compriment le cœur comme un papier qu'on froisse ?
5   Ange plein de gaieté, connaissez-vous l'angoisse ?

Ange plein de bonté, connaissez-vous la haine,
Les poings crispés dans l'ombre et les larmes de fiel[2],
Quand la Vengeance bat son infernal rappel,
Et de nos facultés se fait le capitaine ?
10 Ange plein de bonté, connaissez-vous la haine ?

Ange plein de santé, connaissez-vous les Fièvres,
Qui le long des grands murs de l'hospice blafard[3],
Comme des exilés, s'en vont d'un pied traînard,
Cherchant le soleil rare et remuant les lèvres ?
15 Ange plein de santé, connaissez-vous les Fièvres ?

Ange plein de beauté, connaissez-vous les rides,
Et la peur de vieillir, et ce hideux tourment
De lire la secrète horreur du dévouement
Dans des yeux où longtemps burent nos yeux avides ?
20 Ange plein de beauté, connaissez-vous les rides ?

ooo

---

1. Le poème a été adressé à Madame Sabatier.
2. Fiel : amertume.
3. Blafard : pâle et sans éclat.

Ange plein de bonheur, de joie et de lumières,
David [1] mourant aurait demandé la santé
Aux émanations de ton corps enchanté ;
Mais de toi je n'implore, ange, que tes prières,
Ange plein de bonheur, de joie et de lumières !

---

1. David : dans la Bible, roi du peuple d'Israël.

41

Confession [1]

Une fois, une seule, aimable et douce femme,
    À mon bras votre bras poli
S'appuya (sur le fond ténébreux de mon âme
    Ce souvenir n'est point pâli);

5   Il était tard; ainsi qu'une médaille neuve
    La pleine lune s'étalait,
Et la solennité de la nuit, comme un fleuve,
    Sur Paris dormant ruisselait.

Et le long des maisons, sous les portes cochères,
10   Des chats passaient furtivement,
L'oreille au guet, ou bien, comme des ombres chères,
    Nous accompagnaient lentement.

Tout à coup, au milieu de l'intimité libre
    Éclose à la pâle clarté,
15   De vous, riche et sonore instrument où ne vibre
    Que la radieuse gaieté [2],

De vous, claire et joyeuse ainsi qu'une fanfare
    Dans le matin étincelant,
Une note plaintive, une note bizarre
20   S'échappa, tout en chancelant

ooo

---

1. Le poème a été adressé à Madame Sabatier.
2. La radieuse gaieté : le poète prend ici le contrepoint du poème 39, « À celle qui est trop gaie ».

Comme une enfant chétive, horrible, sombre, immonde,
    Dont sa famille rougirait,
Et qu'elle aurait longtemps, pour la cacher au monde,
    Dans un caveau mise au secret.

25 Pauvre ange, elle chantait, votre note criarde :
    « Que rien ici-bas n'est certain,
Et que toujours, avec quelque soin qu'il se farde [1],
    Se trahit l'égoïsme humain ;

« Que c'est un dur métier que d'être belle femme,
30   Et que c'est le travail banal
De la danseuse folle et froide qui se pâme [2]
    Dans un sourire machinal ;

« Que bâtir sur les cœurs est une chose sotte ;
    Que tout craque, amour et beauté,
35 Jusqu'à ce que l'Oubli les jette dans sa hotte
    Pour les rendre à l'Éternité ! »

J'ai souvent évoqué cette lune enchantée,
    Ce silence et cette langueur,
Et cette confidence horrible chuchotée
40   Au confessionnal du cœur.

---

1. Se farde : se maquille.
2. Se pâme : s'évanouit.

42
L'Aube spirituelle [1]

Quand chez les débauchés l'aube blanche et vermeille [2]
Entre en société de l'Idéal rongeur,
Par l'opération d'un mystère vengeur
Dans la brute assoupie un ange se réveille.

5 Des Cieux Spirituels l'inaccessible azur,
Pour l'homme terrassé qui rêve encore et souffre,
S'ouvre et s'enfonce avec l'attirance du gouffre.
Ainsi, chère Déesse, Être lucide et pur,

Sur les débris fumeux des stupides orgies [3]
10 Ton souvenir plus clair, plus rose, plus charmant,
À mes yeux agrandis voltige incessamment.

Le soleil a noirci la flamme des bougies ;
Ainsi, toujours vainqueur, ton fantôme est pareil,
Âme resplendissante, à l'immortel soleil !

---

1. Le poème a d'abord été adressé à Madame Sabatier.
2. Vermeille : d'un rouge vif et léger.
3. Orgies : festivités marquées par les excès et la débauche. Plus particulièrement :
excès de plaisir.

43
Harmonie du soir

Voici venir les temps où vibrant sur sa tige
Chaque fleur s'évapore ainsi qu'un encensoir[1] ;
Les sons et les parfums tournent dans l'air du soir ;
Valse mélancolique et langoureux vertige !

5 Chaque fleur s'évapore ainsi qu'un encensoir ;
Le violon frémit comme un cœur qu'on afflige ;
Valse mélancolique et langoureux vertige !
Le ciel est triste et beau comme un grand reposoir.

Le violon frémit comme un cœur qu'on afflige,
10 Un cœur tendre, qui hait le néant vaste et noir !
Le ciel est triste et beau comme un grand reposoir ;
Le soleil s'est noyé dans son sang qui se fige.

Un cœur tendre, qui hait le néant vaste et noir,
Du passé lumineux recueille tout vestige !
15 Le soleil s'est noyé dans son sang qui se fige...
Ton souvenir en moi luit comme un ostensoir[2] !

---

1. Encensoir : objet dans lequel on brûle l'encens.
2. Ostensoir : dans le culte chrétien, objet permettant d'exposer l'hostie en vue de son adoration par les fidèles.

Spleen et Idéal (édition de 1857)

44

Le Flacon

Il est de forts parfums pour qui toute matière
Est poreuse [1]. On dirait qu'ils pénètrent le verre.
En ouvrant un coffret venu de l'Orient
Dont la serrure grince et rechigne en criant,

5   Ou dans une maison déserte quelque armoire
Pleine de l'âcre [2] odeur des temps, poudreuse et noire,
Parfois on trouve un vieux flacon qui se souvient,
D'où jaillit toute vive une âme qui revient.

Mille pensers dormaient, chrysalides [3] funèbres,
10   Frémissant doucement dans les lourdes ténèbres,
Qui dégagent leur aile et prennent leur essor,
Teintés d'azur, glacés de rose, lamés d'or.

Voilà le souvenir enivrant qui voltige
Dans l'air troublé ; les yeux se ferment ; le Vertige
15   Saisit l'âme vaincue et la pousse à deux mains
Vers un gouffre obscurci des miasmes [4] humains ;

ooo

---

1. Poreuse : perméable.
2. Âcre : très irritant.
3. Chrysalide : enveloppe de la chenille, qui précède la transformation en papillon.
4. Miasmes : émanations propageant les maladies infectieuses et les épidémies.

93

Il la terrasse au bord du gouffre séculaire,
Où, Lazare [1] odorant déchirant son suaire [2],
Se meut dans son réveil le cadavre spectral
20   D'un vieil amour ranci [3], charmant et sépulcral [4].

Ainsi, quand je serai perdu dans la mémoire
Des hommes, dans le coin d'une sinistre armoire
Quand on m'aura jeté, vieux flacon désolé,
Décrépit, poudreux, sale, abject, visqueux, fêlé,

25   Je serai ton cercueil, aimable pestilence [5]!
Le témoin de ta force et de ta virulence,
Cher poison préparé par les anges! liqueur
Qui me ronge, ô la vie et la mort de mon cœur!

---

1. Lazare : personnage de la Bible, ressuscité par Jésus.
2. Suaire : linceul.
3. Ranci : qui a pris une odeur et un goût âcres.
4. Sépulcral : relatif au tombeau.
5. Pestilence : odeur infecte.

45

Le Poison [1]

Le vin sait revêtir le plus sordide bouge [2]
       D'un luxe miraculeux,
Et fait surgir plus d'un portique [3] fabuleux
       Dans l'or de sa vapeur rouge,
5 Comme un soleil couchant dans un ciel nébuleux.

L'opium agrandit ce qui n'a pas de bornes,
       Allonge l'illimité,
Approfondit le temps, creuse la volupté [4],
       Et de plaisirs noirs et mornes [5]
10 Remplit l'âme au-delà de sa capacité.

Tout cela ne vaut pas le poison qui découle
       De tes yeux, de tes yeux verts,
Lacs où mon âme tremble et se voit à l'envers…
       Mes songes viennent en foule
15 Pour se désaltérer à ces gouffres amers.

Tout cela ne vaut pas le terrible prodige
       De ta salive qui mord,
Qui plonge dans l'oubli mon âme sans remords,
       Et, charriant le vertige,
20 La roule défaillante aux rives de la mort !

---

1. Premier poème d'une série inspirée par Marie Daubrun, actrice avec laquelle Baudelaire a entretenu une brève liaison.

2. Bouge : cabaret mal famé.

3. Portique : galerie soutenue par deux rangées de colonnes.

4. Volupté : plaisir sensuel.

5. Morne : triste et monotone.

46

Ciel brouillé [1]

On dirait ton regard d'une vapeur couvert ;
Ton œil mystérieux (est-il bleu, gris ou vert ?)
Alternativement tendre, rêveur, cruel,
Réfléchit l'indolence [2] et la pâleur du ciel.

5 Tu rappelles ces jours blancs, tièdes et voilés,
Qui font se fondre en pleurs les cœurs ensorcelés,
Quand, agités d'un mal inconnu qui les tord,
Les nerfs trop éveillés raillent l'esprit qui dort.

Tu ressembles parfois à ces beaux horizons
10 Qu'allument les soleils des brumeuses saisons...
Comme tu resplendis, paysage mouillé
Qu'enflamment les rayons tombant d'un ciel brouillé !

Ô femme dangereuse, ô séduisants climats !
Adorerai-je aussi ta neige et vos frimas [3],
15 Et saurai-je tirer de l'implacable hiver
Des plaisirs plus aigus que la glace et le fer ?

---

1. Poème inspiré par Marie Daubrun.
2. Indolence : façon d'éviter de se donner de la peine ou de faire des efforts physiques ou moraux.
3. Frimas : brouillard épais et givrant.

Le Chat

47

I

Dans ma cervelle se promène,
Ainsi qu'en son appartement,
Un beau chat, fort, doux et charmant.
Quand il miaule, on l'entend à peine,

5 Tant son timbre est tendre et discret ;
Mais que sa voix s'apaise ou gronde,
Elle est toujours riche et profonde.
C'est là son charme et son secret.

Cette voix, qui perle et qui filtre
10 Dans mon fonds le plus ténébreux,
Me remplit comme un vers nombreux
Et me réjouit comme un philtre [1].

Elle endort les plus cruels maux
Et contient toutes les extases ;
15 Pour dire les plus longues phrases,
Elle n'a pas besoin de mots.

Non, il n'est pas d'archet qui morde
Sur mon cœur, parfait instrument,
Et fasse plus royalement
20 Chanter sa plus vibrante corde,

ooo

---

1. Philtre : breuvage magique.

Que ta voix, chat mystérieux,
Chat séraphique[1], chat étrange,
En qui tout est, comme en un ange,
Aussi subtil qu'harmonieux !

II

25   De sa fourrure blonde et brune
Sort un parfum si doux, qu'un soir
J'en fus embaumé, pour l'avoir
Caressée une fois, rien qu'une.

C'est l'esprit familier du lieu ;
30   Il juge, il préside, il inspire
Toutes choses dans son empire ;
Peut-être est-il fée, est-il dieu ?

Quand mes yeux, vers ce chat que j'aime
Tirés comme par un aimant,
35   Se retournent docilement
Et que je regarde en moi-même,

Je vois avec étonnement
Le feu de ses prunelles pâles,
Clairs fanaux[2], vivantes opales[3],
40   Qui me contemplent fixement.

---

1. Séraphique : qui évoque la pureté des anges.
2. Fanal(aux) : phare(s), lanterne(s).
3. Opale : pierre semi-précieuse.

48

Le Beau Navire [1]

Je veux te raconter, ô molle enchanteresse !
Les diverses beautés qui parent ta jeunesse ;
      Je veux te peindre ta beauté,
Où l'enfance s'allie à la maturité.

5   Quand tu vas balayant l'air de ta jupe large,
Tu fais l'effet d'un beau vaisseau qui prend le large,
      Chargé de toile, et va roulant
Suivant un rythme doux, et paresseux, et lent.

Sur ton cou large et rond, sur tes épaules grasses,
10   Ta tête se pavane [2] avec d'étranges grâces ;
      D'un air placide [3] et triomphant
Tu passes ton chemin, majestueuse enfant.

Je veux te raconter, ô molle enchanteresse !
Les diverses beautés qui parent ta jeunesse ;
15   Je veux te peindre ta beauté,
Où l'enfance s'allie à la maturité.

Ta gorge qui s'avance et qui pousse la moire [4],
Ta gorge triomphante est une belle armoire
      Dont les panneaux bombés et clairs
20   Comme les boucliers accrochent des éclairs ;

ooo

---

1. Le poème évoque précisément Marie Daubrun.
2. Se pavane : qui a un maintien fier et orgueilleux.
3. Placide : paisible.
4. Moire : tissu alternant des parties mates et brillantes.

Boucliers provocants, armés de pointes roses !
Armoire à doux secrets, pleine de bonnes choses,
                 De vins, de parfums, de liqueurs
    Qui feraient délirer les cerveaux et les cœurs !

25   Quand tu vas balayant l'air de ta jupe large,
    Tu fais l'effet d'un beau vaisseau qui prend le large,
                 Chargé de toile, et va roulant
    Suivant un rythme doux, et paresseux, et lent.

    Tes nobles jambes, sous les volants qu'elles chassent,
30   Tourmentent les désirs obscurs et les agacent,
                 Comme deux sorcières qui font
    Tourner un philtre[1] noir dans un vase profond.

    Tes bras, qui se joueraient des précoces hercules[2],
    Sont des boas luisants les solides émules[3],
35   Faits pour serrer obstinément,
    Comme pour l'imprimer dans ton cœur, ton amant.

    Sur ton cou large et rond, sur tes épaules grasses,
    Ta tête se pavane avec d'étranges grâces ;
                 D'un air placide et triomphant
40   Tu passes ton chemin, majestueuse enfant.

---

1. Philtre : breuvage magique.
2. Hercule : demi-dieu romain qui accomplit de nombreux exploits grâce à sa force et son courage.
3. Émule : personne qui cherche à égaler quelqu'un ou quelque chose de louable.

49

L'Invitation au voyage[1]

Mon enfant, ma sœur,
Songe à la douceur
D'aller là-bas vivre ensemble !
Aimer à loisir,
5 Aimer et mourir
Au pays qui te ressemble !
Les soleils mouillés
De ces ciels brouillés
Pour mon esprit ont les charmes
10 Si mystérieux
De tes traîtres yeux,
Brillant à travers leurs larmes.

Là, tout n'est qu'ordre et beauté,
Luxe, calme et volupté.

15 Des meubles luisants,
Polis par les ans,
Décoreraient notre chambre ;
Les plus rares fleurs
Mêlant leurs odeurs
20 Aux vagues senteurs de l'ambre [2],
Les riches plafonds,
Les miroirs profonds,

ooo

---
1. Le poème est inspiré par Marie Daubrun.
2. **Ambre** : parfum précieux, d'origine animale, et très odorant.

La splendeur orientale,
            Tout y parlerait
25   À l'âme en secret
Sa douce langue natale.
Là, tout n'est qu'ordre et beauté,
Luxe, calme et volupté.

            Vois sur ces canaux
30   Dormir ces vaisseaux
Dont l'humeur est vagabonde ;
            C'est pour assouvir
            Ton moindre désir
Qu'ils viennent du bout du monde.
35   — Les soleils couchants
            Revêtent les champs,
Les canaux, la ville entière,
            D'hyacinthe [1] et d'or ;
            Le monde s'endort
40 Dans une chaude lumière.

Là tout n'est qu'ordre et beauté,
Luxe, calme et volupté.

---

1. Hyacinthe : substance précieuse, utilisée dans la liturgie biblique, de couleur bleue tirant sur le violet.

Des clés
pour vous guider

« L'Invitation au voyage »
Une rêverie merveilleuse

Situé au cœur de la section « Spleen et Idéal », « L'Invitation au voyage » s'adresse à l'être aimé. Le poète l'invite à découvrir un monde idéal, merveilleux et poétique.

1 **Distinguez trois paysages décrits dans chacune des strophes. Quelles sont leurs différentes caractéristiques ?**

2 **Quels rapports la femme entretient-elle avec le paysage ?**

3 **Qu'est-ce qui rend ce poème si mélodieux et envoûtant ?**

pour vous aider

• Relevez les jeux de sonorité en distinguant les allitérations et les assonances.
• Identifiez les mètres utilisés par Baudelaire. Est-ce habituel ?
• Identifiez le refrain. Quel effet produit-il ?

4 GRAMMAIRE • **Analysez l'usage de la phrase impérative dans les vers 2 et 29.**

pour vous aider

La phrase impérative exprime un ordre, mais aussi une défense, une prière, un conseil, une demande ou un souhait.

POUR ALLER *plus loin*

ÉCRIT D'APPROPRIATION • Pour le catalogue d'une agence de voyages, vous rédigerez la description d'un pays lointain en vous inspirant du poème de Baudelaire.

pour vous aider

Choisissez le pays que vous souhaitez décrire en faisant au préalable une recherche sur les principales caractéristiques de son attractivité touristique.

50

L'Irréparable[1]

Pouvons-nous étouffer le vieux, le long Remords,
        Qui vit, s'agite et se tortille,
Et se nourrit de nous comme le ver des morts,
        Comme du chêne la chenille?
5   Pouvons-nous étouffer l'implacable Remords?

Dans quel philtre[2], dans quel vin, dans quelle tisane,
        Noierons-nous ce vieil ennemi,
Destructeur et gourmand comme la courtisane,
        Patient comme la fourmi?
10   Dans quel philtre? – dans quel vin? – dans quelle tisane?

Dis-le, belle sorcière, oh! dis, si tu le sais,
        À cet esprit comblé d'angoisse
Et pareil au mourant qu'écrasent les blessés,
        Que le sabot du cheval froisse,
15   Dis-le, belle sorcière, oh! dis, si tu le sais,

À cet agonisant[3] que le loup déjà flaire
        Et que surveille le corbeau,
À ce soldat brisé! s'il faut qu'il désespère
        D'avoir sa croix et son tombeau;
20   Ce pauvre agonisant que déjà le loup flaire!

---

1. Le titre initial était « À la Belle aux cheveux d'or », en référence à un rôle joué au théâtre par Marie Daubrun.
2. Philtre : breuvage magique.
3. Agonisant : mourant.

Peut-on illuminer un ciel bourbeux [1] et noir ?
                    Peut-on déchirer des ténèbres
Plus denses que la poix [2], sans matin et sans soir,
                    Sans astres, sans éclairs funèbres ?
25   Peut-on illuminer un ciel bourbeux et noir ?

L'Espérance qui brille aux carreaux de l'Auberge
                    Est soufflée, est morte à jamais !
Sans lune et sans rayons, trouver où l'on héberge
                    Les martyrs d'un chemin mauvais !
30   Le Diable a tout éteint aux carreaux de l'Auberge !

Adorable sorcière, aimes-tu les damnés ?
                    Dis, connais-tu l'irrémissible [3] ?
Connais-tu le Remords, aux traits empoisonnés,
                    À qui notre cœur sert de cible ?
35   Adorable sorcière, aimes-tu les damnés ?

L'irréparable ronge avec sa dent maudite
                    Notre âme, piteux monument,
Et souvent il attaque, ainsi que le termite [4],
                    Par la base le bâtiment.
40   L'irréparable ronge avec sa dent maudite !

                                    ooo

---

1. Bourbeux : comme plein de boue.
2. Poix : matière visqueuse à base de résine de bois.
3. Irrémissible : impardonnable.
4. Termite : insecte rongeant de l'intérieur les pièces de bois.

J'ai vu parfois, au fond d'un théâtre banal
   Qu'enflammait l'orchestre sonore,
Une fée allumer dans un ciel infernal
   Une miraculeuse aurore ;
45 J'ai vu parfois au fond d'un théâtre banal

Un être, qui n'était que lumière, or et gaze [1],
   Terrasser l'énorme Satan ;
Mais mon cœur, que jamais ne visite l'extase,
   Est un théâtre où l'on attend
50 Toujours, toujours en vain, l'Être aux ailes de gaze !

---

1. Gaze : tissu léger et transparent.

51

Causerie [1]

Vous êtes un beau ciel d'automne, clair et rose !
Mais la tristesse en moi monte comme la mer,
Et laisse, en refluant, sur ma lèvre morose
Le souvenir cuisant de son limon [2] amer.

5   — Ta main se glisse en vain sur mon sein qui se pâme ;
Ce qu'elle cherche, amie, est un lieu saccagé
Par la griffe et la dent féroce de la femme.
Ne cherchez plus mon cœur ; les bêtes l'ont mangé.

Mon cœur est un palais flétri par la cohue [3] ;
10   On s'y soûle, on s'y tue, on s'y prend aux cheveux !
— Un parfum nage autour de votre gorge nue !...

Ô Beauté, dur fléau des âmes, tu le veux !
Avec tes yeux de feu, brillants comme des fêtes,
Calcine ces lambeaux qu'ont épargnés les bêtes !

---

1. Le poème était adressé à Marie Daubrun.
2. Limon : terre entraînée par les eaux et déposée sur les rives des fleuves.
3. Cohue : foule.

52

L'Héautontimorouménos[1]

Clés
p. 110

À J. G. F[2].

Je te frapperai sans colère
Et sans haine, comme un boucher,
Comme Moïse[3] le rocher !
Et je ferai de ta paupière,

5   Pour abreuver mon Sahara,
Jaillir les eaux de la souffrance.
Mon désir gonflé d'espérance
Sur tes pleurs salés nagera

Comme un vaisseau qui prend le large,
10 Et dans mon cœur qu'ils soûleront
Tes chers sanglots retentiront
Comme un tambour qui bat la charge !

Ne suis-je pas un faux accord
Dans la divine symphonie,
15 Grâce à la vorace Ironie
Qui me secoue et qui me mord ?

---

1. Transcription d'une expression grecque renvoyant au fait d'être « le bourreau de soi-même » : titre d'une comédie du poète latin Térence (190-159 av. J.-C.).
2. On ignore le sens exact de cette dédicace. Le poète peut avoir été inspiré par Jeanne Duval aussi bien que par Marie Daubrun.
3. Moïse : prophète fondateur de la religion juive.

Elle est dans ma voix criarde !
C'est tout mon sang, ce poison noir !
Je suis le sinistre miroir.
20 Où la mégère [1] se regarde !

Je suis la plaie et le couteau !
Je suis le soufflet [2] et la joue !
Je suis les membres et la roue,
Et la victime et le bourreau !

25 Je suis de mon cœur le vampire,
— Un de ces grands abandonnés
Au rire éternel condamnés,
Et qui ne peuvent plus sourire !

---

1. Mégère : femme acariâtre et méchante.
2. Soufflet : gifle.

Des clés
pour vous guider

« L'Héautontimorouménos »
Le poète-bourreau

Dans ce poème, Baudelaire évoque la torture qu'il inflige à la femme qu'il aime. Mais le poète souffre aussi car « Héautontimorouménos » signifie en grec le bourreau de soi-même.

1 **Relevez les références à la femme aimée. Quel portrait le poète en fait-il ?**

2 **Quelle vision de l'amour le poème transmet-il ?**

pour vous aider
- Relevez les champs lexicaux. Quels effets produisent-ils ?
- Identifiez une allégorie. Comment pouvez-vous l'interpréter ?

3 **Comment le poète se représente-t-il dans le sixième quatrain ?**

pour vous aider
- Quelle figure de style domine ?
- Analysez les effets de contraste. Quel effet produisent-ils ?
- Quelle est la tonalité principale dans les deux derniers quatrains ?

4 GRAMMAIRE • **Justifiez l'usage de phrases simples dans le sixième quatrain.**

pour vous aider
La phrase simple ne comporte qu'un seul verbe conjugué.

POUR ALLER *plus loin*

LECTURE CURSIVE • Lisez « J'aime l'araignée » (p. 314) de Victor Hugo dans *Les Contemplations* (1856). Comparez ensuite la manière dont Hugo et Baudelaire suggèrent combien même la laideur peut être source de beauté.

53

Franciscæ meæ laudes
[Louange à ma Françoise[1]]

Vers composés pour une modiste[2]
érudite et dévote

Novis te cantabo chordis,	Je te chanterai sur des cordes nouvelles
O novelletum quod ludis	Ô ma bichette qui te joues[3]
In solitudine cordis.	Dans la solitude de mon cœur.
Esto sertis implicata,	Sois parée de guirlandes
O femina delicata	Ô femme délicieuse
Per quam solvuntur peccata !	Par qui les péchés sont remis[4] !
Sicut beneficum Lethe,	Comme d'un bienfaisant Léthé[5],
Hauriam oscula de te,	Je puiserai des baisers de toi
Quæ imbuta es magnete.	Qui es imprégné d'aimant.
Quum vitiorum tempestas	Quand la tempête des vices
Turbabat omnes semitas	Troublai toutes les routes,
Apparuisti, Deitas,	Tu m'es apparue, Déité[6],
Velut stella salutaris	Comme une étoile salutaire[7]
In nafragiis amaris…	Dans les naufrages amers…
Suspendam cor tuis aris !	Je suspendrai mon cœur à tes autels !

ooo

---

1. Traduction de Jules Mouquet, dans *Vers latins*, 1933, DR.

2. Modiste : femme fabriquant et vendant des coiffures féminines.

3. Qui te joues : toi qui te joues.

4. Sont remis : sont pardonnés.

5. Léthé : fleuve de l'oubli dans la mythologie grecque.

6. Déité : déesse.

7. Salutaire : qui sauve, salvatrice.

Piscina plena virtutis,	Piscine pleine de vertu,
Fons æternæ juventutis,	Fontaine d'éternelle jouvence[1],
Labris vocem redde mutis !	Rends la voix à mes lèvres muettes !

	Quod erat spurcum, cremasti ;	Ce qui était vil[2], tu l'as brûlé ;
20	Quod rudius, exæquasti ;	Rude, tu l'as aplani ;
	Quod debile, confirmasti.	Débile[3], tu l'as affermi.

In fame mea taberna,	Dans la faim mon auberge,
In nocte mea lucerna,	Dans la nuit ma lampe,
Recte me semper guberna.	Guide-moi toujours comme il faut.

	Adde nunc vires viribus,	Ajoute maintenant des forces à mes forces
25	Dulce balneum suavibus	Doux bain parfumé
	Unguentatum odoribus !	De suaves[4] odeurs !

Meos circa lumbos mica,	Brille autour de mes reins,
O castitatis lorica,	Ô ceinture de chasteté,
30	Aqua tincta seraphica ;	Trempée d'eau séraphique[5] ;

Patera gemmis corusca,	Coupe étincelante de pierreries,
Panis salsus, mollis esca,	Pain relevé de sel, mets[6] délicat,
Divinum vinum, Francisca !	Vin divin, Françoise.

---

1. Jouvence : jeunesse.

2. Vil : bas, méprisable.

3. Débile : faible.

4. Suaves : exquises.

5. Eau séraphique : eau pure, comme les « séraphins », anges de la première hiérarchie céleste.

6. Mets : plat.

Spleen et Idéal (édition de 1857)

54

À une Dame créole [1]

Au pays parfumé que le soleil caresse,
J'ai connu, sous un dais [2] d'arbres tout empourprés [3]
Et de palmiers d'où pleut sur les yeux la paresse,
Une dame créole aux charmes ignorés.

5   Son teint est pâle et chaud ; la brune enchanteresse
A dans le cou des airs noblement maniérés ;
Grande et svelte en marchant comme une chasseresse,
Son sourire est tranquille et ses yeux assurés.

Si vous alliez, Madame, au vrai pays de gloire,
10   Sur les bords de la Seine ou de la verte Loire [4],
Belle digne d'orner les antiques manoirs,

Vous feriez, à l'abri des ombreuses retraites,
Germer mille sonnets dans le cœur des poètes,
Que vos grands yeux rendraient plus soumis que vos noirs.

---

1. Dame créole : Baudelaire avait connu Monsieur et Madame Autard de Bragard
à l'île Bourbon (aujourd'hui La Réunion). Le poème rend hommage à la beauté de
la femme.
2. Dais : enchevêtrement de branchages formant comme un plafond au-dessus
d'un autel ou d'une personne.
3. Empourpré : teinté de couleur pourpre.
4. Loire : la Loire évoque sans doute par métonymie la poésie de Ronsard.

55

Mœsta et errabunda[1]

Dis-moi, ton cœur parfois s'envole-t-il, Agathe[2],
Loin du noir océan de l'immonde cité,
Vers un autre océan où la splendeur éclate,
Bleu, clair, profond, ainsi que la virginité ?
Dis-moi, ton cœur parfois s'envole-t-il, Agathe ?

La mer, la vaste mer, console nos labeurs[3] !
Quel démon a doté la mer, rauque[4] chanteuse
Qu'accompagne l'immense orgue des vents grondeurs,
De cette fonction sublime de berceuse ?
La mer, la vaste mer, console nos labeurs !

Emporte-moi, wagon ! enlève-moi, frégate !
Loin ! loin ! ici la boue est faite de nos pleurs !
— Est-il vrai que parfois le triste cœur d'Agathe
Dise : Loin des remords, des crimes, des douleurs,
Emporte-moi, wagon, enlève-moi, frégate ?

Comme vous êtes loin, paradis parfumé,
Où sous un clair azur tout n'est qu'amour et joie,
Où tout ce que l'on aime est digne d'être aimé,
Où dans la volupté pure le cœur se noie !
Comme vous êtes loin, paradis parfumé !

---

1. *Mœsta et errabunda* : « Triste et vagabonde ».
2. **Agathe** : ce prénom ne renvoie avec certitude à aucune femme fréquentée par Baudelaire à cette époque.
3. **Labeur** : effort.
4. **Rauque** : d'une voix rude et éraillée.

Mais le vert paradis des amours enfantines,
Les courses, les chansons, les baisers, les bouquets,
Les violons vibrant derrière les collines,
Avec les brocs de vin, le soir, dans les bosquets,
25   – Mais le vert paradis des amours enfantines,

L'innocent paradis, plein de plaisirs furtifs [1],
Est-il déjà plus loin que l'Inde et que la Chine ?
Peut-on le rappeler avec des cris plaintifs,
Et l'animer encore d'une voix argentine [2],
30   L'innocent paradis plein de plaisirs furtifs ?

---

1. Furtif : bref.
2. Argentine : qui résonne avec la clarté de l'argent.

56

Les Chats

Les amoureux fervents et les savants austères [1]
Aiment également, dans leur mûre saison,
Les chats puissants et doux, orgueil de la maison,
Qui comme eux sont frileux et comme eux sédentaires [2].

5   Amis de la science et de la volupté,
Ils cherchent le silence et l'horreur des ténèbres ;
L'Érèbe [3] les eût pris pour ses coursiers funèbres,
S'ils pouvaient au servage [4] incliner leur fierté.

Ils prennent en songeant les nobles attitudes
10   Des grands sphinx [5] allongés au fond des solitudes,
Qui semblent s'endormir dans un rêve sans fin ;

Leurs reins féconds sont pleins d'étincelles magiques,
Et des parcelles d'or, ainsi qu'un sable fin,
Étoilent vaguement leurs prunelles mystiques.

---

1. Austère : qui ne s'accorde aucun plaisir, aucun luxe.
2. Sédentaire : qui ne quitte pas son domicile. Attaché à un lieu.
3. Érèbe : dans la mythologie grecque, représentation des ténèbres infernales.
4. Servage : esclavage.
5. Sphinx : dans la statuaire égyptienne, lion couché à tête d'homme, de bélier ou d'épervier, représentant une divinité.

57

Les Hiboux

Sous les ifs [1] noirs qui les abritent,
Les hiboux se tiennent rangés,
Ainsi que des dieux étrangers,
Dardant [2] leur œil rouge. Ils méditent.

5 Sans remuer ils se tiendront
Jusqu'à l'heure mélancolique
Où, poussant le soleil oblique,
Les ténèbres s'établiront.

Leur attitude au sage enseigne
10 Qu'il faut en ce monde qu'il craigne
Le tumulte et le mouvement ;

L'homme ivre d'une ombre qui passe
Porte toujours le châtiment
D'avoir voulu changer de place.

---

1. If : Arbre décoratif à fruits rouges.
2. Dardant : lançant.

58

La Cloche fêlée

Il est amer et doux, pendant les nuits d'hiver,
D'écouter, près du feu qui palpite et qui fume,
Les souvenirs lointains lentement s'élever
Au bruit des carillons qui chantent dans la brume.

5   Bienheureuse la cloche au gosier vigoureux
Qui, malgré sa vieillesse, alerte et bien portante,
Jette fidèlement son cri religieux,
Ainsi qu'un vieux soldat qui veille sous la tente !

Moi, mon âme est fêlée, et lorsqu'en ses ennuis
10 Elle veut de ses chants peupler l'air froid des nuits,
Il arrive souvent que sa voix affaiblie

Semble le râle [1] épais d'un blessé qu'on oublie
Au bord d'un lac de sang, sous un grand tas de morts,
Et qui meurt, sans bouger, dans d'immenses efforts.

---

1. Râle : respiration d'un mourant.

59

Spleen[1]

Pluviôse[2], irrité contre la ville entière,
De son urne à grands flots verse un froid ténébreux
Aux pâles habitants du voisin cimetière
Et la mortalité sur les faubourgs brumeux.

5   Mon chat sur le carreau cherchant une litière
Agite sans repos son corps maigre et galeux[3];
L'âme d'un vieux poète erre dans la gouttière
Avec la triste voix d'un fantôme frileux.

Le bourdon[4] se lamente, et la bûche enfumée
10 Accompagne en fausset[5] la pendule enrhumée,
Cependant qu'en un jeu plein de sales parfums,

Héritage fatal d'une vieille hydropique[6],
Le beau valet de cœur et la dame de pique
Causent sinistrement de leurs amours défunts.

---

1. Spleen : nom d'origine anglaise, désignant une mélancolie sans cause apparente.

2. Pluviôse : cinquième mois du calendrier républicain (correspond à l'actuelle période du 19-20 janvier au 18-19 février).

3. Galeux : portant les traces de la gale, une maladie cutanée provoquant de fortes démangeaisons.

4. Bourdon : grosse cloche à son grave.

5. Fausset : voix très aiguë.

6. Hydropique : personne atteinte d'une maladie gonflant l'abdomen ou les yeux, par accumulation d'humeur aqueuse.

60

Spleen [1]

J'ai plus de souvenirs que si j'avais mille ans.

Un gros meuble à tiroirs encombré de bilans,
De vers, de billets doux, de procès, de romances,
Avec de lourds cheveux roulés dans des quittances [2],
5   Cache moins de secrets que mon triste cerveau.
C'est une pyramide, un immense caveau,
Qui contient plus de morts que la fosse commune.
— Je suis un cimetière abhorré [3] de la lune,
Où comme des remords se traînent de longs vers
10   Qui s'acharnent toujours sur mes morts les plus chers.
Je suis un vieux boudoir [4] plein de roses fanées,
Où gît un fouillis de modes surannées [5],
Où les pastels plaintifs et les pâles Boucher [6],
Seuls, respirent l'odeur d'un flacon débouché.

15   Rien n'égale en longueur les boiteuses journées,
Quand sous les lourds flocons des neigeuses années
L'ennui, fruit de la morne [7] incuriosité [8],

---

1. Spleen : nom d'origine anglaise, désignant une mélancolie sans cause apparente.

2. Quittance : écrit attestant l'acquittement d'une dette.

3. Abhorré : plus que détesté.

4. Boudoir : petit salon.

5. Surannée : démodée.

6. Boucher : peintre français (1703-1770).

7. Morne : triste et monotone.

8. Incuriosité : absence de curiosité.

Prend les proportions de l'immortalité.
— Désormais tu n'es plus, ô matière vivante!
Qu'un granit[1] entouré d'une vague épouvante,
Assoupi dans le fond d'un Sahara brumeux;
Un vieux sphinx[2] ignoré du monde insoucieux,
Oublié sur la carte, et dont l'humeur farouche
Ne chante qu'aux rayons du soleil qui se couche.

---

1. Granit: roche magmatique.
2. Sphinx: dans la statuaire égyptienne, lion couché à tête d'homme, de bélier ou d'épervier, représentant une divinité.

61

Spleen

Je suis comme le roi d'un pays pluvieux,
Riche, mais impuissant, jeune et pourtant très vieux,
Qui, de ses précepteurs [1] méprisant les courbettes,
S'ennuie avec ses chiens comme avec d'autres bêtes.
5   Rien ne peut l'égayer, ni gibier, ni faucon,
Ni son peuple mourant en face du balcon.
Du bouffon favori la grotesque ballade [2]
Ne distrait plus le front de ce cruel malade ;
Son lit fleurdelisé [3] se transforme en tombeau,
10   Et les dames d'atour [4], pour qui tout prince est beau,
Ne savent plus trouver d'impudique toilette
Pour tirer un souris [5] de ce jeune squelette.
Le savant qui lui fait de l'or n'a jamais pu
De son être extirper l'élément corrompu [6],
15   Et dans ces bains de sang qui des Romains nous viennent [7],
Et dont sur leurs vieux jours les puissants se souviennent,
Il n'a su réchauffer ce cadavre hébété [8]
Où coule au lieu de sang l'eau verte du Léthé [9].

---

1. Précepteur : enseignant.
2. Ballade : chanson.
3. Fleurdelisé : orné de fleurs de lys.
4. Dames d'atour : femmes chargées de la toilette des monarques.
5. Souris : sourire.
6. Corrompu : impur.
7. Les jeux du cirque.
8. Hébété : abasourdi.
9. Léthé : dans la mythologie grecque, fleuve de l'Oubli. Ici, il renvoie plutôt à l'idée de léthargie, d'absence d'énergie.

62
Spleen [1]

Quand le ciel bas et lourd pèse comme un couvercle
Sur l'esprit gémissant en proie aux longs ennuis,
Et que de l'horizon embrassant tout le cercle
Il nous verse un jour noir plus triste que les nuits ;

5   Quand la terre est changée en un cachot humide,
Où l'Espérance, comme une chauve-souris,
S'en va battant les murs de son aile timide
Et se cognant la tête à des plafonds pourris ;

Quand la pluie étalant ses immenses traînées
10 D'une vaste prison imite les barreaux,
Et qu'un peuple muet d'infâmes araignées
Vient tendre ses filets au fond de nos cerveaux,

Des cloches tout à coup sautent avec furie
Et lancent vers le ciel un affreux hurlement,
15 Ainsi que des esprits errants et sans patrie
Qui se mettent à geindre opiniâtrement [2].

– Et de longs corbillards, sans tambours ni musique,
Défilent lentement dans mon âme ; l'Espoir,
Vaincu, pleure, et l'Angoisse atroce, despotique [3],
20 Sur mon crâne incliné plante son drapeau noir.

---

1. Spleen : nom d'origine anglaise, désignant une mélancolie sans cause apparente.
2. Opiniâtrement : obstinément.
3. Despotique : tyrannique.

Des clés
pour vous guider

« *Quand le ciel bas…* », Spleen
Un paysage état d'âme

Ce quatrième et dernier poème portant le titre de « Spleen » évoque, à la suite des précédents, le désespoir du poète. À la description d'un paysage lugubre correspond la crise intérieure de l'homme.

1 **Analysez l'état du poète strophe par strophe. Quelles sont les différentes étapes du spleen ?**

2 **Quelle atmosphère se dégage de ce poème ?**

pour vous aider

• Listez les animaux et les créatures évoqués dans le poème. Quel effet leur évocation produit-elle ?
• Relevez le champ lexical de la mort. Quels sens pouvez-vous donner au « drapeau noir » du vers final ?

3 **Comment Baudelaire rapproche-t-il le paysage extérieur de son état moral ?**

pour vous aider

Rappel : Le paysage état d'âme est un concept romantique dans lequel le paysage fait écho à l'état intérieur du poète.

4 GRAMMAIRE • **Identifiez dans les trois premiers quatrains les propositions subordonnées conjonctives circonstancielles.**

POUR ALLER *plus loin*

LECTURE CURSIVE • Lisez « La Chanson du Mal-Aimé » de Guillaume Apollinaire dans *Alcools* (1913). Comparez ensuite la façon dont Baudelaire et Apollinaire traitent du désespoir et de la mélancolie.

Spleen et Idéal (édition de 1857)

63

Brumes et pluies

Ô fins d'automne, hivers, printemps trempés de boue
Endormeuses saisons ! je vous aime et vous loue
D'envelopper ainsi mon cœur et mon cerveau
D'un linceul vaporeux et d'un vague tombeau.

Dans cette grande plaine où l'autan[1] froid se joue,
Où par les longues nuits la girouette s'enroue,
Mon âme mieux qu'au temps du tiède renouveau
Ouvrira largement ses ailes de corbeau.

Rien n'est plus doux au cœur plein de choses funèbres,
Et sur qui dès longtemps descendent les frimas[2],
Ô blafardes saisons, reines de nos climats,

Que l'aspect permanent de vos pâles ténèbres,
— Si ce n'est, par un soir sans lune, deux à deux,
D'endormir la douleur sur un lit hasardeux.

---

1. Autan : vent orageux.
2. Frimas : brouillard épais givrant.

64

L'Irrémédiable

I

Une Idée, une Forme, un Être
Parti de l'azur et tombé
Dans un Styx [1] bourbeux [2] et plombé
Où nul œil du Ciel ne pénètre ;

5   Un Ange, imprudent voyageur
Qu'a tenté l'amour du difforme,
Au fond d'un cauchemar énorme
Se débattant comme un nageur,

Et luttant, angoisses funèbres !
10 Contre un gigantesque remous
Qui va chantant comme les fous
Et pirouettant dans les ténèbres ;

Un malheureux ensorcelé
Dans ses tâtonnements futiles [3],
15 Pour fuir d'un lieu plein de reptiles,
Cherchant la lumière et la clé ;

---

1. Styx : dans la mythologie grecque, fleuve faisant neuf fois le tour des Enfers.
2. Bourbeux : plein de boue.
3. Futile : vain.

Un damné[1] descendant sans lampe,
Au bord d'un gouffre dont l'odeur
Trahit l'humide profondeur,
20 D'éternels escaliers sans rampe,

Où veillent des monstres visqueux[2]
Dont les larges yeux de phosphore[3]
Font une nuit plus noire encore
Et ne rendent visibles qu'eux ;

25 Un navire pris dans le pôle,
Comme en un piège de cristal,
Cherchant par quel détroit fatal
Il est tombé dans cette geôle[4] ;

— Emblèmes nets, tableau parfait
30 D'une fortune irrémédiable,
Qui donne à penser que le Diable
Fait toujours bien tout ce qu'il fait !

II

Tête-à-tête sombre et limpide
Qu'un cœur devenu son miroir !
35 Puits de Vérité, clair et noir,
Où tremble une étoile livide,

ooo

---

1. Damné : condamné à aller en Enfer.
2. Visqueux : de consistance épaisse et poisseuse, s'écoulant avec difficulté.
3. Phosphore : lumineux dans la nuit.
4. Geôle : prison.

Un phare ironique, infernal,
Flambeau des grâces sataniques,
Soulagement et gloire uniques,
— La conscience dans le Mal !

65
À une mendiante rousse

Blanche fille aux cheveux roux,
Dont la robe par ses trous
Laisse voir la pauvreté
    Et la beauté,

5   Pour moi, poète chétif[1],
Ton jeune corps maladif,
Plein de taches de rousseur,
    A sa douceur.

Tu portes plus galamment
10   Qu'une reine de roman
Ses cothurnes[2] de velours
    Tes sabots lourds.

Au lieu d'un haillon[3] trop court,
Qu'un superbe habit de cour
15   Traîne à plis bruyants et longs
    Sur tes talons ;

En place de bas troués,
Que pour les yeux des roués[4]
Sur ta jambe un poignard d'or
20   Reluise encor ;

ooo

---

1. Chétif : de faible constitution.
2. Cothurnes : chaussures portées dans les tragédies antiques par les comédiens.
3. Haillon : vieux morceau d'étoffe.
4. Roué : débauché.

Que des nœuds mal attachés
Dévoilent pour nos péchés
Tes deux beaux seins, radieux
    Comme des yeux ;

25 Que pour te déshabiller
Tes bras se fassent prier
Et chassent à coups mutins
    Les doigts lutins [1],

Perles de la plus belle eau,
30 Sonnets de maître Belleau [2]
Par tes galants mis aux fers
    Sans cesse offerts,

Valetaille [3] de rimeurs
Te dédiant leurs primeurs
35 Et contemplant ton soulier
    Sous l'escalier,

Maint page épris du hasard,
Maint seigneur et maint Ronsard [4]
Épieraient pour le déduit [5]
40   Ton frais réduit !

---

1. Lutin : espiègle.
2. Belleau : poète français (1528-1577).
3. Valetaille : ensemble des valets d'une maison.
4. Ronsard : poète français (1524-1585).
5. Déduit : divertissement, jeux amoureux.

Tu compterais dans tes lits
Plus de baisers que de lis
Et rangerais sous tes lois
Plus d'un Valois [1] !

45   — Cependant tu vas gueusant [2]
Quelque vieux débris gisant
Au seuil de quelque Véfour [3]
De carrefour ;

Tu vas lorgnant en dessous
50   Des bijoux de vingt-neuf sous
Dont je ne puis, oh ! pardon !
Te faire don.

Va donc, sans autre ornement,
Parfum, perles, diamant,
55   Que ta maigre nudité,
Ô ma beauté !

---

1. Valois : branche des Capétiens qui régna en France du XIVe au XVIe siècle.
2. Gueusant : mendiant.
3. Véfour : grand restaurant parisien.

66

Le Jeu[1]

Dans des fauteuils fanés des courtisanes vieilles,
Pâles, le sourcil peint, l'œil câlin et fatal,
Minaudant[2], et faisant de leurs maigres oreilles
Tomber un cliquetis de pierre et de métal ;

5   Autour des verts tapis des visages sans lèvre,
Des lèvres sans couleur, des mâchoires sans dent,
Et des doigts convulsés[3] d'une infernale fièvre,
Fouillant la poche vide ou le sein palpitant ;

Sous de sales plafonds un rang de pâles lustres
10   Et d'énormes quinquets[4] projetant leurs lueurs
Sur des fronts ténébreux de poètes illustres
Qui viennent gaspiller leurs sanglantes sueurs ;

Voilà le noir tableau qu'en un rêve nocturne
Je vis se dérouler sous mon œil clairvoyant.
15   Moi-même, dans un coin de l'antre[5] taciturne,
Je me vis accoudé, froid, muet, enviant,

---

1. Le poème s'inspire d'une estampe décrite par Baudelaire dans *Quelques Caricaturistes français*, qu'il attribue sans doute par erreur à Carle Vernet (peintre français, 1758-1836).

2. Minaudant : faisant des mines pour séduire.

3. Convulsé : atteint de contractions violentes et involontaires.

4. Quinquet : ancienne lampe à double courant d'air.

5. Antre : lieu où l'on aime se réfugier.

Enviant de ces gens la passion tenace,
De ces vieilles putains la funèbre gaieté,
Et tous gaillardement trafiquant à ma face,
L'un de son vieil honneur, l'autre de sa beauté !

Et mon cœur s'effraya d'envier maint pauvre homme
Courant avec ferveur à l'abîme béant,
Et qui, soûl de son sang, préférerait en somme
La douleur à la mort et l'enfer au néant !

67

Le Crépuscule du soir

Voici le soir charmant, ami du criminel ;
Il vient comme un complice, à pas de loup ; le ciel

Se ferme lentement comme une grande alcôve [1],
Et l'homme impatient se change en bête fauve.

5   Ô soir, aimable soir, désiré par celui
Dont les bras, sans mentir, peuvent dire : Aujourd'hui
Nous avons travaillé ! – C'est le soir qui soulage
Les esprits que dévore une douleur sauvage,
Le savant obstiné dont le front s'alourdit,
10   Et l'ouvrier courbé qui regagne son lit.
Cependant des démons malsains dans l'atmosphère
S'éveillent lourdement, comme des gens d'affaire,
Et cognent en volant les volets et l'auvent.
À travers les lueurs que tourmente le vent
15   La Prostitution s'allume dans les rues ;
Comme une fourmilière elle ouvre ses issues ;
Partout elle se fraye un occulte [2] chemin,
Ainsi que l'ennemi qui tente un coup de main ;
Elle remue au sein de la cité de fange [3]
20   Comme un ver qui dérobe à l'Homme ce qu'il mange.
On entend çà et là les cuisines siffler,

---

1. Alcôve : espace en retrait dans une chambre, où l'on met le lit, et que l'on peut fermer.
2. Occulte : caché et inconnu.
3. Fange : boue. Par extension : chose abjecte.

Les théâtres glapir [1], les orchestres ronfler ;
Les tables d'hôte, dont le jeu fait les délices,
S'emplissent de catins [2] et d'escrocs, leurs complices,
25   Et les voleurs, qui n'ont ni trêve ni merci [3],
Vont bientôt commencer leur travail, eux ausi,
Et forcer doucement les portes et les caisses
Pour vivre quelques jours et vêtir leurs maîtresses.

Recueille-toi, mon âme, en ce grave moment,
30   Et ferme ton oreille à ce rugissement.
C'est l'heure où les douleurs des malades s'aigrissent !
La sombre Nuit les prend à la gorge ; ils finissent
Leur destinée et vont vers le gouffre commun ;
L'hôpital se remplit de leurs soupirs. – Plus d'un
35   Ne viendra plus chercher la soupe parfumée,
Au coin du feu, le soir, auprès d'une âme aimée.

Encore la plupart n'ont-ils jamais connu
La douceur du foyer et n'ont jamais vécu !

---

1. Glapir : pousser un cri aigu. Devant les théâtres, des « aboyeurs » se chargent
d'attirer le public.
2. Catin : prostituée.
3. Merci : pitié.

68

Le Crépuscule du matin

La diane [1] chantait dans les cours des casernes,
Et le vent du matin soufflait sur les lanternes.

C'était l'heure où l'essaim des rêves malfaisants
Tord sur leurs oreillers les bruns adolescents ;
Où, comme un œil sanglant qui palpite et qui bouge,
La lampe sur le jour fait une tache rouge ;
Où l'âme, sous le poids du corps revêche [2] et lourd,
Imite les combats de la lampe et du jour.
Comme un visage en pleurs que les brises essuient,
L'air est plein du frisson des choses qui s'enfuient,
Et l'homme est las d'écrire et la femme d'aimer.

Les maisons çà et là commençaient à fumer.
Les femmes de plaisir [3], la paupière livide,
Bouche ouverte, dormaient de leur sommeil stupide ;
Les pauvresses, traînant leurs seins maigres et froids,
Soufflaient sur leurs tisons et soufflaient sur leurs doigts.
C'était l'heure où parmi le froid et la lésine [4]
S'aggravent les douleurs des femmes en gésine [5] ;
Comme un sanglot coupé par un sang écumeux
Le chant du coq au loin déchirait l'air brumeux ;
Une mer de brouillards baignait les édifices,

---

1. Diane : sonnerie de clairon.
2. Revêche : de mauvaise volonté.
3. Femmes de plaisir : prostituées.
4. Lésine : tendance excessive à l'épargne.
5. En gésine : en train d'accoucher.

Et les agonisants [1] dans le fond des hospices
Poussaient leur dernier râle [2] en hoquets inégaux.
Les débauchés rentraient, brisés par leurs travaux.

25   L'aurore grelottante en robe rose et verte
S'avançait lentement sur la Seine déserte,
Et le sombre Paris, en se frottant les yeux,
Empoignait ses outils, vieillard laborieux.

---

1. Agonisant : mourant.
2. Râle : souffle d'un mourant.

69

La servante au grand cœur[1] dont vous[2] étiez jalouse,
Et qui dort son sommeil sous une humble pelouse,
Nous devrions pourtant lui porter quelques fleurs.
Les morts, les pauvres morts, ont de grandes douleurs,
5   Et quand Octobre souffle, émondeur[3] des vieux arbres,
Son vent mélancolique à l'entour de leurs marbres,
Certe[4], ils doivent trouver les vivants bien ingrats,
À dormir, comme ils font, chaudement dans leurs draps,
Tandis que, dévorés de noires songeries,
10 Sans compagnon de lit, sans bonnes causeries,
Vieux squelettes gelés travaillés par le ver,
Ils sentent s'égoutter les neiges de l'hiver
Et le siècle couler, sans qu'amis ni famille
Remplacent les lambeaux qui pendent à leur grille.

15 Lorsque la bûche siffle et chante, si le soir,
Calme, dans le fauteuil je la voyais s'asseoir,
Si, par une nuit bleue et froide de décembre
Je la trouvais tapie en un coin de ma chambre,
Grave, et venant du fond de son lit éternel
20 Couver l'enfant grandi de son œil maternel,
Que pourrais-je répondre à cette âme pieuse,
Voyant tomber des pleurs de sa paupière creuse ?

---

1. La servante au grand cœur : le poème est inspiré par Mariette, une domestique qui prenait soin de Baudelaire dans son enfance.
2. Vous : il s'agit vraisemblablement d'une adresse à la mère de Baudelaire.
3. Émondeur : qui débarrasse les arbres des branches mortes.
4. Certe : certes (licence poétique).

70

Je n'ai pas oublié, voisine de la ville [1],
Notre blanche maison, petite mais tranquille ;
Sa Pomone [2] de plâtre et sa vieille Vénus [3]
Dans un bosquet chétif [4] cachant leurs membres nus,
5   Et le soleil, le soir, ruisselant et superbe,
Qui, derrière la vitre où se brisait sa gerbe,
Semblait, grand œil ouvert dans le ciel curieux,
Contempler nos dîners longs et silencieux,
Répandant largement ses beaux reflets de cierge
10   Sur la nappe frugale [5] et les rideaux de serge [6].

---

1. Voisine de la ville : Neuilly, où résida Baudelaire avec sa mère.
2. Pomone : dans la religion romaine, nymphe protectrice des fruits.
3. Vénus : dans la religion romaine, déesse de l'amour.
4. Chétif : de faible constitution.
5. Frugale : qui se contente d'aliments simples. Austère.
6. Serge : tissu serré et sec.

71

Le Tonneau de la haine

La Haine est le tonneau des pâles Danaïdes [1];
La Vengeance éperdue aux bras rouges et forts
A beau précipiter dans ses ténèbres vides
De grands seaux pleins du sang et des larmes des morts,

5   Le Démon fait des trous secrets à ces abîmes,
Par où fuiraient mille ans de sueurs et d'efforts,
Quand même elle saurait ranimer ses victimes,
Et pour les pressurer [2] ressusciter leurs corps [3].

La Haine est un ivrogne au fond d'une taverne,
10   Qui sent toujours la soif naître de la liqueur
Et se multiplier comme l'hydre de Lerne [4].

— Mais les buveurs heureux connaissent leur vainqueur,
Et la Haine est vouée à ce sort lamentable
De ne pouvoir jamais s'endormir sous la table.

---

1. Danaïdes : dans la mythologie grecque, les Danaïdes avaient été condamnées
à verser éternellement de l'eau dans un tonneau sans fond.
2. Pressurer : en tirer tout ce qu'elle peut.
3. Ressusciter leurs corps : allusion aux pratiques de la magicienne thessa-
lienne Erichto.
4. L'hydre de Lerne : dans la mythologie grecque, serpent à sept têtes qui repous-
saient dès qu'on les coupait.

72

Le Revenant

Comme les anges à l'œil fauve [1],
Je reviendrai dans ton alcôve [2]
Et vers toi glisserai sans bruit
Avec les ombres de la nuit ;

5   Et je te donnerai, ma brune [3],
Des baisers froids comme la lune
Et des caresses de serpent
Autour d'une fosse rampant.

Quand viendra le matin livide,
10   Tu trouveras ma place vide,
Où jusqu'au soir il fera froid.

Comme d'autres par la tendresse,
Sur ta vie et sur ta jeunesse,
Moi, je veux régner par l'effroi.

---

1. Les anges à l'œil fauve : les vampires.
2. Alcôve : espace en retrait dans une chambre, où l'on met le lit, et que l'on peut fermer.
3. Ma brune : il n'y a aucune certitude sur la destinataire de ce poème.

73
Le Mort joyeux

Dans une terre grasse et pleine d'escargots
Je veux creuser moi-même une fosse profonde,
Où je puisse à loisir étaler mes vieux os
Et dormir dans l'oubli comme un requin dans l'onde[1].

5   Je hais les testaments et je hais les tombeaux[2];
Plutôt que d'implorer une larme du monde,
Vivant, j'aimerais mieux inviter les corbeaux
À saigner tous les bouts de ma carcasse immonde.

Ô vers! noirs compagnons sans oreille et sans yeux,
10   Voyez venir à vous un mort libre et joyeux;
Philosophes viveurs, fils de la pourriture,

À travers ma ruine allez donc sans remords,
Et dites-moi s'il est encor[3] quelque torture
Pour ce vieux corps sans âme et mort parmi les morts!

---

1. L'onde: la mer.
2. Tombeau: un tombeau est aussi une forme poétique en l'honneur de quelqu'un.
3. Encor: encore (licence poétique).

74
Sépulture

Si par une nuit lourde et sombre
Un bon chrétien, par charité,
Derrière quelque vieux décombre
Enterre votre corps vanté,

5   À l'heure où les chastes étoiles
Ferment leurs yeux appesantis,
L'araignée y fera ses toiles,
Et la vipère ses petits ;

Vous entendrez toute l'année
10 Sur votre tête condamnée
Les cris lamentables des loups

Et des sorcières faméliques [1],
Les ébats des vieillards lubriques [2]
Et les complots des noirs filous.

---

1. Famélique : affamé.
2. Lubrique : qui a un penchant pour la sensualité et la luxure.

75
Tristesses de la lune

Ce soir, la lune rêve avec plus de paresse ;
Ainsi qu'une beauté, sur de nombreux coussins,
Qui d'une main distraite et légère caresse
Avant de s'endormir le contour de ses seins,

5   Sur le dos satiné des molles avalanches,
Mourante, elle se livre aux longues pâmoisons [1],
Et promène ses yeux sur les visions blanches
Qui montent dans l'azur comme des floraisons.

Quand parfois sur ce globe, en sa langueur oisive [2],
10   Elle laisse filer une larme furtive,
Un poète pieux, ennemi du sommeil,

Dans le creux de sa main prend cette larme pâle,
Aux reflets irisés comme un fragment d'opale [3],
Et la met dans son cœur loin des yeux du soleil.

---

1. **Pâmoison** : évanouissement.
2. **Oisive** : sans occupation.
3. **Opale** : pierre semi-précieuse irisée.

Spleen et Idéal (édition de 1857)

76
La Musique

La musique souvent me prend comme une mer !
      Vers ma pâle étoile,
Sous un plafond de brume ou dans un vaste éther[1],
      Je mets à la voile ;

5   La poitrine en avant et les poumons gonflés
      Comme de la toile,
J'escalade le dos des flots amoncelés
      Que la nuit me voile ;

Je sens vibrer en moi toutes les passions
10   D'un vaisseau qui souffre ;
Le bon vent, la tempête et ses convulsions[2]

      Sur l'immense gouffre
Me bercent. D'autres fois, calme plat, grand miroir
      De mon désespoir !

---

1. Éther : dans l'Antiquité, fluide qu'on se représentait régner au-dessus de l'atmosphère. Par extension, l'éther désigne les espaces célestes.
2. Convulsion : contraction violente et involontaire.

77

La Pipe

Je suis la pipe d'un auteur ;
On voit, à contempler ma mine
D'Abyssinienne [1] ou de Cafrine [2],
Que mon maître est un grand fumeur.

5   Quand il est comblé de douleur,
Je fume comme la chaumine [3]
Où se prépare la cuisine
Pour le retour du laboureur.

J'enlace et je berce son âme
10   Dans le réseau mobile et bleu
Qui monte de ma bouche en feu,

Et je roule un puissant dictame [4]
Qui charme son cœur et guérit
De ses fatigues son esprit.

---

1. Abyssinienne : originaire d'Abyssinie (Éthiopie).
2. Cafrine : originaire de la Cafrérie (Afrique du Sud).
3. Chaumine : petite chaumière.
4. Dictame : baume adoucissant les souffrances.

Fleurs du mal

78
La Destruction

Sans cesse à mes côtés s'agite le Démon ;
Il nage autour de moi comme un air impalpable ;
Je l'avale et le sens qui brûle mon poumon
Et l'emplit d'un désir éternel et coupable.

5 Parfois il prend, sachant mon grand amour de l'Art,
La forme de la plus séduisante des femmes,
Et, sous de spécieux prétextes de cafard[1],
Accoutume ma lèvre à des philtres[2] infâmes.

Il me conduit ainsi, loin du regard de Dieu,
10 Haletant et brisé de fatigue, au milieu
Des plaines de l'Ennui, profondes et désertes,

Et jette dans mes yeux pleins de confusion
Des vêtements souillés, des blessures ouvertes,
Et l'appareil sanglant de la Destruction.

_____

1. Cafard : hypocrite.
2. Philtre : breuvage magique.

79

Une martyre

Dessin d'un maître inconnu

Au milieu des flacons, des étoffes lamées
   Et des meubles voluptueux,
Des marbres, des tableaux, des robes parfumées
   Qui traînent à plis somptueux,

5 Dans une chambre tiède où, comme en une serre,
   L'air est dangereux et fatal,
Où des bouquets mourants dans leurs cercueils de verre
   Exhalent leur soupir final,

Un cadavre sans tête épanche, comme un fleuve,
10   Sur l'oreiller désaltéré
Un sang rouge et vivant, dont la toile s'abreuve
   Avec l'avidité d'un pré.

Semblable aux visions pâles qu'enfante l'ombre
   Et qui nous enchaînent les yeux,
15 La tête, avec l'amas de sa crinière sombre
   Et de ses bijoux précieux,

Sur la table de nuit, comme une renoncule [1],
   Repose; et, vide de pensers [2],
Un regard vague et blanc comme le crépuscule
20   S'échappe des yeux révulsés [3].

---

1. Renoncule: plante herbacée.
2. Pensers: pensées.
3. Révulsés: retournés au point qu'on n'en voit plus la pupille.

Sur le lit, le tronc nu sans scrupules étale
        Dans le plus complet abandon
La secrète splendeur et la beauté fatale
        Dont la nature lui fit don.

25 Un bas rosâtre, orné de coins d'or, à la jambe,
        Comme un souvenir est resté ;
La jarretière, ainsi qu'un œil secret qui flambe,
        Darde [1] un regard diamanté.

Le singulier aspect de cette solitude
30   Et d'un grand portrait langoureux,
Aux yeux provocateurs comme son attitude,
        Révèle un amour ténébreux,

Une coupable joie et des fêtes étranges
        Pleines de baisers infernaux,
35 Dont se réjouissait l'essaim des mauvais anges
        Nageant dans les plis des rideaux ;

Et cependant, à voir la maigreur élégante
        De l'épaule au contour heurté,
La hanche un peu pointue et la taille fringante
40   Ainsi qu'un reptile irrité,

Elle est bien jeune encor [2] ! – Son âme exaspérée
        Et ses sens par l'ennui mordus
S'étaient-ils entr'ouverts à la meute altérée
        Des désirs errants et perdus ?

                    ooo

---

1. Darde : lance.
2. Encor : encore (licence poétique).

LES FLEURS DU MAL

45 L'homme vindicatif[1] que tu n'as pu, vivante,
    Malgré tant d'amour, assouvir,
Combla-t-il sur ta chair inerte et complaisante
    L'immensité de son désir ?

Réponds, cadavre impur ! et par tes tresses roides[2]
50   Te soulevant d'un bras fiévreux,
Dis-moi, tête effrayante, a-t-il sur tes dents froides
    Collé les suprêmes adieux ?

— Loin du monde railleur, loin de la foule impure,
    Loin des magistrats curieux,
55 Dors en paix, dors en paix, étrange créature,
    Dans ton tombeau mystérieux ;

Ton époux court le monde, et ta forme immortelle
    Veille près de lui quand il dort ;
Autant que toi sans doute il te sera fidèle,
60   Et constant jusques à la mort.

---

1. **Vindicatif** : porté à la vengeance.
2. **Roide** : raide.

80
 Lesbos [1]

Mère des jeux latins et des voluptés grecques,
Lesbos [2], où les baisers, languissants ou joyeux,
Chauds comme les soleils, frais comme les pastèques,
Font l'ornement des nuits et des jours glorieux ;
5 Mère des jeux latins et des voluptés grecques,

Lesbos, où les baisers sont comme les cascades
Qui se jettent sans peu dans les gouffres sans fonds,
Et courent, sanglotant et gloussant par saccades,
Orageux et secrets, fourmillants et profonds ;
10 Lesbos, où les baisers sont comme les cascades !

Lesbos, où les Phrynés [3] l'une l'autre s'attirent,
Où jamais un soupir ne resta sans écho,
À l'égal de Paphos [4] les étoiles t'admirent,
Et Vénus [5] à bon droit peut jalouser Sapho [6] !
15 Lesbos, où les Phrynés l'une l'autre s'attirent,

ooo

---

1. Ce poème a été condamné lors du procès de 1857.
2. Lesbos : île grecque de la mer Égée, où vécut la poétesse Sappho, et réputée pour la liberté de mœurs de ses habitantes.
3. Phryné : courtisane grecque (IVe siècle av. J.-C.), joueuse de flûte, qui aurait servi de modèle au sculpteur Praxitèle (IVe siècle av. J.-C.).
4. Paphos : ville fondée par les Phéniciens, puis colonisée par les Grecs, dont la légende attribue la fondation à Paphos, le fils de Pygmalion (sculpteur légendaire de Chypre).
5. Vénus : dans la religion romaine, déesse de l'amour.
6. Sapho (ou Sappho) : poétesse grecque (fin VIIe-début VIe siècle av. J.-C.), créatrice du lyrisme érotique.

Lesbos, terre des nuits chaudes et langoureuses,
Qui font qu'à leurs miroirs, stérile volupté !
Mes filles aux yeux creux, de leurs corps amoureuses,
Caressent les fruits mûrs de leur nubilité[1] ;
20 Lesbos, terre des nuits chaudes et langoureuses,

Laisse du vieux Platon[2] se froncer l'œil austère[3] ;
Tu tires ton pardon de l'excès des baisers,
Reine du doux empire, aimable et noble terre,
Et des raffinements toujours inépuisés.
25 Laisse du vieux Platon se froncer l'œil austère.

Tu tires ton pardon de l'éternel martyre,
Infligé sans relâche aux cœurs ambitieux,
Qu'attire loin de nous le radieux sourire
Entrevu vaguement au bord des autres cieux !
30 Tu tires ton pardon de l'éternel martyre !

Qui des Dieux osera, Lesbos, être ton juge
Et condamner ton front pâli dans les travaux,
Si ses balances d'or n'ont pesé le déluge
De larmes qu'à la mer ont versé tes ruisseaux ?
35 Qui des Dieux osera, Lesbos, être ton juge ?

---

1. Nubilité : maturité sexuelle.
2. Platon : philosophe grec (428-348 av. J.-C.).
2. Austère : qui ne s'accorde aucun luxe ou plaisir.

Que nous veulent les lois du juste et de l'injuste ?
Vierges au cœur sublime, honneur de l'archipel [1],
Votre religion comme une autre est auguste [2],
Et l'amour se rira de l'Enfer et du Ciel !
40 Que nous veulent les lois du juste et de l'injuste ?

Car Lesbos entre tous m'a choisi sur la terre
Pour chanter le secret de ses vierges en fleurs,
Et je fus dès l'enfance admis au noir mystère
Des rires effrénés mêlés aux sombres pleurs ;
45 Car Lesbos entre tous m'a choisi sur la terre.

Et depuis lors je veille au sommet de Leucate [3],
Comme une sentinelle à l'œil perçant et sûr,
Qui guette nuit et jour brick, tartane ou frégate [4],
Dont les formes au loin frissonnent dans l'azur ;
50 Et depuis lors je veille au sommet de Leucate

Pour savoir si la mer est indulgente et bonne,
Et parmi les sanglots dont le roc retentit
Un soir ramènera vers Lesbos, qui pardonne,
Le cadavre adoré de Sapho, qui partit
55 Pour savoir si la mer est indulgente et bonne !

ooo

---

1. **Archipel** : ensemble formé par les îles grecques.
2. **Auguste** : digne du plus grand respect.
3. **Leucate** : ou Leucade, ville où, selon une légende, Sappho se serait suicidée.
4. **Brick, tartane, frégate** : types de voiliers.

De la mâle Sapho, l'amante et le poète,
Plus belle que Vénus par ses mornes [1] pâleurs!
— L'œil d'azur est vaincu par l'œil noir que tachette
Le cercle ténébreux tracé par les douleurs
60   De la mâle Sapho, l'amante et le poète!

— Plus belle que Vénus se dressant sur le monde
Et versant les trésors de sa sérénité
Et le rayonnement de sa jeunesse blonde
Sur le vieil Océan de sa fille enchanté;
65   Plus belle que Vénus se dressant sur le monde!

— De Sapho qui mourut le jour de son blasphème [2],
Quand, insultant le rite et le culte inventé,
Elle fit son beau corps la pâture suprême
D'un brutal dont l'orgueil punit l'impiété
70   De celle qui mourut le jour de son blasphème.

Et c'est depuis ce temps que Lesbos se lamente,
Et, malgré les honneurs que lui rend l'univers,
S'enivre chaque nuit du cri de la tourmente
Que poussent vers les cieux ses rivages déserts!
75   Et c'est depuis ce temps que Lesbos se lamente!

---

1. Morne : triste et monotone.
2. Blasphème : insulte à l'égard d'un dieu ou d'une religion.

81
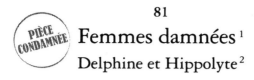
Femmes damnées [1]
Delphine et Hippolyte [2]

À la pâle clarté des lampes languissantes,
Sur de profonds coussins tout imprégnés d'odeur,
Hippolyte rêvait aux caresses puissantes
Qui levaient le rideau de sa jeune candeur [3].

5 Elle cherchait, d'un œil troublé par la tempête,
De sa naïveté le ciel déjà lointain,
Ainsi qu'un voyageur qui retourne la tête
Vers les horizons bleus dépassés le matin.

De ses yeux amortis les paresseuses larmes,
10 L'air brisé, la stupeur, la morne [4] volupté,
Ses bras vaincus, jetés comme de vaines armes,
Tout servait, tout parait sa fragile beauté.

Étendue à ses pieds, calme et pleine de joie,
Delphine la couvait avec des yeux ardents,
15 Comme un animal fort qui surveille une proie,
Après l'avoir d'abord marquée avec les dents.

ooo

---

1. Damné : condamné aux souffrances de l'Enfer.
2. Delphine : prénom fréquent à l'époque. **Hippolyte** : renvoie sans doute à la reine des Amazones.
3. Candeur : pureté.
4. Morne : triste et monotone.

Beauté forte à genoux devant la beauté frêle,
Superbe, elle humait voluptueusement
Le vin de son triomphe, et s'allongeait vers elle,
20   Comme pour recueillir un doux remercîment[1].

Elle cherchait dans l'œil de sa pâle victime
Le cantique muet que chante le plaisir,
Et cette gratitude infinie et sublime
Qui sort de la paupière ainsi qu'un long soupir.

25   — « Hippolyte, cher cœur, que dis-tu de ces choses ?
Comprends-tu maintenant qu'il ne faut pas offrir
L'holocauste[2] sacré de tes premières roses
Aux souffles violents qui pourraient les flétrir ?

« Mes baisers sont légers comme ces éphémères
30   Qui caressent le soir les grands lacs transparents,
Et ceux de ton amant creuseront leurs ornières
Comme des chariots ou des socs[3] déchirants ;

« Ils passeront sur toi comme un lourd attelage
De chevaux et de bœufs aux sabots sans pitié…
35   Hippolyte, ô ma sœur ! tourne donc ton visage,
Toi, mon âme et mon cœur, mon tout et ma moitié,

« Tourne vers moi tes yeux pleins d'azur et d'étoiles !
Pour un de ces regards charmants, baume divin,
Des plaisirs plus obscurs je lèverai les voiles
40   Et je t'endormirai dans un rêve sans fin ! »

---

1. Remercîment : remerciement (ancienne graphie).
2. Holocauste : sacrifice total.
3. Soc : pièce de charrue tranchant la terre.

Mais Hippolyte alors, levant sa jeune tête :
— « Je ne suis point ingrate et ne me repens pas,
Ma Delphine, je souffre et je suis inquiète,
Comme après un nocturne et terrible repas.

45   « Je sens fondre sur moi de lourdes épouvantes
Et de noirs bataillons de fantômes épars,
Qui veulent me conduire en des routes mouvantes
Qu'un horizon sanglant ferme de toutes parts.

« Avons-nous donc commis une action étrange ?
50   Explique, si tu peux, mon trouble et mon effroi :
Je frissonne de peur quand tu me dis : « Mon ange ! »
Et cependant je sens ma bouche aller vers toi.

« Ne me regarde pas ainsi, toi, ma pensée !
Toi que j'aime à jamais, ma sœur d'élection,
55   Quand même tu serais une embûche dressée
Et le commencement de ma perdition ! »

Delphine secouant sa crinière tragique,
Et comme trépignant sur le trépied de fer,
L'œil fatal, répondit d'une voix despotique [1] :
60   — « Qui donc devant l'amour ose parler d'enfer ?

« Maudit soit à jamais le rêveur inutile
Qui voulut le premier, dans sa stupidité,
S'éprenant d'un problème insoluble et stérile,
Aux choses de l'amour mêler l'honnêteté !

                                                            ooo

---

1. Despotique : tyrannique.

« Celui qui veut unir dans un accord mystique
L'ombre avec la chaleur, la nuit avec le jour,
Ne chauffera jamais son corps paralytique
À ce rouge soleil que l'on nomme l'amour !

« Va, si tu veux, chercher un fiancé stupide ;
Cours offrir un cœur vierge à ses cruels baisers ;
Et, pleine de remords et d'horreur, et livide,
Tu me rapporteras tes seins stigmatisés...

« On ne peut ici-bas contenter qu'un seul maître ! »
Mais l'enfant, épanchant une immense douleur,
Cria soudain : « — Je sens s'élargir dans mon être
Un abîme béant ; cet abîme est mon cœur !

« Brûlant comme un volcan, profond comme le vide !
Rien ne rassasiera ce monstre gémissant
Et ne rafraîchira la soif de l'Euménide [1]
Qui, la torche à la main, le brûle jusqu'au sang.

« Que nos rideaux fermés nous séparent du monde,
Et que la lassitude amène le repos !
Je veux m'anéantir dans ta gorge profonde
Et trouver sur ton sein la fraîcheur des tombeaux ! »

— Descendez, descendez, lamentables victimes,
Descendez le chemin de l'enfer éternel !
Plongez au plus profond du gouffre, où tous les crimes,
Flagellés par un vent qui ne vient pas du ciel,

---

1. Euménide : autre nom donné aux Érynies, désignant normalement leur état apaisé.

Bouillonnent pêle-mêle avec un bruit d'orage.
Ombres folles, courez au but de vos désirs ;
Jamais vous ne pourrez assouvir votre rage,
Et votre châtiment naîtra de vos plaisirs.

Jamais un rayon frais n'éclaira vos cavernes ;
Par les fentes des murs des miasmes[1] fiévreux
Filtrent en s'enflammant ainsi que des lanternes
Et pénètrent vos corps de leurs parfums affreux.

L'âpre stérilité de votre jouissance
Altère votre soif et roidit[2] votre peau,
Et le vent furibond de la concupiscence[3]
Fait claquer votre chair ainsi qu'un vieux drapeau.

Loin des peuples vivants, errantes, condamnées,
À travers les déserts courez comme les loups ;
Faites votre destin, âmes désordonnées,
Et fuyez l'infini que vous portez en vous !

---

1. Miasmes : émanations propageant les maladies infectieuses et les épidémies.
2. Roidit : raidit.
3. Concupiscence : convoitise.

82

Femmes damnées [1]

Comme un bétail pensif sur le sable couchées,
Elles tournent leurs yeux vers l'horizon des mers,
Et leurs pieds se cherchant et leurs mains rapprochées
Ont de douces langueurs et des frissons amers.

5   Les unes, cœur épris des longues confidences,
Dans le fond des bosquets où jasent les ruisseaux,
Vont épelant l'amour des craintives enfances
Et creusent le bois vert des jeunes arbrisseaux ;

D'autres, comme des sœurs, marchent lentes et graves
10   À travers les rochers pleins d'apparitions,
Où saint Antoine [2] a vu surgir comme des laves
Les seins nus et pourprés de ses tentations ;

Il en est, aux lueurs des résines croulantes,
Qui dans le creux muet des vieux antres [3] païens
15   T'appellent au secours de leurs fièvres hurlantes,
Ô Bacchus [4], endormeur des remords anciens !

---

1. Damné : condamné aux souffrances de l'Enfer.
2. Saint Antoine : ermite égyptien (251-356) qui, dans la tradition chrétienne,
eut à résister à de nombreuses tentations.
3. Antre : grotte.
4. Bacchus : dans la religion romaine, dieu du vin.

Fleurs du mal (édition de 1857)

Et d'autres, dont la gorge aime les scapulaires[1],
Qui, recelant un fouet sous leurs longs vêtements[2],
Mêlent, dans le bois sombre et les nuits solitaires,
20   L'écume du plaisir aux larmes des tourments.

Ô vierges, ô démons, ô monstres, ô martyres,
De la réalité grands esprits contempteurs[3],
Chercheuses d'infini, dévotes et satyres[4],
Tantôt pleines de cris, tantôt pleines de pleurs,

25   Vous que dans votre enfer mon âme a poursuivies,
Pauvres sœurs, je vous aime autant que je vous plains,
Pour vos mornes[5] douleurs, vos soifs inassouvies,
Et les urnes d'amour dont vos grands cœurs sont pleins !

---

1. Scapulaire : vêtement religieux, fait de deux longues bandes d'étoffe.
2. Allusion probable à *La Religieuse* de Diderot (1713-1784).
3. Contempteur : qui méprise.
4. Satyre : divinité mythologique, à corps humain, et à corne et pieds de chèvre ou de bouc.
5. Morne : triste et monotone.

83

Les Deux Bonnes Sœurs

La Débauche et la Mort sont deux aimables filles,
Prodigues de baisers et riches de santé,
Dont le flanc toujours vierge et drapé de guenilles [1]
Sous l'éternel labeur n'a jamais enfanté.

5 Au poète sinistre, ennemi des familles,
Favori de l'enfer, courtisan mal renté [2],
Tombeaux et lupanars [3] montrent sous leurs charmilles [4]
Un lit que le remords n'a jamais fréquenté.

Et la bière et l'alcôve [5] en blasphèmes [6] fécondes
10 Nous offrent tour à tour, comme deux bonnes sœurs,
De terribles plaisirs et d'affreuses douceurs.

Quand veux-tu m'enterrer, Débauche aux bras immondes ?
Ô Mort, quand viendras-tu, sa rivale en attraits,
Sur ses myrtes [7] infects enter [8] tes noirs cyprès [9] ?

---

1. Guenille : vêtement en lambeaux.
2. Mal renté : qui ne perçoit qu'une faible rente.
3. Lupanar : maison de prostitution.
4. Charmille : berceau de verdure.
5. Alcôve : enfoncement, dans une chambre, où l'on peut placer le lit. Par extension, lieu des rapports amoureux.
6. Blasphème : insulte à l'égard d'un dieu ou d'une religion.
7. Myrte : arbrisseau à feuilles coriaces et fleurs blanches, consacré à Vénus dans la religion romaine.
8. Enter : greffer.
9. Cyprès : conifère vert sombre, communément présent dans les cimetières.

84
La Fontaine de sang

Il me semble parfois que mon sang coule à flots,
Ainsi qu'une fontaine aux rythmiques sanglots.
Je l'entends bien qui coule avec un long murmure,
Mais je me tâte en vain pour trouver la blessure.

À travers la cité, comme dans un champ clos,
Il s'en va, transformant les pavés en îlots,
Désaltérant la soif de chaque créature,
Et partout colorant en rouge la nature.

J'ai demandé souvent à des vins captieux [1]
D'endormir pour un jour la terreur qui me mine ;
Le vin rend l'œil plus clair et l'oreille plus fine !

J'ai cherché dans l'amour un sommeil oublieux ;
Mais l'amour n'est pour moi qu'un matelas d'aiguilles
Fait pour donner à boire à ces cruelles filles !

---

1. Captieux : charmeur et trompeur.

85

Allégorie

C'est une femme belle et de riche encolure[1],
Qui laisse dans son vin traîner sa chevelure.
Les griffes de l'amour, les poisons du tripot[2],
Tout glisse et tout s'émousse au granit de sa peau.
5 Elle rit à la Mort et nargue la Débauche,
Ces monstres dont la main, qui toujours gratte et fauche,
Dans ses jeux destructeurs a pourtant respecté
De ce corps ferme et droit la rude majesté.
Elle marche en déesse et repose en sultane ;
10 Elle a dans le plaisir la foi mahométane[3],
Et dans ses bras ouverts, que remplissent ses seins,
Elle appelle des yeux la race des humains.
Elle croit, elle sait, cette vierge inféconde
Et pourtant nécessaire à la marche du monde,
15 Que la beauté du corps est un sublime don
Qui de toute infamie[4] arrache le pardon.
Elle ignore l'Enfer comme le Purgatoire,
Et quand l'heure viendra d'entrer dans la Nuit noire,
Elle regardera la face de la Mort,
20 Ainsi qu'un nouveau-né, – sans haine et sans remords.

---

1. Encolure : décolleté.
2. Tripot : maison de jeu.
3. Mahométane : musulmane.
4. Infamie : déshonneur.

86

La Béatrice [1]

Dans des terrains cendreux, calcinés, sans verdure,
Comme je me plaignais un jour à la nature,
Et que de ma pensée, en vaguant [2] au hasard,
J'aiguisais lentement sur mon cœur le poignard,
5   Je vis en plein midi descendre sur ma tête
Un nuage funèbre et gros d'une tempête,
Qui portait un troupeau de démons vicieux,
Semblables à des nains cruels et curieux.
À me considérer froidement ils se mirent,
10 Et, comme des passants sur un fou qu'ils admirent,
Je les entendis rire et chuchoter entre eux,
En échangeant maint signe et maint clignement d'yeux :

— « Contemplons à loisir cette caricature
Et cette ombre d'Hamlet [3] imitant sa posture,
15 Le regard indécis et les cheveux au vent.
N'est-ce pas grand-pitié de voir ce bon vivant,
Ce gueux [4], cet histrion [5] en vacances, ce drôle,

ooo

---

1. Béatrice : le prénom renvoie ironiquement à l'héroïne de Dante (poète italien,
1265-1321), guide et inspiratrice du poète dans *La Divine Comédie*.
2. Vaguant : errant.
3. Hamlet : héros éponyme d'un drame de Shakespeare (1564-1616).
4. Gueux : mendiant.
5. Histrion : comédien.

Parce qu'il sait jouer artistement son rôle,
Vouloir intéresser au chant de ses douleurs
20 Les aigles, les grillons, les ruisseaux et les fleurs,
Et même à nous, auteurs de ces vieilles rubriques[1],
Réciter en hurlant ses tirades publiques ? »

J'aurais pu (mon orgueil aussi haut que les monts
Domine la nuée et le cri des démons)
25 Détourner simplement ma tête souveraine,
Si je n'eusse pas vu parmi leur troupe obscène,
Crime qui n'a pas fait chanceler le soleil !
La reine de mon cœur au regard nonpareil,
Qui riait avec eux de ma sombre détresse
30 Et leur versait parfois quelque sale caresse.

---

1. Rubrique : ruse, finesse (au XIXᵉ siècle, selon Littré).

87
Les Métamorphoses du vampire[1]

La femme cependant, de sa bouche de fraise,
En se tordant ainsi qu'un serpent sur la braise,
Et pétrissant ses seins sur le fer de son busc[2],
Laissait couler ces mots tout imprégnés de musc[3] :
— « Moi, j'ai la lèvre humide, et je sais la science
De perdre au fond d'un lit l'antique conscience.
Je sèche tous mes pleurs sur mes seins triomphants,
Et fais rire les vieux du rire des enfants.
Je remplace, pour qui me voit nue et sans voiles,
La lune, le soleil, le ciel et les étoiles !
Je suis, mon cher savant, si docte[4] aux voluptés,
Lorsque j'étouffe un homme en mes bras redoutés,
Ou lorsque j'abandonne aux morsures mon buste,
Timide et libertine, et fragile et robuste,
Que sur ces matelas qui se pâment[5] d'émoi,
Les anges impuissants se damneraient pour moi ! »

Quand elle eut de mes os sucé toute la moelle,
Et que languissamment je me tournai vers elle
Pour lui rendre un baiser d'amour, je ne vis plus
Qu'une outre aux flancs gluants, toute pleine de pus !
Je fermai les deux yeux, dans ma froide épouvante,

ooo

---
1. Ce poème a été condamné lors du procès de 1857.
2. Busc : lame servant à maintenir un corset.
3. Musc : parfum précieux, d'origine animale.
4. Docte : savante.
5. Se pâment : s'évanouissent.

Et quand je les rouvris à la clarté vivante,
À mes côtés, au lieu du mannequin puissant
Qui semblait avoir fait provision de sang,
Tremblaient confusément des débris de squelette,
Qui d'eux-mêmes rendaient le cri d'une girouette
Ou d'une enseigne, au bout d'une tringle de fer,
Que balance le vent pendant les nuits d'hiver.

88
Un voyage à Cythère [1]

Mon cœur, comme un oiseau, voltigeait tout joyeux
Et planait librement à l'entour des cordages ;
Le navire roulait sous un ciel sans nuages,
Comme un ange enivré d'un soleil radieux.

5   Quelle est cette île triste et noire ? – C'est Cythère [2],
Nous dit-on, un pays fameux dans les chansons,
Eldorado [3] banal de tous les vieux garçons.
Regardez, après tout, c'est une pauvre terre.

– Île des doux secrets et des fêtes du cœur !
10 De l'antique Vénus [4] le superbe fantôme
Au-dessus de tes mers plane comme un arome [5],
Et charge les esprits d'amour et de langueur.

Belle île aux myrtes [6] verts, pleine de fleurs écloses,
Vénérée à jamais par toute nation,
15 Où les soupirs des cœurs en adoration
Roulent comme l'encens sur un jardin de roses

ooo

---

1. Baudelaire dédia d'abord son poème à Gérard de Nerval (écrivain français, 1808-1855), dont les récits de voyage inspirent ce poème.
2. Cythère : île grecque dédiée, dans la mythologie, à Aphrodite, déesse de l'amour.
3. Eldorado : pays fabuleux idéal, regorgeant d'or.
4. Vénus : dans la religion romaine, déesse de l'amour.
5. Arome : arôme.
6. Myrte : arbrisseau à feuilles coriaces et fleurs blanches, consacré à Vénus dans la religion romaine.

Ou le roucoulement éternel d'un ramier[1] !
— Cythère n'était plus qu'un terrain des plus maigres,
Un désert rocailleux troublé par des cris aigres.
20   J'entrevoyais pourtant un objet singulier !

Ce n'était pas un temple aux ombres bocagères,
Où la jeune prêtresse, amoureuse des fleurs,
Allait, le corps brûlé de secrètes chaleurs,
Entrebâillant sa robe aux brises passagères ;

25   Mais voilà qu'en rasant la côte d'assez près
Pour troubler les oiseaux avec nos voiles blanches,
Nous vîmes que c'était un gibet[2] à trois branches,
Du ciel se détachant en noir, comme un cyprès[3].

De féroces oiseaux perchés sur leur pâture
30   Détruisaient avec rage un pendu déjà mûr,
Chacun plantant, comme un outil, son bec impur
Dans tous les coins saignants de cette pourriture ;

Les yeux étaient deux trous, et du ventre effondré
Les intestins pesants lui coulaient sur les cuisses,
35   Et ses bourreaux, gorgés de hideuses délices,
L'avaient à coups de bec absolument châtré[4].

Sous les pieds, un troupeau de jaloux quadrupèdes,
Le museau relevé, tournoyait et rôdait ;
Une plus grande bête au milieu s'agitait
40   Comme un exécuteur entouré de ses aides.

---

1. Ramier : pigeon sauvage.
2. Gibet : potence où l'on exécute les condamnés à la pendaison.
3. Cyprès : conifère vert sombre, communément présent dans les cimetières.
4. Châtré : castré.

Habitant de Cythère, enfant d'un ciel si beau,
Silencieusement tu souffrais ces insultes
En expiation de tes infâmes cultes
Et des péchés qui t'ont interdit le tombeau.

45   Ridicule pendu, tes douleurs sont les miennes !
Je sentis, à l'aspect de tes membres flottants,
Comme un vomissement, remonter vers mes dents
Le long fleuve de fiel [1] des douleurs anciennes ;

Devant toi, pauvre diable au souvenir si cher,
50   J'ai senti tous les becs et toutes les mâchoires
Des corbeaux lancinants et des panthères noires
Qui jadis aimaient tant à triturer ma chair.

– Le ciel était charmant, la mer était unie ;
Pour moi tout était noir et sanglant désormais,
55   Hélas ! et j'avais, comme en un suaire [2] épais,
Le cœur enseveli dans cette allégorie [3].

Dans ton île, ô Vénus ! je n'ai trouvé debout
Qu'un gibet symbolique où pendait mon image…
– Ah ! Seigneur ! donnez-moi la force et le courage
60   De contempler mon cœur et mon corps sans dégoût !

---

1. Fiel : bile. Par métaphore : amertume accompagnée de méchanceté.
2. Suaire : linceul.
3. Allégorie : représentation concrète d'une idée abstraite.

89

L'Amour et le Crâne

Vieux cul-de-lampe [1]

L'Amour est assis sur le crâne
De l'Humanité,
Et sur ce trône le profane,
Au rire effronté,

5   Souffle gaiement des bulles rondes
Qui montent dans l'air,
Comme pour rejoindre les mondes
Au fond de l'éther [2].

Le globe lumineux et frêle
10   Prend un grand essor,
Crève et crache son âme grêle
Comme un songe d'or.

J'entends le crâne à chaque bulle
Prier et gémir :
15   — « Ce jeu féroce et ridicule,
Quand doit-il finir ?

---

1. Cul-de-lampe : en typographie, vignette marquant la fin d'un chapitre.
2. Éther : dans l'Antiquité, fluide qu'on se représentait régner au-dessus de l'atmosphère.

« Car ce que ta bouche cruelle
        Éparpille en l'air,
Monstre assassin, c'est ma cervelle,
        Mon sang et ma chair ! »

Révolte

90
Le Reniement de saint Pierre[1]

Qu'est-ce que Dieu fait donc de ce flot d'anathèmes[2]
Qui monte tous les jours vers ses chers Séraphins[3] ?
Comme un tyran gorgé de viande et de vins,
Il s'endort au doux bruit de nos affreux blasphèmes[4].

5   Les sanglots des martyrs et des suppliciés
Sont une symphonie enivrante sans doute,
Puisque, malgré le sang que leur volupté coûte,
Les cieux ne s'en sont point encor[5] rassasiés !

— Ah ! Jésus, souviens-toi du Jardin des Olives[6] !
10 Dans ta simplicité tu priais à genoux
Celui qui dans son ciel riait au bruit des clous
Que d'ignobles bourreaux plantaient dans tes chairs vives,

---

1. Saint Pierre : apôtre de Jésus.
2. Anathème : condamnation totale.
3. Séraphin : ange.
4. Blasphème : insulte à l'égard d'un dieu ou d'une religion.
5. Encor : encore (licence poétique).
6. Jardin des Olives : mont des Oliviers. Lieu où, d'après le Nouveau Testament, Jésus passa les dernières heures avant son arrestation.

Lorsque tu vis cracher sur ta divinité
La crapule du corps de garde et des cuisines,
Et lorsque tu sentis s'enfoncer les épines
Dans ton crâne où vivait l'immense Humanité ;

Quand de ton corps brisé la pesanteur horrible
Allongeait tes deux bras distendus, que ton sang
Et ta sueur coulaient de ton front pâlissant,
Quand tu fus devant tous posé comme une cible,

Rêvais-tu de ces jours si brillants et si beaux
Où tu vins pour remplir l'éternelle promesse,
Où tu foulais, monté sur une douce ânesse,
Des chemins tout jonchés de fleurs et de rameaux[1],

Où, le cœur tout gonflé d'espoir et de vaillance,
Tu fouettais tous ces vils[2] marchands à tour de bras[3],
Où tu fus maître enfin ? Le remords n'a-t-il pas
Pénétré dans ton flanc plus avant que la lance ?

— Certes, je sortirai, quant à moi, satisfait
D'un monde où l'action n'est pas la sœur du rêve ;
Puissé-je user du glaive et périr par le glaive[4] !
Saint Pierre a renié Jésus... il a bien fait !

---

1. Référence à l'accueil triomphal que reçut Jésus à Jérusalem, selon le Nouveau Testament, une semaine avant sa mort.

2. Vil : qui inspire le mépris.

3. Référence à l'épisode rapporté par le Nouveau Testament, selon lequel, dans un mouvement de colère, Jésus aurait chassé les marchands du temple.

4. Allusion à une parole de Jésus, rapportée dans l'évangile de Saint-Mathieu (XXVI, 52) : « Range ton glaive ; car tous ceux qui prennent le glaive périront par le glaive ».

91

Abel et Caïn[1]

I

Race d'Abel, dors, bois et mange ;
Dieu te sourit complaisamment.

Race de Caïn, dans la fange[2]
Rampe et meurs misérablement.

5 Race d'Abel, ton sacrifice
Flatte le nez du Séraphin[3] !

Race de Caïn, ton supplice
Aura-t-il jamais une fin ?

Race d'Abel, vois tes semailles
10 Et ton bétail venir à bien ;

Race de Caïn, tes entrailles[4]
Hurlent la faim comme un vieux chien.

Race d'Abel, chauffe ton ventre
À ton foyer patriarcal ;

15 Race de Caïn, dans ton antre[5]
Tremble de froid, pauvre chacal !

---

1. Abel et Caïn : dans la Bible, les fils ennemis d'Adam.
2. Fange : boue souillée.
3. Séraphin : ange.
4. Entrailles : boyaux.
5. Antre : grotte.

Révolte (édition de 1857)

Race d'Abel, aime et pullule !
Ton or fait aussi des petits.

Race de Caïn, cœur qui brûle,
20   Prends garde à ces grands appétits.

Race d'Abel, tu croîs et broutes
Comme les punaises des bois !

Race de Caïn, sur les routes
Traîne ta famille aux abois.

II

25   Ah ! race d'Abel, ta charogne [1]
Engraissera le sol fumant !

Race de Caïn, ta besogne
N'est pas faite suffisamment ;

Race d'Abel, voici ta honte :
30   Le fer est vaincu par l'épieu !

Race de Caïn, au ciel monte,
Et sur la terre jette Dieu !

---

1. Charogne : corps de bête mort, en état de décomposition.

92

Les Litanies[1] de Satan

Ô toi, le plus savant et le plus beau des Anges,
Dieu trahi par le sort et privé de louanges,

Ô Satan, prends pitié de ma longue misère !

Ô Prince de l'exil, à qui l'on a fait tort,
5   Et qui, vaincu, toujours te redresses plus fort,

Ô Satan, prends pitié de ma longue misère !

Toi qui sais tout, grand roi des choses souterraines,
Guérisseur familier des angoisses humaines,

Ô Satan, prends pitié de ma longue misère !

10   Toi qui, même aux lépreux, aux parias[2] maudits,
Enseignes par l'amour le goût du Paradis,

Ô Satan, prends pitié de ma longue misère !

Ô toi qui de la Mort, ta vieille et forte amante,
Engendras l'Espérance, – une folle charmante !

15   Ô Satan, prends pitié de ma longue misère !

Toi qui fais au proscrit[3] ce regard calme et haut
Qui damne[4] tout un peuple autour d'un échafaud,

---

1. Litanie : prière reposant sur l'énumération et la répétition.
2. Paria : personne mise à l'écart de la société.
3. Proscrit : banni.
4. Damne : condamne aux souffrances de l'Enfer.

Révolte (édition de 1857)

Ô Satan, prends pitié de ma longue misère !

Toi qui sais en quels coins des terres envieuses
20   Le Dieu jaloux cacha les pierres précieuses,

Ô Satan, prends pitié de ma longue misère !

Toi dont l'œil clair connaît les profonds arsenaux [1]
Où dort enseveli le peuple des métaux,

Ô Satan, prends pitié de ma longue misère !

25   Toi dont la large main cache les précipices
Au somnambule errant au bord des édifices,

Ô Satan, prends pitié de ma longue misère !

Toi qui, magiquement, assouplis les vieux os
De l'ivrogne attardé foulé par les chevaux,

30   Ô Satan, prends pitié de ma longue misère !

Toi qui, pour consoler l'homme frêle qui souffre,
Nous appris à mêler le salpêtre et le soufre [2],

Ô Satan, prends pitié de ma longue misère !

Toi qui poses ta marque, ô complice subtil,
35   Sur le front du Crésus [3] impitoyable et vil [4],

Ô Satan, prends pitié de ma longue misère !

ooo

---

1. Arsenaux : ateliers.
2. Salpêtre et soufre : éléments constitutifs de la poudre à canon.
3. Crésus : roi d'Asie Mineure (561-546 av. J.-C.), réputé pour sa fabuleuse richesse.
4. Vil : qui inspire le mépris.

Toi qui mets dans les yeux et dans le cœur des filles
Le culte de la plaie et l'amour des guenilles [1],

Ô Satan, prends pitié de ma longue misère !

35 Bâton des exilés, lampe des inventeurs,
Confesseur des pendus et des conspirateurs,

Ô Satan, prends pitié de ma longue misère !

Père adoptif de ceux qu'en sa noire colère
Du paradis terrestre a chassés Dieu le Père,

40 Ô Satan, prends pitié de ma longue misère !

PRIÈRE

Gloire et louange à toi, Satan, dans les hauteurs
Du Ciel, où tu régnas, et dans les profondeurs
De l'Enfer, où, vaincu, tu rêves en silence !
Fais que mon âme un jour, sous l'Arbre de Science,
45 Près de toi se repose, à l'heure où sur ton front
Comme un Temple nouveau ses rameaux s'épandront !

---

1. Guenille : vêtement en lambeaux. Au sens figuré : chose sans importance, méprisable.

Le Vin

93
L'Âme du vin

Clés
p. 183

Un soir, l'âme du vin chantait dans les bouteilles :
« Homme, vers toi je pousse, ô cher déshérité,
Sous ma prison de verre et mes cires vermeilles[1],
Un chant plein de lumière et de fraternité !

5 « Je sais combien il faut, sur la colline en flamme,
De peine, de sueur et de soleil cuisant
Pour engendrer ma vie et pour me donner l'âme ;
Mais je ne serai point ingrat ni malfaisant,

« Car j'éprouve une joie immense quand je tombe
10 Dans le gosier d'un homme usé par ses travaux,
Et sa chaude poitrine est une douce tombe
Où je me plais bien mieux que dans mes froids caveaux.

« Entends-tu retentir les refrains des dimanches
Et l'espoir qui gazouille en mon sein palpitant ?
15 Les coudes sur la table et retroussant tes manches,
Tu me glorifieras et tu seras content ;
          ∘∘∘

---

1. Vermeille : d'un rouge vif.

« J'allumerai les yeux de ta femme ravie ;
À ton fils je rendrai sa force et ses couleurs
Et serai pour ce frêle athlète de la vie
L'huile qui raffermit les muscles des lutteurs.

« En toi je tomberai, végétale ambroisie [1],
Grain précieux jeté par l'éternel Semeur,
Pour que de notre amour naisse la poésie
Qui jaillira vers Dieu comme une rare fleur ! »

---

1. Ambroisie : nourriture des dieux de l'Olympe, qui leur donnait l'immortalité.

Des clés
pour vous guider

« L'Âme du vin »
Un éloge de l'ivresse

Dans ce premier poème de la section « Le Vin », Baudelaire fait l'éloge de l'ivresse et des paradis artificiels.

1 **Distinguez deux voix dans le poème.**
Quelle est la principale figure de style utilisée ?

2 **Quels bienfaits le vin apporte-t-il aux hommes ?**

> **pour vous aider**
> • Relevez les termes mélioratifs qui renvoient au vin.
> • Relevez les références au travail. Quelle vision le poème en donne-t-il ?

3 **Quels effets l'ivresse produit-elle sur le poète ?**

> **pour vous aider**
> • Identifiez les références au chant et à la poésie.
> • Relevez le champ lexical de la renaissance. Comment l'interprétez-vous ?

4 GRAMMAIRE • **Analysez la phrase interrogative des vers 13 et 14.**

> **pour vous aider**
> Il existe deux types d'interrogation : totale ou partielle.

POUR ALLER *plus loin*

APPROFONDISSEMENT DOCUMENTAIRE • Faites une recherche sur le thème de l'ivresse dans la modernité poétique.

> **pour vous aider** Vous pouvez vous appuyer sur « Enivrez-vous » de Baudelaire mais aussi de « Matinée d'ivresse » (1874) de Rimbaud ou encore de « Nuit rhénane » (1913) d'Apollinaire.

183

94

Le Vin des chiffonniers

Souvent, à la clarté rouge d'un réverbère
Dont le vent bat la flamme et tourmente le verre,
Au cœur d'un vieux faubourg, labyrinthe fangeux [1]
Où l'humanité grouille en ferments orageux,

5   On voit un chiffonnier qui vient, hochant la tête,
Butant, et se cognant aux murs comme un poète,
Et, sans prendre souci des mouchards, ses sujets,
Épanche tout son cœur en glorieux projets.

Il prête des serments, dicte des lois sublimes,
10   Terrasse les méchants, relève les victimes,
Et sous le firmament comme un dais [2] suspendu
S'enivre des splendeurs de sa propre vertu.

Oui, ces gens harcelés de chagrins de ménage,
Moulus par le travail et tourmentés par l'âge,
15   Éreintés et pliant sous un tas de débris,
Vomissement confus de l'énorme Paris,

Reviennent, parfumés d'une odeur de futailles [3],
Suivis de compagnons, blanchis dans les batailles,
Dont la moustache pend comme les vieux drapeaux.
20   Les bannières, les fleurs et les arcs triomphaux

---

1. Fangeux : boueux.
2. Dais : étoffe s'étendant comme un plafond au-dessus d'un autel ou de la place d'un personnage important.
3. Futaille : tonneau.

Se dressent devant eux, solennelle magie !
Et dans l'étourdissante et lumineuse orgie
Des clairons, du soleil, des cris et du tambour,
Ils apportent la gloire au peuple ivre d'amour !

25   C'est ainsi qu'à travers l'Humanité frivole
Le vin roule de l'or, éblouissant Pactole [1] ;
Par le gosier de l'homme il chante ses exploits
Et règne par ses dons ainsi que les vrais rois.

Pour noyer la rancœur et bercer l'indolence [2]
30   De tous ces vieux maudits qui meurent en silence,
Dieu, touché de remords, avait fait le sommeil ;
L'Homme ajouta le Vin, fils sacré du Soleil !

---

1. Pactole : rivière d'Asie Mineure, charriant des paillettes d'or. Elle était la source des richesses de Crésus.
2. Indolence : façon d'éviter de se donner de la peine, de faire des efforts physiques ou moraux.

95
Le Vin de l'assassin

Ma femme est morte, je suis libre !
Je puis donc boire tout mon soûl[1].
Lorsque je rentrais sans un sou,
Ses cris me déchiraient la fibre.

5   Autant qu'un roi je suis heureux ;
L'air est pur, le ciel admirable…
Nous avions un été semblable
Lorsque j'en devins amoureux !

L'horrible soif qui me déchire
10   Aurait besoin pour s'assouvir
D'autant de vin qu'en peut tenir
Son tombeau ; — ce n'est pas peu dire :

Je l'ai jetée au fond d'un puits,
Et j'ai même poussé sur elle
15   Tous les pavés de la margelle.
— Je l'oublierai si je le puis !

Au nom des serments de tendresse,
Dont rien ne peut nous délier,
Et pour nous réconcilier
20   Comme au beau temps de notre ivresse,

1.Boire tout mon soûl : boire autant que je le veux.

J'implorai d'elle un rendez-vous,
Le soir, sur une route obscure.
Elle y vint ! – folle créature !
Nous sommes tous plus ou moins fous !

25   Elle était encore jolie,
Quoique bien fatiguée ! et moi,
Je l'aimais trop ! voilà pourquoi
Je lui dis : Sors de cette vie !

Nul ne peut me comprendre. Un seul
30   Parmi ces ivrognes stupides
Songea-t-il dans ses nuits morbides
À faire du vin un linceul ?

Cette crapule invulnérable
Comme les machines de fer
35   Jamais, ni l'été ni l'hiver,
N'a connu l'amour véritable,

Avec ses noirs enchantements,
Son cortège infernal d'alarmes,
Ses fioles de poison, ses larmes,
40   Ses bruits de chaîne et d'ossements !

– Me voilà libre et solitaire !
Je serai ce soir ivre mort ;
Alors, sans peur et sans remords,
Je me coucherai sur la terre,

ooo

45 Et je dormirai comme un chien !
    Le chariot aux lourdes roues
    Chargé de pierres et de boues,
    Le wagon enragé peut bien

    Écraser ma tête coupable
50 Ou me couper par le milieu,
    Je m'en moque comme de Dieu,
    Du Diable ou de la Sainte Table[1] !

---

1. Sainte Table : l'autel, dans les églises chrétiennes.

96
Le Vin du solitaire

Le regard singulier d'une femme galante
Qui se glisse vers nous comme le rayon blanc
Que la lune onduleuse envoie au lac tremblant,
Quand elle y veut baigner sa beauté nonchalante ;

5   Le dernier sac d'écus dans les doigts d'un joueur ;
Un baiser libertin de la maigre Adeline [1] ;
Les sons d'une musique énervante et câline,
Semblable au cri lointain de l'humaine douleur,

Tout cela ne vaut pas, ô bouteille profonde,
10 Les baumes pénétrants que ta panse [2] féconde
Garde au cœur altéré du poète pieux ;

Tu lui verses l'espoir, la jeunesse et la vie,
– Et l'orgueil, ce trésor de toute gueuserie [3],
Qui nous rend triomphants et semblables aux Dieux !

---

1. Adeline : ce prénom ne réfère à aucune source connue.
2. Panse : partie renflée.
3. Gueuserie : mendicité.

97

Le Vin des amants

Aujourd'hui l'espace est splendide !
Sans mors [1], sans éperons [2], sans bride,
Partons à cheval sur le vin
Pour un ciel féerique et divin !

5   Comme deux anges que torture
Une implacable calenture [3],
Dans le bleu cristal du matin
Suivons le mirage lointain !

Mollement balancés sur l'aile
10   Du tourbillon intelligent,
Dans un délire parallèle,

Ma sœur, côte à côte nageant,
Nous fuirons sans repos ni trêves
Vers le paradis de mes rêves !

---

1. Mors : pièce du harnais qui permet de freiner le cheval.
2. Éperon : pièce de métal, fixée au talon du cavalier, pour piquer les flancs du cheval.
3. Calenture : espèce de délire furieux auquel les navigateurs sont sujets sous la zone torride (d'après Littré).

La Mort

98
La Mort des amants

Nous aurons des lits pleins d'odeurs légères,
Des divans profonds comme des tombeaux,
Et d'étranges fleurs sur des étagères,
Écloses pour nous sous des cieux plus beaux.

Usant à l'envi [1] leurs chaleurs dernières,
Nos deux cœurs seront deux vastes flambeaux,
Qui réfléchiront leurs doubles lumières
Dans nos deux esprits, ces miroirs jumeaux.

Un soir fait de rose et de bleu mystique,
Nous échangerons un éclair unique,
Comme un long sanglot, tout chargé d'adieux ;

Et plus tard un Ange, entrouvrant les portes,
Viendra ranimer, fidèle et joyeux,
Les miroirs ternis et les flammes mortes.

---

1. À l'envi : le plus possible, en rivalisant l'un avec l'autre.

99
La Mort des pauvres

C'est la Mort qui console, hélas ! et qui fait vivre ;
C'est le but de la vie, et c'est le seul espoir
Qui, comme un élixir[1], nous monte et nous enivre,
Et nous donne le cœur de marcher jusqu'au soir ;

5   À travers la tempête, et la neige, et le givre,
C'est la clarté vibrante à notre horizon noir ;
C'est l'auberge fameuse inscrite sur le livre,
Où l'on pourra manger, et dormir, et s'asseoir ;

C'est un Ange qui tient dans ses doigts magnétiques
10   Le sommeil et le don des rêves extatiques[2],
Et qui refait le lit des gens pauvres et nus ;

C'est la gloire des dieux, c'est le grenier mystique,
C'est la bourse du pauvre et la patrie antique,
C'est le portique ouvert sur les Cieux inconnus !

---

1. Élixir : philtre.
2. Extatique : qui fait atteindre l'extase.

Pietro della Vecchia, *Les Trois Parques* (XVIIe siècle)

> Présentation de l'image, p. 361

Antoine Watteau, *L'Embarquement pour Cythère* (1717)

> Présentation de l'image, p. 361

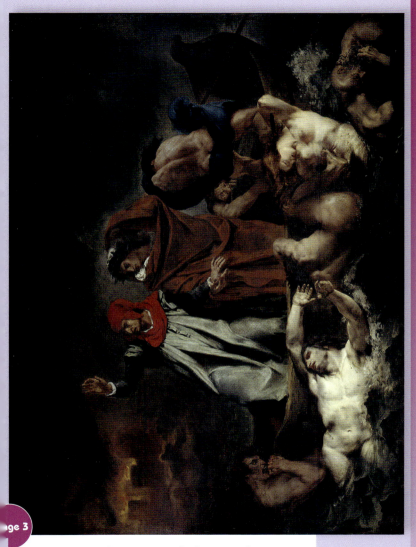

Eugène Delacroix, *Dante et Virgile aux Enfers* **(1822)**

> Présentation de l'image, p. 362

Gustave Courbet, *Portrait de Baudelaire* **(1848)**

> Présentation et lecture de l'image, p. 362

100
La Mort des artistes

Combien faut-il de fois secouer mes grelots
Et baiser ton front bas, morne[1] caricature ?
Pour piquer dans le but, de mystique nature,
Combien, ô mon carquois[2], perdre de javelots ?

5 Nous userons notre âme en de subtils complots,
Et nous démolirons mainte lourde armature[3],
Avant de contempler la grande Créature
Dont l'infernal désir nous remplit de sanglots !

Il en est qui jamais n'ont connu leur Idole,
10 Et ces sculpteurs damnés[4] et marqués d'un affront,
Qui vont se martelant la poitrine et le front,

N'ont qu'un espoir, étrange et sombre Capitole[5] !
C'est que la Mort, planant comme un soleil nouveau,
Fera s'épanouir les fleurs de leur cerveau !

---

1. Morne : triste et monotone.

2. Carquois : étui à flèches.

3. Armature : charpente interne d'une sculpture.

4. Damné : condamné aux souffrances de l'Enfer.

5. Capitole : une des sept collines de Rome, sur laquelle se déroulait le triomphe des généraux victorieux.

Poèmes apportés par l'édition de 1861

Parue en 1861, la deuxième édition des *Fleurs du mal* comporte, outre l'avis « Au lecteur », cent vingt-six poèmes, réorganisés en six sections. Les pièces condamnées en 1857 en sont exclues.

[Fin de] La Mort

101
La fin de la journée

Sous une lumière blafarde[1]
Court, danse et se tord sans raison
La Vie, impudente et criarde.
Aussi, sitôt qu'à l'horizon

5   La nuit voluptueuse monte,
Apaisant tout, même la faim,
Effaçant tout, même la honte,
Le Poète se dit : « Enfin !

« Mon esprit, comme mes vertèbres,
10   Invoque ardemment le repos ;
Le cœur plein de songes funèbres,

« Je vais me coucher sur le dos
Et me rouler dans vos rideaux,
Ô rafraîchissantes ténèbres ! »

---

1. Blafarde : pâle et sans éclat.

102
Le Rêve d'un curieux

À F. N[1].

Connais-tu, comme moi, la douleur savoureuse,
Et de toi fais-tu dire : « Oh ! l'homme singulier ! »
— J'allais mourir. C'était dans mon âme amoureuse,
Désir mêlé d'horreur, un mal particulier ;

5   Angoisse et vif espoir, sans humeur factieuse[2].
Plus allait se vidant le fatal sablier,
Plus ma torture était âpre[3] et délicieuse ;
Tout mon cœur s'arrachait au monde familier.

J'étais comme l'enfant avide du spectacle,
10   Haïssant le rideau comme on hait un obstacle…
Enfin la vérité froide se révéla :

J'étais mort sans surprise, et la terrible aurore
M'enveloppait. — Eh quoi ! n'est-ce donc que cela ?
La toile était levée et j'attendais encore.

---

1. À F. N. : à Félix Nadar, pseudonyme de Félix Tourmachon, photographe, caricaturiste et écrivain français (1820-1910).
2. Humeur factieuse : tendance à s'opposer violemment et à provoquer des troubles.
3. Âpre : pénible.

103
Le Voyage[1]

À *Maxime Du Camp*[2].

I

Pour l'enfant, amoureux de cartes et d'estampes[3],
L'univers est égal à son vaste appétit.
Ah! que le monde est grand à la clarté des lampes!
Aux yeux du souvenir que le monde est petit!

5 Un matin nous partons, le cerveau plein de flamme,
Le cœur gros de rancune et de désirs amers,
Et nous allons, suivant le rythme de la lame,
Berçant notre infini sur le fini des mers:

Les uns, joyeux de fuir une patrie infâme;
10 D'autres, l'horreur de leurs berceaux, et quelques-uns,
Astrologues noyés dans les yeux d'une femme[4],
La Circé[5] tyrannique aux dangereux parfums.

Pour n'être pas changés en bêtes, ils s'enivrent
D'espace et de lumière et de cieux embrasés;
15 La glace qui les mord, les soleils qui les cuivrent,
Effacent lentement la marque des baisers.

ooo

---

1. Dans l'édition de 1861, ce poème est le dernier du recueil.
2. Maxime Du Camp: écrivain et voyageur français (1822-1894).
3. Estampes: gravures.
4. Allusion à la fable de La Fontaine, « L'Astrologue qui se laisse tomber dans un puits » (*Fables*, II, 13).
5. Circé: dans l'*Odyssée* d'Homère, Circé change en pourceaux les compagnons d'Ulysse.

Mais les vrais voyageurs sont ceux-là seuls qui partent
Pour partir ; cœurs légers, semblables aux ballons,
De leur fatalité jamais ils ne s'écartent,
20   Et, sans savoir pourquoi, disent toujours : Allons !

Ceux-là dont les désirs ont la forme des nues [1],
Et qui rêvent, ainsi qu'un conscrit [2] le canon,
De vastes voluptés, changeantes, inconnues,
Et dont l'esprit humain n'a jamais su le nom !

II

25   Nous imitons, horreur ! la toupie et la boule
Dans leur valse et leurs bonds ; même dans nos sommeils
La Curiosité nous tourmente et nous roule,
Comme un Ange cruel qui fouette des soleils.

Singulière fortune [3] où le but se déplace,
30   Et, n'étant nulle part, peut être n'importe où !
Où l'Homme, dont jamais l'espérance n'est lasse,
Pour trouver le repos court toujours comme un fou !

Notre âme est un trois-mâts cherchant son Icarie [4] ;
Une voix retentit sur le pont : « Ouvre l'œil ! »
35   Une voix de la hune [5], ardente et folle, crie :
« Amour... gloire... bonheur ! » Enfer ! c'est un écueil !

---

1. Nues : nuages.
2. Conscrit : soldat venant d'être recruté.
3. Fortune : destinée.
4. Icarie : cité idéale, imaginée par le socialiste utopique Étienne Cabet (1788-1856).
5. Hune : plateforme à l'avant d'un voilier.

Chaque îlot signalé par l'homme de vigie
Est un Eldorado [1] promis par le Destin ;
L'Imagination qui dresse son orgie [2]
40   Ne trouve qu'un récif aux clartés du matin.

Ô le pauvre amoureux des pays chimériques !
Faut-il le mettre aux fers, le jeter à la mer,
Ce matelot ivrogne, inventeur d'Amériques
Dont le mirage rend le gouffre plus amer ?

45   Tel le vieux vagabond, piétinant dans la boue,
Rêve, le nez en l'air, de brillants paradis ;
Son œil ensorcelé découvre une Capoue [3]
Partout où la chandelle illumine un taudis.

III

Étonnants voyageurs ! quelles nobles histoires
50   Nous lisons dans vos yeux profonds comme les mers !
Montrez-nous les écrins de vos riches mémoires,
Ces bijoux merveilleux, faits d'astres et d'éthers [4].

Nous voulons voyager sans vapeur et sans voile !
Faites, pour égayer l'ennui de nos prisons,
55   Passer sur nos esprits, tendus comme une toile,
Vos souvenirs avec leurs cadres d'horizons.

Dites, qu'avez-vous vu ?

ooo

---

1. Eldorado : pays fabuleux idéal, regorgeant d'or.
2. Orgie : moment où tout ce qui plaît est consommé en excès.
3. Capoue : ville étrusque, dont l'agrément réduisit la combativité des troupes d'Hannibal (IIIe siècle av. J.-C.).
4. Éther : dans l'Antiquité, fluide qu'on se représentait régner au-dessus de l'atmosphère. Par extension, les éthers désignent les espaces célestes.

IV

« Nous avons vu des astres
Et des flots ; nous avons vu des sables aussi ;
60   Et, malgré bien des chocs et d'imprévus désastres,
Nous nous sommes souvent ennuyés, comme ici.

« La gloire du soleil sur la mer violette,
La gloire des cités dans le soleil couchant,
Allumaient dans nos cœurs une ardeur inquiète
65   De plonger dans un ciel au reflet alléchant.

« Les plus riches cités, les plus grands paysages,
Jamais ne contenaient l'attrait mystérieux
De ceux que le hasard fait avec les nuages.
Et toujours le désir nous rendait soucieux !

70   « – La jouissance ajoute au désir de la force.
Désir, vieil arbre à qui le plaisir sert d'engrais,
Cependant que grossit et durcit ton écorce,
Tes branches veulent voir le soleil de plus près !

« Grandiras-tu toujours, grand arbre plus vivace
75   Que le cyprès [1] ? – Pourtant nous avons, avec soin
Cueilli quelques croquis pour votre album vorace,
Frères qui trouvez beau tout ce qui vient de loin !

« Nous avons salué des idoles à trompe ;
Des trônes constellés de joyaux lumineux ;
80   Des palais ouvragés dont la féerique pompe
Serait pour vos banquiers un rêve ruineux ;

---

1. Cyprès : conifère vert sombre, communément présent dans les cimetières.

[Fin de] La Mort (ajouts de 1861)

« Des costumes qui sont pour les yeux une ivresse ;
Des femmes dont les dents et les ongles sont teints,
Et des jongleurs savants que le serpent caresse. »

V

85   Et puis, et puis encore ?

VI

« Ô cerveaux enfantins !

« Pour ne pas oublier la chose capitale,
Nous avons vu partout, et sans l'avoir cherché,
Du haut jusques en bas de l'échelle fatale,
90   Le spectacle ennuyeux de l'immortel péché :

« La femme, esclave vile [1], orgueilleuse et stupide,
Sans rire s'adorant et s'aimant sans dégoût ;
L'homme, tyran goulu, paillard [2], dur et cupide [3],
Esclave de l'esclave et ruisseau dans l'égout ;

95   « Le bourreau qui jouit, le martyr qui sanglote ;
La fête qu'assaisonne et parfume le sang ;
Le poison du pouvoir énervant le despote,
Et le peuple amoureux du fouet abrutissant ;

« Plusieurs religions semblables à la nôtre,
100   Toutes escaladant le ciel ; la Sainteté,
Comme en un lit de plume un délicat se vautre,
Dans les clous et le crin cherchant la volupté ;

ooo

---

1. Vile : qui suscite le mépris.
2. Paillard : débauché.
3. Cupide : avide d'argent.

« L'Humanité bavarde, ivre de son génie,
Et, folle maintenant comme elle était jadis,
105 Criant à Dieu, dans sa furibonde agonie :
« Ô mon semblable, ô mon maître, je te maudis ! »

« Et les moins sots, hardis amants de la Démence,
Fuyant le grand troupeau parqué par le Destin,
Et se réfugiant dans l'opium immense !
110 – Tel est du globe entier l'éternel bulletin. »

VII

Amer savoir, celui qu'on tire du voyage !
Le monde, monotone et petit, aujourd'hui,
Hier, demain, toujours, nous fait voir notre image :
Une oasis d'horreur dans un désert d'ennui !

115 Faut-il partir ? rester ? Si tu peux rester, reste ;
Pars, s'il le faut. L'un court, et l'autre se tapit
Pour tromper l'ennemi vigilant et funeste,
Le Temps ! Il est, hélas ! des coureurs sans répit,

Comme le Juif errant et comme les apôtres,
120 À qui rien ne suffit, ni wagon ni vaisseau,
Pour fuir ce rétiaire[1] infâme ; il en est d'autres
Qui savent le tuer sans quitter leur berceau.

Lorsque enfin il mettra le pied sur notre échine,
Nous pourrons espérer et crier : En avant !
125 De même qu'autrefois nous partions pour la Chine,
Les yeux fixés au large et les cheveux au vent,

---

1. Rétiaire : gladiateur armé d'un filet destiné à envelopper l'adversaire.

[Fin de] La Mort (ajouts de 1861)

Nous nous embarquerons sur la mer des Ténèbres
Avec le cœur joyeux d'un jeune passager.
Entendez-vous ces voix, charmantes et funèbres,
130   Qui chantent : « Par ici ! vous qui voulez manger

« Le Lotus parfumé ! c'est ici qu'on vendange
Les fruits miraculeux dont votre cœur a faim ;
Venez vous enivrer de la douceur étrange
De cette après-midi qui n'a jamais de fin ? »

135   À l'accent familier nous devinons le spectre ;
Nos Pylades[1] là-bas tendent leurs bras vers nous.
« Pour rafraîchir ton cœur nage vers ton Électre[2] ! »
Dit celle dont jadis nous baisions les genoux.

VIII

Ô Mort, vieux capitaine, il est temps ! levons l'ancre !
140   Ce pays nous ennuie, ô Mort ! Appareillons !
Si le ciel et la mer sont noirs comme de l'encre,
Nos cœurs que tu connais sont remplis de rayons !

Verse-nous ton poison pour qu'il nous réconforte !
Nous voulons, tant ce feu nous brûle le cerveau,
145   Plonger au fond du gouffre, Enfer ou Ciel, qu'importe ?
Au fond de l'Inconnu pour trouver du *nouveau* !

---

1. Pylade : dans la mythologie grecque, cousin d'Oreste, qui l'aide à venger son père et épouse sa sœur Électre.
2. Électre : dans la mythologie grecque, sœur d'Oreste.

[Suite à] Spleen et Idéal

104
L'Albatros

Clés
ci-contre

Souvent, pour s'amuser, les hommes d'équipage
Prennent des albatros, vastes oiseaux des mers,
Qui suivent, indolents[1] compagnons de voyage,
Le navire glissant sur les gouffres amers.

5 À peine les ont-ils déposés sur les planches,
Que ces rois de l'azur, maladroits et honteux,
Laissent piteusement leurs grandes ailes blanches
Comme des avirons traîner à côté d'eux.

Ce voyageur ailé, comme il est gauche et veule[2] !
10 Lui, naguère si beau, qu'il est comique et laid !
L'un agace son bec avec un brûle-gueule[3],
L'autre mime, en boitant, l'infirme qui volait !

Le Poète est semblable au prince des nuées
Qui hante la tempête et se rit de l'archer ;
15 Exilé sur le sol au milieu des huées,
Ses ailes de géant l'empêchent de marcher.

---

1. Indolent : qui évite de faire des efforts physiques ou moraux.
2. Veule : sans énergie.
3. Brûle-gueule : pipe à tuyau très court.

Des clés
pour vous guider

« L'Albatros »
Un autoportrait tragique

Baudelaire évoque, à travers un albatros moqué par des marins,
la délicate condition du poète parmi les hommes : celle d'être inadapté
et incompris.

**(1) Relevez les champs lexicaux dominants.
En quoi le portrait de l'albatros est-il double ?**

**(2) Analysez la construction de la comparaison
entre l'albatros et le poète.**

> *pour vous aider*
>
> • Relevez le vers qui exprime la comparaison.
> • Identifiez les effets d'échos entre le portrait de l'albatros
> et celui du poète.

**(3) En quoi la situation du poète-albatros
est-elle tragique ?**

> *pour vous aider*
>
> • Relevez les termes qui témoignent de la cruauté des hommes
> envers l'albatros.
> • Identifiez les principales tonalités du poème.

(4) GRAMMAIRE • Justifiez l'inversion du sujet (v. 5).

POUR ALLER *plus loin*

APPROFONDISSEMENT DOCUMENTAIRE • Renseignez-vous sur les différentes fonctions
attribuées au poète.

> *pour vous aider*
>
> Vous pouvez vous appuyer sur « Fonction du poète » de Victor
> Hugo ou encore les lettres du « Voyant » d'Arthur Rimbaud.

105

Le Masque

Statue allégorique dans le goût de la Renaissance

À Ernest Christophe[1], statuaire.

Contemplons ce trésor de grâces florentines[2] ;
Dans l'ondulation de ce corps musculeux
L'Élégance et la Force abondent, sœurs divines.
Cette femme, morceau vraiment miraculeux,
5 Divinement robuste, adorablement mince,
Est faite pour trôner sur des lits somptueux,
Et charmer les loisirs d'un pontife ou d'un prince.

— Aussi, vois ce souris[3] fin et voluptueux
Où la Fatuité[4] promène son extase ;
10 Ce long regard sournois, langoureux et moqueur ;
Ce visage mignard[5], tout encadré de gaze[6],
Dont chaque trait nous dit avec un air vainqueur :
« La Volupté m'appelle et l'Amour me couronne ! »
À cet être doué de tant de majesté
15 Vois quel charme excitant la gentillesse donne !
Approchons, et tournons autour de sa beauté.

---

1. Ernest Christophe : sculpteur français (1827-1892). Ce poème s'inspire de l'une de ses œuvres, *La Comédie humaine.*
2. Florentine : dans le style des sculptures de Florence (Italie).
3. Souris : sourire.
4. Fatuité : autosatisfaction insolente.
5. Mignard : d'une grâce affectée.
6. Gaze : tissu léger et transparent.

[Suite à] Spleen et Idéal (ajouts de 1861)

Ô Blasphème [1] de l'art ! ô surprise fatale !
La femme au corps divin, promettant le bonheur,
Par le haut se termine en monstre bicéphale [2] !

20   – Mais non ! ce n'est qu'un masque, un décor suborneur [3],
Ce visage éclairé d'une exquise grimace,
Et, regarde, voici, crispée atrocement,
La véritable tête, et la sincère face
Renversée à l'abri de la face qui ment.
25   Pauvre grande beauté ! le magnifique fleuve
De tes pleurs aboutit dans mon cœur soucieux ;
Ton mensonge m'enivre, et mon âme s'abreuve
Aux flots que la Douleur fait jaillir de tes yeux !

– Mais pourquoi pleure-t-elle ? Elle, beauté parfaite
30   Qui mettrait à ses pieds le genre humain vaincu,
Quel mal mystérieux ronge son flanc d'athlète ?

– Elle pleure, insensé, parce qu'elle a vécu !
Et parce qu'elle vit ! Mais ce qu'elle déplore
Surtout, ce qui la fait frémir jusqu'aux genoux,
35   C'est que demain, hélas ! il faudra vivre encore !
Demain, après-demain et toujours ! – comme nous !

---

1. Blasphème : insulte à l'égard d'un dieu ou d'une religion.
2. Bicéphale : à deux têtes.
3. Suborneur : trompeur.

106
Hymne à la Beauté

Viens-tu du ciel profond ou sors-tu de l'abîme,
Ô Beauté ? ton regard, infernal et divin,
Verse confusément le bienfait et le crime,
Et l'on peut pour cela te comparer au vin.

5   Tu contiens dans ton œil le couchant et l'aurore ;
Tu répands des parfums comme un soir orageux ;
Tes baisers sont un philtre[1] et ta bouche une amphore
Qui font le héros lâche et l'enfant courageux.

Sors-tu du gouffre noir ou descends-tu des astres ?
10 Le Destin charmé suit tes jupons comme un chien ;
Tu sèmes au hasard la joie et les désastres,
Et tu gouvernes tout et ne réponds de rien.

Tu marches sur des morts, Beauté, dont tu te moques ;
De tes bijoux l'Horreur n'est pas le moins charmant,
15 Et le Meurtre, parmi tes plus chères breloques[2],
Sur ton ventre orgueilleux danse amoureusement.

L'éphémère ébloui vole vers toi, chandelle,
Crépite, flambe et dit : Bénissons ce flambeau !
L'amoureux pantelant[3] incliné sur sa belle
20 A l'air d'un moribond caressant son tombeau.

---

1. Philtre : breuvage magique.
2. Breloque : bijou fantaisie.
3. Pantelant : qui respire avec peine.

[Suite à] Spleen et Idéal (ajouts de 1861)

Que tu viennes du ciel ou de l'enfer, qu'importe,
Ô Beauté ! monstre énorme, effrayant, ingénu !
Si ton œil, ton souris [1], ton pied, m'ouvrent la porte
D'un Infini que j'aime et n'ai jamais connu ?

25 De Satan ou de Dieu, qu'importe ? Ange ou Sirène,
Qu'importe, si tu rends, — fée aux yeux de velours,
Rythme, parfum, lueur, ô mon unique reine ! —
L'univers moins hideux et les instants moins lourds ?

---

1. Souris : sourire.

107

La Chevelure

Ô toison, moutonnant jusque sur l'encolure !
Ô boucles ! Ô parfum chargé de nonchaloir[1] !
Extase ! Pour peupler ce soir l'alcôve[2] obscure
Des souvenirs dormant dans cette chevelure,
5   Je la veux agiter dans l'air comme un mouchoir !

La langoureuse Asie et la brûlante Afrique,
Tout un monde lointain, absent, presque défunt,
Vit dans tes profondeurs, forêt aromatique !
Comme d'autres esprits voguent sur la musique,
10   Le mien, ô mon amour ! nage sur ton parfum.

J'irai là-bas où l'arbre et l'homme, pleins de sève,
Se pâment longuement sous l'ardeur des climats ;
Fortes tresses, soyez la houle[3] qui m'enlève !
Tu contiens, mer d'ébène[4], un éblouissant rêve
15   De voiles, de rameurs, de flammes et de mâts :

Un port retentissant où mon âme peut boire
À grands flots le parfum, le son et la couleur ;
Où les vaisseaux, glissant dans l'or et dans la moire[5],
Ouvrent leurs vastes bras pour embrasser la gloire
20   D'un ciel pur où frémit l'éternelle chaleur.

---

1. Nonchaloir : nonchalance.
2. Alcôve : enfoncement, dans une chambre, où l'on peut placer le lit. Par extension, lieu des rapports amoureux.
3. Houle : grosses vagues.
4. Ébène : bois noir foncé.
5. Moire : étoffe présentant des aspects mats et brillants.

{Suite à] Spleen et Idéal (ajouts de 1861)

Je plongerai ma tête amoureuse d'ivresse
Dans ce noir océan où l'autre est enfermé ;
Et mon esprit subtil que le roulis caresse
Saura vous retrouver, ô féconde paresse,
25   Infinis bercements du loisir embaumé !

Cheveux bleus, pavillon de ténèbres tendues,
Vous me rendez l'azur du ciel immense et rond ;
Sur les bords duvetés de vos mèches tordues
Je m'enivre ardemment des senteurs confondues
30   De l'huile de coco, du musc et du goudron.

Longtemps ! toujours ! ma main dans ta crinière lourde
Sèmera le rubis, la perle et le saphir,
Afin qu'à mon désir tu ne sois jamais sourde !
N'es-tu pas l'oasis où je rêve, et la gourde
35   Où je hume à longs traits le vin du souvenir ?

108

Duellum [1]

Deux guerriers ont couru l'un sur l'autre ; leurs armes
Ont éclaboussé l'air de lueurs et de sang.
Ces jeux, ces cliquetis du fer sont les vacarmes
D'une jeunesse en proie à l'amour vagissant [2].

5   Les glaives [3] sont brisés ! comme notre jeunesse,
Ma chère [4] ! Mais les dents, les ongles acérés,
Vengent bientôt l'épée et la dague [5] traîtresse.
Ô fureur des cœurs mûrs par l'amour ulcérés [6] !

Dans le ravin hanté des chats-pards [7] et des onces [8]
10 Nos héros, s'étreignant méchamment, ont roulé,
Et leur peau fleurira l'aridité des ronces.

– Ce gouffre, c'est l'enfer, de nos amis peuplé !
Roulons-y sans remords, amazone [9] inhumaine,
Afin d'éterniser l'ardeur de notre haine !

---

1. *Duellum* : forme archaïque du nom latin *Bellum*, « la guerre ».
2. **Vagissant** : poussant un faible cri, semblable à celui du nouveau-né.
3. **Glaive** : épée de combat.
4. Ce poème a été inspiré par la liaison de Baudelaire avec Jeanne Duval.
5. **Dague** : épée courte.
6. **Ulcéré** : atteint d'une plaie qui ne cicatrise pas. Par extension : qui éprouve un violent ressentiment.
7. **Chat-pard** : nom courant du lynx du Portugal, petit félin malodorant.
8. **Once** : grand félin sauvage de l'Himalaya.
9. **Amazone** : femme guerrière. Dans un sens familier : prostituée.

[Suite à] Spleen et Idéal (ajouts de 1861)

109
Le Possédé

Le soleil s'est couvert d'un crêpe [1]. Comme lui,
Ô Lune de ma vie ! emmitoufle-toi d'ombre ;
Dors ou fume à ton gré ; sois muette, sois sombre,
Et plonge tout entière au gouffre de l'Ennui ;

Je t'aime ainsi ! Pourtant, si tu veux aujourd'hui,
Comme un astre éclipsé qui sort de la pénombre,
Te pavaner [2] aux lieux que la Folie encombre,
C'est bien ! Charmant poignard, jaillis de ton étui !

Allume ta prunelle à la flamme des lustres !
Allume le désir dans les regards des rustres !
Tout de toi m'est plaisir, morbide [3] ou pétulant [4] ;

Sois ce que tu voudras, nuit noire, rouge aurore ;
Il n'est pas une fibre en tout mon corps tremblant
Qui ne crie : *Ô mon cher Belzébuth [5], je t'adore !*

---

1. Crêpe : tissu comprimé, généralement noir, porté en signe de deuil.
2. Se pavaner : marcher avec orgueil, parader.
3. Morbide : maladif.
4. Pétulant : d'une ardeur exubérante.
5. Belzébuth : nom du diable.

110

Un fantôme [1]

I

LES TÉNÈBRES

Dans les caveaux d'insondable tristesse
Où le Destin m'a déjà relégué ;
Où jamais n'entre un rayon rose et gai ;
Où, seul avec la Nuit, maussade hôtesse,

5   Je suis comme un peintre qu'un Dieu moqueur
Condamne à peindre, hélas ! sur les ténèbres ;
Où, cuisinier aux appétits funèbres,
Je fais bouillir et je mange mon cœur,

Par instants brille, et s'allonge, et s'étale
10 Un spectre fait de grâce et de splendeur,
À sa rêveuse allure orientale,

Quand il atteint sa totale grandeur,
Je reconnais ma belle visiteuse :
C'est Elle ! noire et pourtant lumineuse.

II

LE PARFUM

15 Lecteur, as-tu quelquefois respiré
Avec ivresse et lente gourmandise

---

1. Cet ensemble de pièces est inspiré par Jeanne Duval, malade et affaiblie.

Ce grain d'encens [1] qui remplit une église,
Ou d'un sachet le musc [2] invétéré ?

Charme profond, magique, dont nous grise
20   Dans le présent le passé restauré !
Ainsi l'amant sur un corps adoré
Du souvenir cueille la fleur exquise.

De ses cheveux élastiques et lourds,
Vivant sachet, encensoir de l'alcôve [3],
25   Une senteur montait, sauvage et fauve,

Et des habits, mousseline ou velours,
Tout imprégnés de sa jeunesse pure,
Se dégageait un parfum de fourrure.

III

LE CADRE

Comme un beau cadre ajoute à la peinture,
30   Bien qu'elle soit d'un pinceau très vanté,
Je ne sais quoi d'étrange et d'enchanté
En l'isolant de l'immense nature,

Ainsi bijoux, meubles, métaux, dorure,
S'adaptaient juste à sa rare beauté ;
35   Rien n'offusquait sa parfaite clarté,
Et tout semblait lui servir de bordure.

ooo

---

1. Encens : substance résineuse aromatique qui brûle en répandant une odeur pénétrante.

2. Musc : parfum précieux, d'origine animale, et très odorant.

3. Alcôve : enfoncement, dans une chambre, où l'on peut placer le lit. Par extension, lieu des rapports amoureux.

Même on eût dit parfois qu'elle croyait
Que tout voulait l'aimer ; elle noyait
Sa nudité voluptueusement

40 Dans les baisers du satin et du linge,
Et, lente ou brusque, à chaque mouvement
Montrait la grâce enfantine du singe.

IV

LE PORTRAIT

La Maladie et la Mort font des cendres
De tout le feu qui pour nous flamboya.
45 De ces grands yeux si fervents et si tendres,
De cette bouche où mon cœur se noya,

De ces baisers puissants comme un dictame [1],
De ces transports plus vifs que des rayons,
Que reste-t-il ? C'est affreux, ô mon âme !
50 Rien qu'un dessin fort pâle, aux trois crayons,

Qui, comme moi, meurt dans la solitude,
Et que le Temps, injurieux vieillard,
Chaque jour frotte avec son aile rude...

Noir assassin de la Vie et de l'Art,
55 Tu ne tueras jamais dans ma mémoire
Celle qui fut mon plaisir et ma gloire !

---

1. Dictame : baume.

111

Semper eadem [1]

« D'où vous vient, disiez-vous, cette tristesse étrange,
Montant comme la mer sur le roc noir et nu ? »
– Quand notre cœur a fait une fois sa vendange,
Vivre est un mal. C'est un secret de tous connu,

5   Une douleur très simple et non mystérieuse,
Et, comme votre joie, éclatante pour tous.
Cessez donc de chercher, ô belle curieuse !
Et, bien que votre voix soit douce, taisez-vous !

Taisez-vous, ignorante ! âme toujours ravie !
10   Bouche au rire enfantin ! Plus encor [2] que la Vie,
La Mort nous tient souvent par des liens subtils.

Laissez, laissez mon cœur s'enivrer d'un *mensonge,*
Plonger dans vos beaux yeux comme dans un beau songe,
Et sommeiller longtemps à l'ombre de vos cils !

---

1. L'expression est au féminin singulier ou au neutre pluriel et signifie donc, soit
« toujours la même femme », soit « toujours la même chose ».
2. Encor : encore (licence poétique).

112

Chant d'automne [1]

I

Bientôt nous plongerons dans les froides ténèbres;
Adieu, vive clarté de nos étés trop courts!
J'entends déjà tomber avec des chocs funèbres
Le bois retentissant sur le pavé des cours.

5 Tout l'hiver va rentrer dans mon être: colère,
Haine, frissons, horreur, labeur dur et forcé,
Et, comme le soleil dans son enfer polaire,
Mon cœur ne sera plus qu'un bloc rouge et glacé.

J'écoute en frémissant chaque bûche qui tombe;
10 L'échafaud qu'on bâtit n'a pas d'écho plus sourd.
Mon esprit est pareil à la tour qui succombe
Sous les coups du bélier [2] infatigable et lourd.

Il me semble, bercé par ce choc monotone,
Qu'on cloue en grande hâte un cercueil quelque part.
15 Pour qui? – C'était hier l'été; voici l'automne!
Ce bruit mystérieux sonne comme un départ.

---

1. Ce poème est inspiré par Marie Daubrun.
2. Bélier: poutre servant à enfoncer les portes en temps de guerre.

II

J'aime de vos longs yeux la lumière verdâtre,
Douce beauté, mais tout aujourd'hui m'est amer,
Et rien, ni votre amour, ni le boudoir, ni l'âtre [1],
20   Ne me vaut le soleil rayonnant sur la mer.

Et pourtant aimez-moi, tendre cœur ! soyez mère,
Même pour un ingrat, même pour un méchant ;
Amante ou sœur, soyez la douceur éphémère
D'un glorieux automne ou d'un soleil couchant.

25   Courte tâche ! La tombe attend ; elle est avide !
Ah ! laissez-moi, mon front posé sur vos genoux,
Goûter, en regrettant l'été blanc et torride,
De l'arrière-saison le rayon jaune et doux !

*

---

1. Âtre : foyer de la cheminée.

113

À une Madone[1]

Ex-voto[2] dans le goût espagnol

Je veux bâtir pour toi, Madone[3], ma maîtresse,
Un autel souterrain au fond de ma détresse,
Et creuser dans le coin le plus noir de mon cœur,
Loin du désir mondain et du regard moqueur,
5   Une niche, d'azur et d'or tout émaillée,
Où tu te dresseras, Statue émerveillée.
Avec mes Vers polis, treillis d'un pur métal
Savamment constellée de rimes de cristal,
Je ferai pour ta tête une énorme Couronne ;
10 Et dans ma Jalousie, ô mortelle Madone,
Je saurai te tailler un Manteau, de façon
Barbare, roide[4] et lourd, et doublé de soupçon,
Qui, comme une guérite[5], enfermera tes charmes ;
Non de Perles brodé, mais de toutes mes larmes !
15 Ta Robe, ce sera mon Désir, frémissant,
Onduleux, mon Désir qui monte et qui descend,
Aux pointes se balance, aux vallons se repose,
Et revêt d'un baiser tout ton corps blanc et rose.
Je te ferai de mon Respect de beaux Souliers

---

1. Ce poème est inspiré par Marie Daubrun, qui avait pris soin de Théodore de Banville lorsqu'il était mourant.
2. *Ex-voto* : formule de reconnaissance en remerciement d'un vœu accompli.
3. **Madone** : représentation de la Vierge.
4. **Roide** : raide.
5. **Guérite** : abri.

[Suite à] Spleen et Idéal (ajouts de 1861)

20   De satin, par tes pieds divins humiliés,
Qui, les emprisonnant dans une molle étreinte,
Comme un moule fidèle en garderont l'empreinte.
Si je ne puis, malgré tout mon art diligent [1],
Pour Marchepied tailler une Lune d'argent,

25   Je mettrai le Serpent qui me mord les entrailles [2]
Sous tes talons, afin que tu foules et railles,
Reine victorieuse et féconde en rachats,
Ce monstre tout gonflé de haine et de crachats.
Tu verras mes Pensers [3], rangés comme les Cierges

30   Devant l'autel fleuri de la Reine des Vierges,
Étoilant de reflets le plafond peint en bleu,
Te regarder toujours avec des yeux de feu ;
Et comme tout en moi te chérit et t'admire,
Tout se fera Benjoin, Encens [4], Oliban [5], Myrrhe [6],

35   Et sans cesse vers toi, sommet blanc et neigeux,
En Vapeurs montera mon Esprit orageux.

Enfin, pour compléter ton rôle de Marie,
Et pour mêler l'amour avec la barbarie,
Volupté noire ! des sept Péchés capitaux,

40   Bourreau plein de remords, je ferai sept Couteaux

ooo

---

1. Diligent : attentif, appliqué.

2. Entrailles : intestins. Au figuré, siège des émotions.

3. Pensers : pensées.

4. Benjoin, encens : substances résineuses aromatiques, qui brûlent en répandant une odeur pénétrante.

5. Oliban : encens.

6. Myrrhe : résine aromatique précieuse.

Bien affilés, et, comme un jongleur insensible,
Prenant le plus profond de ton amour pour cible,
Je les planterai tous dans ton cœur pantelant,
Dans ton cœur sanglotant, dans ton cœur ruisselant !

114
Chanson d'après-midi

Quoique tes sourcils méchants
Te donnent un air étrange
Qui n'est pas celui d'un ange,
Sorcière aux yeux alléchants,

5   Je t'adore, ô ma frivole,
Ma terrible passion !
Avec la dévotion
Du prêtre pour son idole.

Le désert et la forêt
10   Embaument tes tresses rudes,
Ta tête a les attitudes
De l'énigme et du secret.

Sur ta chair le parfum rôde
Comme autour d'un encensoir ;
15   Tu charmes comme le soir,
Nymphe [1] ténébreuse et chaude.

Ah ! les philtres [2] les plus forts
Ne valent pas ta paresse,
Et tu connais la caresse
20   Qui fait revivre les morts !

ooo

---

1. Nymphe : divinité des bois et des fleuves, au corps gracieux.
2. Philtre : breuvage magique.

Tes hanches sont amoureuses
De ton dos et de tes seins,
Et tu ravis les coussins
Par tes poses langoureuses.

25   Quelquefois, pour apaiser
Ta rage mystérieuse,
Tu prodigues, sérieuse,
La morsure et le baiser ;

Tu me déchires, ma brune,
30   Avec un rire moqueur,
Et puis tu mets sur mon cœur
Ton œil doux comme la lune.

Sous tes souliers de satin,
Sous tes charmants pieds de soie,
35   Moi, je mets ma grande joie,
Mon génie et mon destin,

Mon âme par toi guérie,
Par toi, lumière et couleur !
Explosion de chaleur
40   Dans ma noire Sibérie !

115
Sisina [1]

Imaginez Diane [2] en galant équipage,
Parcourant les forêts ou battant les halliers [3],
Cheveux et gorge au vent, s'enivrant de tapage,
Superbe et défiant les meilleurs cavaliers !

5   Avez-vous vu Théroigne [4], amante du carnage,
Excitant à l'assaut du peuple sans souliers,
La joue et l'œil en feu, jouant son personnage,
Et montant, sabre au poing, les royaux escaliers ?

Telle la Sisina ! Mais la douce guerrière
10 A l'âme charitable autant que meurtrière ;
Son courage, affolé de poudre et de tambours,

Devant les suppliants sait mettre bas les armes,
Et son cœur, ravagé par la flamme, a toujours,
Pour qui s'en montre digne, un réservoir de larmes.

---

1. Ce poème est inspiré par Elisa Neri, une amie de Madame Sabatier.
2. Diane : déesse de la chasse.
3. Halliers : buissons serrés et touffus.
4. Théroigne : Théroigne de Méricourt (1762-1817), héroïne de la Révolution.

116
Sonnet d'automne

Ils me disent, tes yeux, clairs comme le cristal :
« Pour toi, bizarre amant, quel est donc mon mérite ? »
— Sois charmante et tais-toi ! Mon cœur, que tout irrite
Excepté la candeur de l'antique animal,

Ne veut pas te montrer son secret infernal,
Berceuse dont la main aux longs sommeils m'invite,
Ni sa noire légende avec la flamme écrite.
Je hais la passion et l'esprit me fait mal !

Aimons-nous doucement. L'Amour dans sa guérite[1],
Ténébreux, embusqué, bande son arc fatal.
Je connais les engins de son vieil arsenal :

Crime, horreur et folie ! — Ô pâle marguerite !
Comme moi n'es-tu pas un soleil automnal,
Ô ma si blanche, ô ma si froide Marguerite ?

---

1. Guérite : abri.

[Suite à] Spleen et Idéal (ajouts de 1861)

117
Une gravure fantastique [1]

Ce spectre singulier n'a pour toute toilette,
Grotesquement campé sur son front de squelette,
Qu'un diadème affreux sentant le carnaval.
Sans éperons [2], sans fouet, il essouffle un cheval,
5   Fantôme comme lui, rosse [3] apocalyptique,
Qui bave des naseaux comme un épileptique.
Au travers de l'espace ils s'enfoncent tous deux,
Et foulent l'infini d'un sabot hasardeux.
Le cavalier promène un sabre qui flamboie
10   Sur les foules sans nom que sa monture broie,
Et parcourt, comme un prince inspectant sa maison,
Le cimetière immense et froid, sans horizon,
Où gisent, aux lueurs d'un soleil blanc et terne,
Les peuples de l'histoire ancienne et moderne.

---

1. Ce poème peut avoir pour origine une gravure de Thomas Haynes (1760-1829), inspirée de l'Apocalypse.
2. Éperon : pièce de métal, fixée au talon du cavalier, pour piquer les flancs du cheval.
3. Rosse : mauvais cheval.

118
Obsession

Grands bois, vous m'effrayez comme des cathédrales ;
Vous hurlez comme l'orgue ; et dans nos cœurs maudits,
Chambres d'éternel deuil où vibrent de vieux râles,
Répondent les échos de vos *De profundis* [1].

5   Je te hais, Océan ! tes bonds et tes tumultes,
Mon esprit les retrouve en lui ; ce rire amer
De l'homme vaincu, plein de sanglots et d'insultes,
Je l'entends dans le rire énorme de la mer.

Comme tu me plairais, ô nuit ! sans ces étoiles
10 Dont la lumière parle un langage connu !
Car je cherche le vide, et le noir, et le nu !

Mais les ténèbres sont elles-mêmes des toiles
Où vivent, jaillissant de mon œil par milliers,
Des êtres disparus aux regards familiers.

---

1. *De profundis* : psaume de la Bible, que l'on récite pour un défunt.

[Suite à] Spleen et Idéal (ajouts de 1861)

119

Le Goût du néant

Morne[1] esprit, autrefois amoureux de la lutte,
L'Espoir, dont l'éperon[2] attisait ton ardeur,
Ne veut plus t'enfourcher! Couche-toi sans pudeur,
Vieux cheval dont le pied à chaque obstacle bute.

5   Résigne-toi, mon cœur; dors ton sommeil de brute.

Esprit vaincu, fourbu[3]! Pour toi, vieux maraudeur[4],
L'amour n'a plus de goût, non plus que la dispute;
Adieu donc, chants du cuivre et soupirs de la flûte!
Plaisirs, ne tentez plus un cœur sombre et boudeur!

10   Le Printemps adorable a perdu son odeur!
Et le Temps[5] m'engloutit minute par minute,
Comme la neige immense un corps pris de roideur[6];
Je contemple d'en haut le globe en sa rondeur
Et je n'y cherche plus l'abri d'une cahute[7].

15   Avalanche, veux-tu m'emporter dans ta chute?

---

1. Morne: triste et abattu.
2. Éperon: pièce de métal, fixée au talon du cavalier, pour piquer les flancs du cheval.
3. Fourbu: épuisé de fatigue.
4. Maraudeur: voleur.
5. Le Temps: allusion à Cronos, le Titan qui dévora ses propres enfants.
6. Roideur: raideur.
7. Cahute: cabane.

120
Alchimie de la douleur

L'un t'éclaire avec son ardeur,
L'autre en toi met son deuil, Nature !
Ce qui dit à l'un : Sépulture !
Dit à l'autre : Vie et splendeur !

5 Hermès[1] inconnu qui m'assistes
Et qui toujours m'intimidas,
Tu me rends l'égal de Midas[2],
Le plus triste des alchimistes ;

Par toi je change l'or en fer
10 Et le paradis en enfer ;
Dans le suaire[3] des nuages

Je découvre un cadavre cher,
Et sur les célestes rivages
Je bâtis de grands sarcophages[4].

---

1. Hermès : dans la mythologie grecque, dieu des voyageurs et conducteur des âmes des morts.
2. Midas : roi de Phrygie, qui obtint le pouvoir de transformer ce qu'il touchait en or.
3. Suaire : linceul.
4. Sarcophage : cercueil de pierre.

121
Horreur sympathique

De ce ciel bizarre et livide,
Tourmenté comme ton destin,
Quels pensers [1] dans ton âme vide
Descendent ? réponds, libertin.

5   – Insatiablement [2] avide [3]
De l'obscur et de l'incertain,
Je ne geindrai pas comme Ovide [4]
Chassé du paradis latin.

Cieux déchirés comme des grèves [5],
10   En vous se mire mon orgueil ;
Vos vastes nuages en deuil

Sont les corbillards de mes rêves,
Et vos lueurs sont le reflet
De l'Enfer où mon cœur se plaît.

---

1. Pensers : pensées.
2. Insatiablement : de façon à ne jamais pourvoir être rassasié.
3. Avide : qui désire sans modération.
4. Ovide : poète latin (43 av. J.-C.-17).
5. Grève : terrain plat situé au bord de la mer.

122

L'Horloge[1]

Horloge ! dieu sinistre, effrayant, impassible,
Dont le doigt nous menace et nous dit : « *Souviens-toi !*
Les vibrantes Douleurs dans ton cœur plein d'effroi
Se planteront bientôt comme dans une cible ;

5 « Le Plaisir vaporeux fuira vers l'horizon
Ainsi qu'une sylphide[2] au fond de la coulisse ;
Chaque instant te dévore un morceau du délice
À chaque homme accordé pour toute sa saison.

« Trois mille six cents fois par heure, la Seconde
10 Chuchote : *Souviens-toi !* – Rapide, avec sa voix
D'insecte, Maintenant dit : Je suis Autrefois,
Et j'ai pompé ta vie avec ma trompe immonde !

« *Remember ! Souviens-toi*, prodigue ! *Esto memor* !
(Mon gosier de métal parle toutes les langues.)
15 Les minutes, mortel folâtre[3], sont des gangues[4]
Qu'il ne faut pas lâcher sans en extraire l'or !

---

1. Dans l'édition de 1861, ce poème clôt la section « Spleen et Idéal ».
2. Sylphide : génie aérien féminin plein de grâce.
3. Folâtre : qui aime plaisanter.
4. Gangue : substance qui entoure un minerai.

[Suite à] Spleen et Idéal (ajouts de 1861)

« *Souviens-toi* que le Temps est un joueur avide [1]
Qui gagne sans tricher, à tout coup ! c'est la loi.
Le jour décroît ; la nuit augmente ; *souviens-toi* !
Le gouffre a toujours soif ; la clepsydre [2] se vide.

« Tantôt sonnera l'heure où le divin Hasard
Où l'auguste [3] Vertu, ton épouse encor [4] vierge,
Où le Repentir même (oh ! la dernière auberge !),
Où tout te dira : Meurs, vieux lâche ! il est trop tard ! »

---

1. Avide : qui désire sans modération.
2. Clepsydre : horloge à eau.
3. Auguste : digne d'un grand respect.
4. Encor : encore (licence poétique).

Tableaux parisiens

123
Paysage

Je veux, pour composer chastement mes églogues [1],
Coucher auprès du ciel, comme les astrologues,
Et, voisin des clochers, écouter en rêvant
Leurs hymnes solennels emportés par le vent.
5   Les deux mains au menton, du haut de ma mansarde,
Je verrai l'atelier qui chante et qui bavarde ;
Les tuyaux, les clochers, ces mâts de la cité,
Et les grands ciels qui font rêver d'éternité.

Il est doux, à travers les brumes, de voir naître
10   L'étoile dans l'azur, la lampe à la fenêtre,
Les fleuves de charbon monter au firmament
Et la lune verser son pâle enchantement.
Je verrai les printemps, les étés, les automnes ;
Et quand viendra l'hiver aux neiges monotones,
15   Je fermerai partout portières et volets
Pour bâtir dans la nuit mes féeriques palais.

---

1. Églogue : petit poème pastoral.

Alors, je rêverai des horizons bleuâtres,
Des jardins, des jets d'eau pleurant dans les albâtres [1],
Des baisers, des oiseaux chantant soir et matin,
Et tout ce que l'Idylle [2] a de plus enfantin.
L'Émeute, tempêtant vainement à ma vitre,
Ne fera pas lever mon front de mon pupitre ;
Car je serai plongé dans cette volupté
D'évoquer le Printemps avec ma volonté,
De tirer un soleil de mon cœur, et de faire
De mes pensers [3] brûlants une tiède atmosphère.

---

1. Albâtres : coupes ou statues en albâtre, minéral de couleur blanche.
2. Idylle : églogue, petit poème pastoral.
3. Pensers : pensées.

124

Le Cygne

À Victor Hugo[1].

I

Andromaque[2], je pense à vous ! Ce petit fleuve,
Pauvre et triste miroir où jadis resplendit
L'immense majesté de vos douleurs de veuve,
Ce Simoïs[3] menteur qui par vos pleurs grandit,

5   À fécondé soudain ma mémoire fertile,
Comme je traversais le nouveau Carrousel[4].
Le vieux Paris n'est plus (la forme d'une ville
Change plus vite, hélas ! que le cœur d'un mortel) ;

Je ne vois qu'en esprit tout ce camp de baraques,
10   Ces tas de chapiteaux ébauchés et de fûts,
Les herbes, les gros blocs verdis par l'eau des flaques,
Et, brillant aux carreaux, le bric-à-brac confus.

Là, s'étalait jadis une ménagerie ;
Là, je vis, un matin, à l'heure où sous les cieux
15   Froids et clairs le Travail s'éveille, où la voirie
Pousse un sombre ouragan dans l'air silencieux,

---

1. Victor Hugo : écrivain français (1802-1885).
2. Andromaque : dans la mythologie grecque, veuve d'Hector puis épouse délaissée de Pyrrhus.
3. Simoïs : dans la mythologie grecque, dieu fleuve débouchant dans la plaine de Troie.
4. Le nouveau Carrousel : arc de triomphe du Carrousel, à Paris, près du Louvre et du jardin des Tuileries.

Tableaux parisiens (ajouts de 1861)

Un cygne qui s'était évadé de sa cage,
Et, de ses pieds palmés frottant le pavé sec,
Sur le sol raboteux [1] traînait son blanc plumage.
20 Près d'un ruisseau sans eau la bête ouvrant le bec

Baignait nerveusement ses ailes dans la poudre,
Et disait, le cœur plein de son beau lac natal :
« Eau, quand donc pleuvras-tu ? quand tonneras-tu, foudre ? »
Je vois ce malheureux, mythe étrange et fatal,

25 Vers le ciel quelquefois, comme l'homme d'Ovide [2],
Vers le ciel ironique et cruellement bleu,
Sur son cou convulsif [3] tendant sa tête avide [4],
Comme s'il adressait des reproches à Dieu !

II

Paris change ! mais rien dans ma mélancolie
30 N'a bougé ! palais neufs, échafaudages, blocs,
Vieux faubourgs, tout pour moi devient allégorie [5],
Et mes chers souvenirs sont plus lourds que des rocs.

Aussi devant ce Louvre une image m'opprime :
Je pense à mon grand cygne, avec ses gestes fous,
35 Comme les exilés, ridicule et sublime,
Et rongé d'un désir sans trêve ! et puis à vous,

ooo

---

1. Raboteux : dont la surface présente des irrégularités.
2. Ovide : poète latin (43 av. J.-C.-17).
3. Convulsif : pris de contractions violentes et involontaires.
4. Avide : qui désire sans modération.
5. Allégorie : représentation concrète d'une idée abstraite.

Andromaque, des bras d'un grand époux tombée,
Vil[1] bétail, sous la main du superbe Pyrrhus,
Auprès d'un tombeau vide en extase courbée ;
40   Veuve d'Hector, hélas ! et femme d'Hélénus[2] !

Je pense à la négresse, amaigrie et phtisique[3],
Piétinant dans la boue, et cherchant, l'œil hagard,
Les cocotiers absents de la superbe Afrique
Derrière la muraille immense du brouillard ;

45   À quiconque a perdu ce qui ne se retrouve
Jamais, jamais ! à ceux qui s'abreuvent de pleurs
Et tètent la Douleur comme une bonne louve !
Aux maigres orphelins séchant comme des fleurs !

Ainsi dans la forêt où mon esprit s'exile
50   Un vieux Souvenir sonne à plein souffle du cor !
Je pense aux matelots oubliés dans une île,
Aux captifs, aux vaincus !... à bien d'autres encor[4] !

---

1. Vil : qui suscite le mépris.
2. Et femme d'Hélénus : délaissée par Pyrrhus, Andromaque a été donnée à son beau-frère Hélénus.
3. Phtisique : atteinte de tuberculose.
4. Encor : encore (licence poétique).

125
Les Sept Vieillards

À Victor Hugo.

Fourmillante cité, cité pleine de rêves,
Où le spectre en plein jour raccroche [1] le passant !
Les mystères partout coulent comme des sèves
Dans les canaux étroits du colosse puissant.

5 Un matin, cependant que dans la triste rue
Les maisons, dont la brume allongeait la hauteur,
Simulaient les deux quais d'une rivière accrue,
Et que, décor semblable à l'âme de l'acteur,

Un brouillard sale et jaune inondait tout l'espace,
10 Je suivais, roidissant [2] mes nerfs comme un héros
Et discutant avec mon âme déjà lasse,
Le faubourg secoué par les lourds tombereaux [3].

Tout à coup, un vieillard dont les guenilles [4] jaunes
Imitaient la couleur de ce ciel pluvieux,
15 Et dont l'aspect aurait fait pleuvoir les aumônes,
Sans la méchanceté qui luisait dans ses yeux,

M'apparut. On eût dit sa prunelle trempée

○○○

---

1. Raccroche : aborde.
2. Roidissant : raidissant.
3. Tombereaux : voitures équipées d'une caisse pouvant être déchargée par un mouvement de bascule.
4. Guenilles : vêtements en lambeaux.

Dans le fiel[1] ; son regard aiguisait les frimas[2],
Et sa barbe à longs poils, roide[3] comme une épée,
20   Se projetait, pareille à celle de Judas[4].

Il n'était pas voûté, mais cassé, son échine
Faisant avec sa jambe un parfait angle droit,
Si bien que son bâton, parachevant sa mine,
Lui donnait la tournure et le pas maladroit

25   D'un quadrupède infirme ou d'un juif à trois pattes[5].
Dans la neige et la boue il allait s'empêtrant,
Comme s'il écrasait des morts sous ses savates,
Hostile à l'univers plutôt qu'indifférent.

Son pareil le suivait : barbe, œil, dos, bâton, loques,
30   Nul trait ne distinguait, du même enfer venu,
Ce jumeau centenaire, et ces spectres baroques
Marchaient du même pas vers un but inconnu.

À quel complot infâme étais-je donc en butte,
Ou quel méchant hasard ainsi m'humiliait ?
35   Car je comptai sept fois, de minute en minute,
Ce sinistre vieillard qui se multipliait !

Que celui-là qui rit de mon inquiétude,
Et qui n'est pas saisi d'un frisson fraternel,
Songe bien que malgré tant de décrépitude[6]
40   Ces sept monstres hideux avaient l'air éternel !

---

1. Fiel : amertume accompagnée de méchanceté.
2. Frimas : brouillard givrant.
3. Roide : raide.
4. Judas : dans le Nouveau Testament, apôtre de Jésus qui le trahit.
5. Allusion à l'énigme posée par le Sphynx à l'entrée de Thèbes.
6. Décrépitude : déchéance.

Aurais-je, sans mourir, contemplé le huitième,
Sosie inexorable, ironique et fatal,
Dégoûtant Phénix[1], fils et père de lui-même ?
— Mais je tournai le dos au cortège infernal.

45 Exaspéré comme un ivrogne qui voit double,
Je rentrai, je fermai ma porte, épouvanté,
Malade et morfondu, l'esprit fiévreux et trouble,
Blessé par le mystère et par l'absurdité !

Vainement ma raison voulait prendre la barre ;
50 La tempête en jouant déroutait ses efforts,
Et mon âme dansait, dansait, vieille gabarre[2]
Sans mâts, sur une mer monstrueuse et sans bords !

---

1. Phénix : animal fabuleux qui renaît de ses cendres.
2. Gabarre : embarcation permettant le transport de marchandises.

126

Les Petites Vieilles

À Victor Hugo.

I

Dans les plis sinueux des vieilles capitales,
Où tout, même l'horreur, tourne aux enchantements,
Je guette, obéissant à mes humeurs fatales,
Des êtres singuliers, décrépits et charmants.

Ces monstres disloqués furent jadis des femmes,
Éponine[1] ou Laïs[2]! Monstres brisés, bossus
Ou tordus, aimons-les! ce sont encor[3] des âmes.
Sous des jupons troués et sous de froids tissus

Ils rampent, flagellés par les bises[4] iniques[5],
Frémissant au fracas roulant des omnibus,
Et serrant sur leur flanc, ainsi que des reliques,
Un petit sac brodé de fleurs ou de rébus;

Ils trottent, tout pareils à des marionnettes;
Se traînent, comme font les animaux blessés,
Ou dansent, sans vouloir danser, pauvres sonnettes
Où se pend un Démon sans pitié! Tout cassés

---

1. Éponine : femme du Gaulois Sabinus, qui aida indéfectiblement son mari et ne voulut pas lui survivre.
2. Laïs : nom de plusieurs courtisanes.
3. Encor : encore (licence poétique).
4. Bise : vent sec et froid.
5. Inique : injuste.

Qu'ils sont, ils ont des yeux perçants comme une vrille[1],
Luisants comme ces trous où l'eau dort dans la nuit ;
Ils ont les yeux divins de la petite fille
20   Qui s'étonne et qui rit à tout ce qui reluit.

— Avez-vous observé que maints cercueils de vieilles
Sont presque aussi petits que celui d'un enfant ?
La Mort savante met dans ces bières pareilles
Un symbole d'un goût bizarre et captivant,

25   Et lorsque j'entrevois un fantôme débile[2]
Traversant de Paris le fourmillant tableau,
Il me semble toujours que cet être fragile
S'en va tout doucement vers un nouveau berceau ;

À moins que, méditant sur la géométrie,
30   Je ne cherche, à l'aspect de ces membres discords,
Combien de fois il faut que l'ouvrier varie
La forme de la boîte où l'on met tous ces corps.

— Ces yeux sont des puits faits d'un million de larmes,
Des creusets qu'un métal refroidi pailleta...
35   Ces yeux mystérieux ont d'invincibles charmes
Pour celui que l'austère Infortune allaita !

ooo

---

1. Vrille : outil formé d'une tige terminée par une vis.
2. Débile : sans force physique.

II

De Frascati[1] défunt Vestale[2] enamourée ;
Prêtresse de Thalie[3], hélas ! dont le souffleur
Enterré sait le nom ; célèbre évaporée
40   Que Tivoli[4] jadis ombragea dans sa fleur,

Toutes m'enivrent ! mais parmi ces êtres frêles
Il en est qui, faisant de la douleur un miel,
Ont dit au Dévouement qui leur prêtait ses ailes :
Hippogriffe[5] puissant, mène-moi jusqu'au ciel !

45   L'une, par sa patrie au malheur exercée[6],
L'autre, que son époux surchargea de douleurs,
L'autre, par son enfant Madone[7] transpercée,
Toutes auraient pu faire un fleuve avec leurs pleurs !

III

Ah ! que j'en ai suivi de ces petites vieilles !
50   Une, entre autres, à l'heure où le soleil tombant
Ensanglante le ciel de blessures vermeilles[8],
Pensive, s'asseyait à l'écart sur un banc,

---

1. Frascati : lieu de villégiature romain, qui donna son nom à un hôtel particulier parisien, dédié aux jeux et aux bals, et détruit en 1836.
2. Vestale : dans l'Antiquité romaine, prêtresse chaste gardienne du feu sacré.
3. Thalie : muse de la comédie et de la poésie légère.
4. Tivoli : ville de villégiature italienne, célèbre pour ses jardins et ses fontaines.
5. Hippogriffe : animal fabuleux, moitié cheval, moitié griffon.
6. Exercée : mise à l'épreuve.
7. Madone : représentation de la Vierge.
8. Vermeille : d'un rouge vif et léger.

Pour entendre un de ces concerts, riches de cuivre,
Dont les soldats parfois inondent nos jardins,
Et qui, dans ces soirs d'or où l'on se sent revivre,
Versent quelque héroïsme au cœur des citadins.

Celle-là, droite encor[1], fière et sentant la règle,
Humait avidement ce chant vif et guerrier ;
Son œil parfois s'ouvrait comme l'œil d'un vieil aigle ;
Son front de marbre avait l'air fait pour le laurier !

IV

Telles vous cheminez, stoïques[2] et sans plaintes,
À travers le chaos des vivantes cités,
Mères au cœur saignant, courtisanes ou saintes,
Dont autrefois les noms par tous étaient cités.

Vous qui fûtes la grâce ou qui fûtes la gloire,
Nul ne vous reconnaît ! un ivrogne incivil
Vous insulte en passant d'un amour dérisoire ;
Sur vos talons gambade un enfant lâche et vil[3].

Honteuses d'exister, ombres ratatinées,
Peureuses, le dos bas, vous côtoyez les murs ;
Et nul ne vous salue, étranges destinées !
Débris d'humanité pour l'éternité mûrs !

ooo

---

1. Encor : encore (licence poétique).
2. Stoïque : impassible.
3. Vil : qui suscite le mépris.

Mais moi, moi qui de loin tendrement vous surveille,
L'œil inquiet, fixé sur vos pas incertains,
Tout comme si j'étais votre père, ô merveille!
Je goûte à votre insu des plaisirs clandestins:

Je vois s'épanouir vos passions novices[1];
Sombres ou lumineux, je vis vos jours perdus;
Mon cœur multiplié jouit de tous vos vices!
Mon âme resplendit de toutes vos vertus!

Ruines! ma famille! ô cerveaux congénères[2]!
Je vous fais chaque soir un solennel adieu!
Où serez-vous demain, Èves[3] octogénaires,
Sur qui pèse la griffe effroyable de Dieu?

---

1. Novice: qui manque d'expérience.
2. Congénère: qui appartient au même genre.
3. Èves: dans le récit de la Genèse, Ève est la première femme.

127
Les Aveugles

Contemple-les, mon âme ; ils sont vraiment affreux !
Pareils aux mannequins ; vaguement ridicules ;
Terribles, singuliers comme les somnambules ;
Dardant [1] on ne sait où leurs globes ténébreux.

5   Leurs yeux, d'où la divine étincelle est partie,
Comme s'ils regardaient au loin, restent levés
Au ciel ; on ne les voit jamais vers les pavés
Pencher rêveusement leur tête appesantie.

Ils traversent ainsi le noir illimité,
10   Ce frère du silence éternel. Ô cité !
Pendant qu'autour de nous tu chantes, ris et beugles,

Éprise du plaisir jusqu'à l'atrocité,
Vois ! je me traîne aussi ! mais, plus qu'eux hébété [2],
Je dis : que cherchent-ils au Ciel, tous ces aveugles ?

---

1. Dardant : lançant.
2. Hébété : ahuri.

128
À une passante

Clés
ci-contre

La rue assourdissante autour de moi hurlait.
Longue, mince, en grand deuil, douleur majestueuse,
Une femme passa, d'une main fastueuse[1]
Soulevant, balançant le feston[2] et l'ourlet ;

Agile et noble, avec sa jambe de statue.
Moi, je buvais, crispé comme un extravagant,
Dans son œil, ciel livide où germe l'ouragan,
La douceur qui fascine et le plaisir qui tue.

Un éclair... puis la nuit ! – Fugitive beauté
Dont le regard m'a fait soudainement renaître,
Ne te verrai-je plus que dans l'éternité ?

Ailleurs, bien loin d'ici ! trop tard ! *jamais* peut-être !
Car j'ignore où tu fuis, tu ne sais où je vais,
Ô toi que j'eusse aimée, ô toi qui le savais !

---

1. Fastueuse : luxueuse.
2. Feston : broderie utilisée comme bordure d'une étoffe.

Des clés
pour vous guider

« À une passante »
Une rencontre fugitive

Poème clé de la section des «Tableaux parisiens», «À une passante» décrit la rencontre du poète et d'une fascinante inconnue aperçue trop brièvement en plein Paris.

1) Comment la femme est-elle décrite ?

pour vous aider
- Relevez les termes qui évoquent la beauté.
- Quelles parties du corps de la femme sont décrites ?
Que symbolisent-elles ?
- Relevez les verbes de mouvement. Que suggèrent-ils ?

2) Sur quels contrastes se construit le poème ?

pour vous aider
- Confrontez la représentation de la ville à celle de la femme.
- Relevez les champs lexicaux dominants.

3) Identifiez les marques du lyrisme. Quels sentiments éprouve le poète ?

4) GRAMMAIRE • Identifiez les deux temps employés dans le dernier vers et justifiez leur usage.

pour vous aider
L'indicatif est le mode du réel. Le subjonctif est le mode du virtuel.

POUR ALLER plus loin

LECTURE CURSIVE • Lisez *Le Paysan de Paris* d'Aragon pour mesurer combien, à un demi-siècle de distance, l'évocation de la capitale française a pu évoluer en poésie.

251

129

Le Squelette laboureur

I

Dans les planches d'anatomie
Qui traînent sur ces quais poudreux
Où maint livre cadavéreux
Dort comme une antique momie,

5   Dessins auxquels la gravité
Et le savoir d'un vieil artiste,
Bien que le sujet en soit triste,
Ont communiqué la Beauté,

On voit, ce qui rend plus complètes
10   Ces mystérieuses horreurs,
Bêchant comme des laboureurs,
Des Écorchés [1] et des Squelettes.

II

De ce terrain que vous fouillez,
Manants [2] résignés et funèbres,
15   De tout l'effort de vos vertèbres,
Ou de vos muscles dépouillés,

---

1. Écorché : statue d'homme ou d'animal dépouillés, servant de modèle aux étudiants des beaux-arts.
2. Manant : paysan.

Dites, quelle moisson étrange,
Forçats [1] arrachés au charnier [2],
Tirez-vous, et de quel fermier
20   Avez-vous à remplir la grange ?

Voulez-vous (d'un destin trop dur
Épouvantable et clair emblème !)
Montrer que dans la fosse même
Le sommeil promis n'est pas sûr ;

25   Qu'envers nous le Néant est traître ;
Que tout, même la Mort, nous ment,
Et que sempiternellement,
Hélas ! il nous faudra peut-être

Dans quelque pays inconnu
30   Écorcher la terre revêche
Et pousser une lourde bêche
Sous notre pied sanglant et nu ?

---

1. Forçat : condamné aux travaux forcés.
2. Charnier : lieu où sont entassés des cadavres.

130

Danse macabre

À Ernest Christophe[1].

Fière, autant qu'un vivant, de sa noble stature,
Avec son gros bouquet, son mouchoir et ses gants,
Elle a la nonchalance et la désinvolture
D'une coquette maigre aux airs extravagants.

5   Vit-on jamais au bal une taille plus mince ?
Sa robe exagérée, en sa royale ampleur,
S'écroule abondamment sur un pied sec que pince
Un soulier pomponné, joli comme une fleur.

La ruche qui se joue au bord des clavicules,
10 Comme un ruisseau lascif[2] qui se frotte au rocher,
Défend pudiquement des lazzi[3] ridicules
Les funèbres appas[4] qu'elle tient à cacher.

Ses yeux profonds sont faits de vide et de ténèbres,
Et son crâne, de fleurs artistement coiffé,
15 Oscille mollement sur ses frêles vertèbres.
Ô charme d'un néant follement attifé[5] !

Aucuns t'appelleront une caricature,
Qui ne comprennent pas, amants ivres de chair,
L'élégance sans nom de l'humaine armature.
20 Tu réponds, grand squelette à mon goût le plus cher !

---

1. Ernest Christophe : sculpteur français (1827-1892).
2. Lascif : d'une grande sensualité.
3. Lazzi : moqueries. **4. Appas** : charmes.
5. Attifé : paré (sens familier et ironique).

Viens-tu troubler, avec ta puissante grimace,
La fête de la Vie ? ou quelque vieux désir,
Éperonnant encor [1] ta vivante carcasse,
Te pousse-t-il, crédule, au sabbat [2] du Plaisir ?

25 Au chant des violons, aux flammes des bougies,
Espères-tu chasser ton cauchemar moqueur,
Et viens-tu demander au torrent des orgies [3]
De rafraîchir l'enfer allumé dans ton cœur ?

Inépuisable puits de sottise et de fautes !
30 De l'antique douleur éternel alambic [4] !
À travers le treillis recourbé de tes côtes
Je vois, errant encor, l'insatiable aspic [5].

Pour dire vrai, je crains que ta coquetterie
Ne trouve pas un prix digne de ses efforts ;
35 Qui, de ces cœurs mortels, entend la raillerie ?
Les charmes de l'horreur n'enivrent que les forts !

Le gouffre de tes yeux, plein d'horribles pensées,
Exhale le vertige, et les danseurs prudents
Ne contempleront pas sans d'amères nausées
40 Le sourire éternel de tes trente-deux dents.

ooo

---

1. Encor : encore (licence poétique).

2. Sabbat : danse frénétique.

3. Orgie : festivités marquées par les excès et la débauche. Plus particulièrement : excès de plaisir.

4. Alambic : appareil servant à la distillation de l'alcool.

5. Aspic : vipère.

Pourtant, qui n'a serré dans ses bras un squelette,
Et qui ne s'est nourri des choses du tombeau ?
Qu'importe le parfum, l'habit ou la toilette ?
Qui fait le dégoûté montre qu'il se croit beau.

45   Bayadère[1] sans nez, irrésistible gouge[2],
Dis donc à ces danseurs qui font les offusqués :
« Fiers mignons, malgré l'art des poudres et du rouge
Vous sentez tous la mort ! Ô Squelettes musqués,

« Antinoüs[3] flétris, dandys à face glabre,
50   Cadavres vernissés, lovelaces[4] chenus[5],
Le branle[6] universel de la danse macabre
Vous entraîne en des lieux qui ne sont pas connus !

« Des quais froids de la Seine aux bords brûlants du Gange[7],
Le troupeau mortel saute et se pâme, sans voir
55   Dans un trou du plafond la trompette de l'Ange
Sinistrement béante ainsi qu'un tromblon[8] noir.

« En tout climat, sous tout soleil ; la Mort t'admire
En tes contorsions, risible Humanité,
Et souvent, comme toi, se parfumant de myrrhe[9],
60   Mêle son ironie à ton insanité[10] ! »

---

1. Bayadère : danseuse sacrée de l'Inde.
2. Gouge : courtisane accompagnant les armées.
3. Antinoüs : jeune Grec d'une grande beauté.
4. Lovelace : séducteur.
5. Chenu : devenu blanc de vieillesse.
6. Branle : mouvement d'oscillation.
7. Gange : fleuve de l'Inde.
8. Tromblon : arme à feu.
9. Myrrhe : résine aromatique précieuse.
10. Insanité : folie.

131
L'Amour du mensonge

Quand je te vois passer, ô ma chère indolente[1],
Au chant des instruments qui se brise au plafond
Suspendant ton allure harmonieuse et lente,
Et promenant l'ennui de ton regard profond ;

5   Quand je contemple, aux feux du gaz qui le colore,
Ton front pâle, embelli par un morbide[2] attrait,
Où les torches du soir allument une aurore,
Et tes yeux attirants comme ceux d'un portrait,

Je me dis : Qu'elle est belle ! et bizarrement fraîche !
10   Le souvenir massif, royale et lourde tour,
La couronne, et son cœur, meurtri comme une pêche,
Est mûr, comme son corps pour le savant amour.

Es-tu le fruit d'automne aux saveurs souveraines ?
Es-tu vase funèbre attendant quelques pleurs,
15   Parfum qui fait rêver aux oasis lointaines,
Oreiller caressant, ou corbeille de fleurs ?

Je sais qu'il est des yeux, des plus mélancoliques,
Qui ne recèlent point de secrets précieux ;
Beaux écrins sans joyaux, médaillons sans reliques,
20   Plus vides, plus profonds que vous-mêmes, ô Cieux !

ooo

---

1. Indolente : personne qui évite de se donner de la peine, de faire des efforts physiques ou moraux.
2. Morbide : maladif.

Mais ne suffit-il pas que tu sois l'apparence,
Pour réjouir un cœur qui fuit la vérité ?
Qu'importe ta bêtise ou ton indifférence ?
Masque ou décor, salut ! J'adore ta beauté.

132
Rêve parisien

À Constantin Guys [1].

I

De ce terrible paysage,
Tel que jamais mortel n'en vit,
Ce matin encore l'image,
Vague et lointaine, me ravit.

5   Le sommeil est plein de miracles !
Par un caprice singulier,
J'avais banni de ces spectacles
Le végétal irrégulier,

Et, peintre fier de mon génie,
10   Je savourais dans mon tableau
L'enivrante monotonie
Du métal, du marbre et de l'eau.

Babel [2] d'escaliers et d'arcades,
C'était un palais infini,
15   Plein de bassins et de cascades
Tombant dans l'or mat ou bruni ;

ooo

---

1. Constantin Guys : dessinateur et graveur français (1802-1892).
2. Babel : dans la Genèse, la tour de Babel avait été construite pour se rapprocher des cieux. En représailles, Dieu y introduisit la diversité des langues, empêchant ainsi les hommes de se comprendre.

Et des cataractes [1] pesantes,
Comme des rideaux de cristal,
Se suspendaient, éblouissantes,
20 À des murailles de métal.

Non d'arbres, mais de colonnades
Les étangs dormants s'entouraient,
Où de gigantesques naïades [2],
Comme des femmes, se miraient.

25 Des nappes d'eau s'épanchaient, bleues,
Entre des quais roses et verts,
Pendant des millions de lieues,
Vers les confins de l'univers ;

C'étaient des pierres inouïes
30 Et des flots magiques ; c'étaient
D'immenses glaces éblouies
Par tout ce qu'elles reflétaient !

Insouciants et taciturnes,
Des Ganges [3], dans le firmament,
35 Versaient le trésor de leurs urnes
Dans des gouffres de diamant.

Architecte de mes féeries,
Je faisais, à ma volonté,
Sous un tunnel de pierreries
40 Passer un océan dompté ;

---

1. Cataractes : cascades.
2. Naïades : divinités des rivières.
3. Des Ganges : référence au principal fleuve de l'Inde.

Et tout, même la couleur noire,
Semblait fourbi, clair, irisé ;
Le liquide enchâssait sa gloire
Dans le rayon cristallisé.

45 Nul astre d'ailleurs, nuls vestiges
De soleil, même au bas du ciel,
Pour illuminer ces prodiges,
Qui brillaient d'un feu personnel !

Et sur ces mouvantes merveilles
50 Planait (terrible nouveauté !
Tout pour l'œil, rien pour les oreilles !)
Un silence d'éternité.

II

En rouvrant mes yeux pleins de flamme
J'ai vu l'horreur de mon taudis,
55 Et senti, rentrant dans mon âme,
La pointe des soucis maudits ;

La pendule aux accents funèbres
Sonnait brutalement midi,
Et le ciel versait des ténèbres
60 Sur le triste monde engourdi.

Poèmes apportés par Les Épaves (1866)

En 1866, la parution des *Épaves* répond au souhait de Baudelaire de réimprimer, hors de France, les pièces condamnées en 1857. Pour cela, il fait paraître en Belgique un court recueil de vingt-trois poèmes incluant les six pièces précédemment condamnées et le poème « Franciscæ meæ laudes », repris de l'édition originale.

Les Épaves

133

Le Coucher du soleil romantique

Que le Soleil est beau quand tout frais il se lève,
Comme une explosion nous lançant son bonjour !
– Bienheureux celui-là qui peut avec amour
Saluer son coucher plus glorieux qu'un rêve !

5   Je me souviens !… J'ai vu tout, fleur, source, sillon,
Se pâmer sous son œil comme un cœur qui palpite…
– Courons vers l'horizon, il est tard, courons vite,
Pour attraper au moins un oblique rayon !

Mais je poursuis en vain le Dieu qui se retire ;
10 L'irrésistible Nuit établit son empire,
Noire, humide, funeste et pleine de frissons ;

Une odeur de tombeau dans les ténèbres nage,
Et mon pied peureux froisse, au bord du marécage,
Des crapauds imprévus et de froids limaçons.

134
Le Jet d'eau

Tes beaux yeux sont las, pauvre amante !
Reste longtemps, sans les rouvrir,
Dans cette pose nonchalante
Où t'a surprise le plaisir.
5   Dans la cour le jet d'eau qui jase
Et ne se tait ni nuit ni jour,
Entretient doucement l'extase
Où ce soir m'a plongé l'amour.

La gerbe épanouie
10   En mille fleurs,
Où Phœbé[1] réjouie
      Met ses couleurs,
Tombe comme une pluie
      De larges pleurs

15   Ainsi ton âme qu'incendie
L'éclair brûlant des voluptés
S'élance, rapide et hardie,
Vers les vastes cieux enchantés.
Puis, elle s'épanche, mourante,
20   En un flot de triste langueur,
Qui par une invisible pente
Descend jusqu'au fond de mon cœur.

---

1. Phœbé : surnom de la déesse grecque Artémis, assimilée à la Lune.

La gerbe épanouie
        En mille fleurs,
25   Où Phœbé réjouie
        Met ses couleurs,
     Tombe comme une pluie
        De larges pleurs

     Ô toi, que la nuit rend si belle,
30   Qu'il m'est doux, penché vers tes seins,
     D'écouter la plainte éternelle
     Qui sanglote dans les bassins !
     Lune, eau sonore, nuit bénie,
     Arbres qui frissonnez autour,
35   Votre pure mélancolie
     Est le miroir de mon amour.

     La gerbe épanouie
        En mille fleurs,
     Où Phœbé réjouie
40   Met ses couleurs,
     Tombe comme une pluie
        De larges pleurs

135

Les Yeux de Berthe

Vous pouvez mépriser les yeux les plus célèbres,
Beaux yeux de mon enfant, par où filtre et s'enfuit
Je ne sais quoi de bon, de doux comme la Nuit !
Beaux yeux, versez sur moi vos charmantes ténèbres !

5   Grands yeux de mon enfant, arcanes [1] adorées,
Vous ressemblez beaucoup à ces grottes magiques
Où derrière l'amas des ombres léthargiques [2],
Scintillent vaguement des trésors ignorés !

Mon enfant a des yeux obscurs, profonds et vastes,
10 Comme toi, Nuit immense, éclairés comme toi !
Leurs feux sont ces pensers [3] d'Amour, mêlés de Foi,
Qui pétillent au fond, voluptueux ou chastes.

---

1. Arcanes : mystères.
2. Léthargique : endormie.
3. Pensers : pensées.

136

Hymne [1]

À la très chère, à la très belle
Qui remplit mon cœur de clarté,
À l'ange, à l'idole immortelle,
Salut en l'immortalité !

5   Elle se répand dans ma vie
Comme un air imprégné de sel,
Et dans mon âme inassouvie
Verse le goût de l'éternel.

Sachet toujours frais qui parfume
10   L'atmosphère d'un cher réduit,
Encensoir oublié qui fume
En secret à travers la nuit,

Comment, amour incorruptible,
T'exprimer avec vérité ?
15   Grain de musc [2] qui gis, invisible,
Au fond de mon éternité !

À la très bonne, à la très belle,
Qui fait ma joie et ma santé,
À l'ange, à l'idole immortelle,
20   Salut en l'immortalité !

---

1. Ce poème a été adressé à Madame Sabatier.
2. Musc : parfum précieux très odorant, d'origine animale.

137
Les Promesses d'un visage

J'aime, ô pâle beauté, tes sourcils surbaissés,
    D'où semblent couler des ténèbres ;
Tes yeux, quoique très noirs, m'inspirent des pensers [1]
    Qui ne sont pas du tout funèbres.

5   Tes yeux, qui sont d'accord avec tes noirs cheveux,
    Avec ta crinière élastique,
Tes yeux, languissamment, me disent : « Si tu veux,
    Amant de la muse plastique [2],

« Suivre l'espoir qu'en toi nous avons excité,
10   Et tous les goûts que tu professes,
Tu pourras constater notre véracité
    Depuis le nombril jusqu'aux fesses ;

« Tu trouveras au bout de deux beaux seins bien lourds,
    Deux larges médailles de bronze,
15 Et sous un ventre uni, doux comme du velours,
    Bistré [3] comme la peau d'un bronze,

« Une riche toison qui, vraiment, est la sœur
    De cette énorme chevelure,
Souple et frisée, et qui t'égale en épaisseur,
20   Nuit sans étoiles, Nuit obscure ! »

---

1. Pensers : pensées.
2. Plastique : qui a le pouvoir de donner une forme.
3. Bistré : d'un brun noirâtre.

138

Le Monstre

ou le paranymphe [1] d'une nymphe [2] macabre

I

Tu n'es certes pas, ma très chère,
Ce que Veuillot [3] nomme un tendron [4].
Le jeu, l'amour, la bonne chère,
Bouillonnent en toi, vieux chaudron !
5   Tu n'es plus fraîche, ma très chère,

Ma vieille infante ! Et cependant
Tes caravanes [5] insensées
T'ont donné ce lustre abondant
Des choses qui sont très usées,
10   Mais qui séduisent cependant.

Je ne trouve pas monotone
La verdeur de tes quarante ans ;
Je préfère tes fruits, Automne,
Aux fleurs banales du Printemps !
15   Non ! tu n'es jamais monotone !

ooo

---

1. Paranymphe : éloge.
2. Nymphe : déesse gracieuse des bois et des fleuves.
3. Veuillot : journaliste et écrivain catholique français (1813-1883).
4. Tendron : très jeune fille en âge d'être aimée.
5. Caravanes : débauches.

Ta carcasse a des agréments
Et des grâces particulières ;
Je trouve d'étranges piments
Dans le creux de tes deux salières ;
20 Ta carcasse a des agréments !

Nargue des amants ridicules
Du melon et du giraumont[1] !
Je préfère tes clavicules
À celles du roi Salomon[2]
25 Et je plains ces gens ridicules !

Tes cheveux, comme un casque bleu,
Ombragent ton front de guerrière,
Qui ne pense et rougit que peu,
Et puis se sauvent par derrière
30 Comme les crins d'un casque bleu.

Tes yeux qui semblent de la boue,
Où scintille quelque fanal[3],
Ravivés au fard de ta joue,
Lancent un éclair infernal !
35 Tes yeux sont noirs comme la boue !

---

1. Giraumont : potiron.
2. Celles du roi Salomon : *Les Clavicules du roi Salomon* est un livre de magie.
3. Fanal : lanterne

Par sa luxure et son dédain
Ta lèvre amère nous provoque ;
Cette lèvre, c'est un Éden [1]
Qui nous attire et qui nous choque.
40 Quelle luxure [2] ! et quel dédain !

Ta jambe musculeuse et sèche
Sait gravir au haut des volcans,
Et malgré la neige et la dèche [3]
Danser les plus fougueux cancans.
45 Ta jambe est musculeuse et sèche ;

Ta peau brûlante et sans douceur,
Comme celle des vieux gendarmes,
Ne connaît pas plus la sueur
Que ton œil ne connaît les larmes.
50 (Et pourtant elle a sa douceur !)

II

Sotte, tu t'en vas droit au Diable !
Volontiers j'irais avec toi,
Si cette vitesse effroyable
Ne me causait pas quelque émoi.
55 Va-t'en donc, toute seule, au Diable !

ooo

---

1. Éden : paradis.
2. Luxure : recherche des plaisirs sensuels.
3. Dèche : misère.

Mon rein, mon poumon, mon jarret
Ne me laissent plus rendre hommage
À ce Seigneur, comme il faudrait.
« Hélas ! c'est vraiment bien dommage ! »
60   Disent mon rein et mon jarret.

Oh ! très sincèrement je souffre
De ne pas aller aux sabbats [1],
Pour voir, quand il pète du soufre,
Comment tu lui baises son cas.
65   Oh ! très sincèrement je souffre !

Je suis diablement affligé
De ne pas être ta torchère [2],
Et de te demander congé,
Flambeau d'enfer ! Juge, ma chère,
70   Combien je dois être affligé,

Puisque depuis longtemps je t'aime,
Étant très logique ! En effet,
Voulant du Mal chercher la crème
Et n'aimer qu'un monstre parfait,
75   Vraiment oui ! vieux monstre, je t'aime !

---

1. Sabbat : assemblée nocturne et bruyante de sorciers.
2. Torchère : grand chandelier.

139

Vers pour le portrait de M. Honoré Daumier [1]

Celui dont nous t'offrons l'image,
Et dont l'art, subtil entre tous,
Nous enseigne à rire de nous,
Celui-là, lecteur, est un sage.

5 C'est un satirique, un moqueur ;
Mais l'énergie avec laquelle
Il peint le Mal et sa séquelle,
Prouve la beauté de son cœur.

Son rire n'est pas la grimace
10 De Melmoth [2] ou de Méphisto [3]
Sous la torche de l'Alecto [4]
Qui les brûle, mais qui nous glace.

Leur rire, hélas ! de la gaîté
N'est que la douloureuse charge ;
15 Le sien rayonne, franc et large,
Comme un signe de sa bonté !

---

1. Honoré Daumier : dessinateur et caricaturiste français (1808-1879).
2. Melmoth : personnage du roman de Charles Mathurin, *Melmoth, l'homme errant* (1820), qui échangea son âme contre l'immortalité.
3. Méphisto : personnage de légende de *Faust*, génie du mal et ange déchu.
4. Alecto : l'une des Furies, citée dans *L'Énéide*.

140

Lola de Valence [1]

Entre tant de beautés que partout on peut voir,
Je comprends bien, amis, que le désir balance ;
Mais on voit scintiller en Lola de Valence
Le charme inattendu d'un bijou rose et noir.

---

1. Titre d'un tableau d'Édouard Manet, peintre français (1832-1883).

Les Épaves (édition de 1866)

141

Sur *Le Tasse en prison*
d'Eugène Delacroix [1]

Le poète au cachot, débraillé, maladif,
Roulant un manuscrit sous son pied convulsif [2],
Mesure d'un regard que la terreur enflamme
L'escalier de vertige où s'abîme son âme.

5   Les rires enivrants dont s'emplit la prison
Vers l'étrange et l'absurde invitent sa raison :
Le Doute l'environne, et la Peur ridicule,
Hideuse et multiforme, autour de lui circule.

Ce génie enfermé dans un taudis malsain,
10 Ces grimaces, ces cris, ces spectres dont l'essaim
Tourbillonne, ameuté derrière son oreille,

Ce rêveur que l'horreur de son logis réveille,
Voilà bien ton emblème, Âme aux songes obscurs,
Que le Réel étouffe entre ses quatre murs !

---

1. Eugène Delacroix : peintre français (1798-1863) ; **Le Tasse :** poète italien
(1544-1595).
2. Convulsif : pris de contractions violentes et incontrôlées.

277

142

La Voix

Mon berceau s'adossait à la bibliothèque,
Babel[1] sombre, où roman, science, fabliau,
Tout, la cendre latine et la poussière grecque,
Se mêlaient. J'étais haut comme un in-folio[2].
Deux voix me parlaient. L'une, insidieuse et ferme,
Disait : « La Terre est un gâteau plein de douceur ;
Je puis (et ton plaisir serait alors sans terme !)
Te faire un appétit d'une égale grosseur. »
Et l'autre : « Viens ! oh ! viens voyager dans les rêves,
Au-delà du possible, au-delà du connu !
Et celle-là chantait comme le vent des grèves[3],
Fantôme vagissant[4] on ne sait d'où venu,
Qui caresse l'oreille et cependant l'effraie.
Je te répondis : « Oui ! douce voix ! » C'est d'alors
Que date ce qu'on peut, hélas ! nommer ma plaie
Et ma fatalité. Derrière les décors
De l'existence immense, au plus noir de l'abîme,
Je vois distinctement des mondes singuliers,
Et, de ma clairvoyance extatique[5] victime,
Je traîne des serpents qui mordent mes souliers
Et c'est depuis ce temps que, pareil aux prophètes,

---

1. Babel : dans la Genèse, après une punition divine, la tour de Babel est le lieu où se côtoient sans se comprendre des langues différentes.
2. In-folio : format de livre.
3. Grève : terrain plat situé au bord de la mer.
4. Vagissant : poussant un faible cri, comme celui du nouveau-né.
5. Extatique : qui relève de l'extase.

Les Épaves (édition de 1866)

J'aime si tendrement le désert et la mer ;
Que je ris dans les deuils et pleure dans les fêtes,
Et trouve un goût suave au vin le plus amer ;
25   Que je prends très souvent les faits pour des mensonges,
Et que, les yeux au ciel, je tombe dans les trous.
Mais la Voix me console et dit : « Garde tes songes ;
Les sages n'en ont pas d'aussi beaux que les fous ! »

143

L'Imprévu

Harpagon[1], qui veillait son père agonisant,
Se dit, rêveur, devant ces lèvres déjà blanches :
« Nous avons au grenier un nombre suffisant,
      Ce me semble, de vieilles planches ? »

5 Célimène[2] roucoule et dit : « Mon cœur est bon,
Et naturellement, Dieu m'a faite très belle. »
— Son cœur ! cœur racorni, fumé comme un jambon,
      Recuit à la flamme éternelle !

Un gazetier[3] fumeux, qui se croit un flambeau,
10 Dit au pauvre, qu'il a noyé dans les ténèbres :
« Où donc l'aperçois-tu, ce créateur du Beau,
      Ce redresseur que tu célèbres ? »
Mieux que tous, je connais certain voluptueux
Qui bâille nuit et jour, et se lamente et pleure,
15 Répétant, l'impuissant et le fat : « Oui, je veux
      Être vertueux, dans une heure ! »

L'horloge, à son tour, dit à voix basse : « Il est mûr,
Le damné[4] ! J'avertis en vain la chair infecte.
L'homme qui est aveugle, sourd, fragile, comme un mur
20   Qu'habite et que ronge un insecte ! »

---

1. Harpagon : nom de l'avare dans la comédie de Molière.
2. Célimène : nom de la jeune coquette dans *Le Misanthrope* de Molière.
3. Gazetier : journaliste.
4. Damné : condamné aux souffrances de l'Enfer.

Et puis, Quelqu'un paraît, que tous avaient nié,
Et qui leur dit, railleur et fier : « Dans mon ciboire [1],
Vous avez, que je crois, assez communié,
     À la joyeuse Messe noire ?

25   « Chacun de vous m'a fait un temple dans son cœur ;
Vous avez, en secret, baisé ma fesse immonde !
Reconnaissez Satan à son rire vainqueur,
     Énorme et laid comme le monde !

« Avez-vous donc pu croire, hypocrites surpris,
30   Qu'on se moque du maître, et qu'avec lui l'on triche,
Et qu'il soit naturel de recevoir deux prix,
     D'aller au Ciel et d'être riche ?

« Il faut que le gibier paye le vieux chasseur
Qui se morfond longtemps à l'affût de la proie.
35   Je vais vous emporter à travers l'épaisseur,
     Compagnons de ma triste joie.
« À travers l'épaisseur de la terre et du roc,
À travers les amas confus de votre cendre,
Dans un palais aussi grand que moi, d'un seul bloc,
40   Et qui n'est pas de pierre tendre ;

« Car il est fait avec l'universel Péché,
Et contient mon orgueil, ma douleur et ma gloire ! »
– Cependant, tout en haut de l'univers juché,
     Un Ange sonne la victoire
         ooo

---

1. Ciboire : vase servant, dans la liturgie catholique, à conserver les hosties consacrées.

45 De ceux dont le cœur dit : « Que béni soit ton fouet,
Seigneur ! que la douleur, ô Père, soit bénie !
Mon âme dans tes mains n'est pas un vain jouet,
Et ta prudence est infinie. »

Le son de la trompette est si délicieux,
50 Dans ces soirs solennels de célestes vendanges,
Qu'il s'infiltre comme une extase dans tous ceux
Dont elle chante les louanges.

144

La Rançon

L'homme a, pour payer sa rançon,
Deux champs au tuf[1] profond et riche,
Qu'il faut qu'il remue et défriche
Avec le fer de la raison ;

5   Pour obtenir la moindre rose,
Pour extorquer quelques épis,
Des pleurs salés de son front gris
Sans cesse il faut qu'il les arrose.

L'un est l'Art, et l'autre l'Amour.
10   — Pour rendre le juge propice,
Lorsque de la stricte justice
Paraîtra le terrible jour,

Il faudra lui montrer des granges
Pleines de moissons, et des fleurs
15   Dont les formes et les couleurs
Gagnent le suffrage des Anges.

---

1. Tuf : roche.

145

À une Malabaraise[1]

Tes pieds sont aussi fins que tes mains, et ta hanche
Est large à faire envie à la plus belle blanche ;
À l'artiste pensif ton corps est doux et cher ;
Tes grands yeux de velours sont plus noirs que ta chair.
5 Aux pays chauds et bleus où ton Dieu t'a fait naître,
Ta tâche est d'allumer la pipe de ton maître,
De pourvoir les flacons d'eaux fraîches et d'odeurs,
De chasser loin du lit les moustiques rôdeurs,
Et, dès que le matin fait chanter les platanes,
10 D'acheter au bazar ananas et bananes.
Tout le jour, où tu veux, tu mènes tes pieds nus,
Et fredonnes tout bas de vieux airs inconnus ;
Et quand descend le soir au manteau d'écarlate,
Tu poses doucement ton corps sur une natte,
15 Où tes rêves flottants sont pleins de colibris,
Et toujours, comme toi, gracieux et fleuris.
Pourquoi, l'heureuse enfant, veux-tu voir notre France,
Ce pays trop peuplé qui fauche la souffrance,
Et, confiant ta vie aux bras forts des marins,
20 Faire de grands adieux à tes chers tamarins[2] ?
Toi, vêtue à moitié de mousselines frêles,
Frissonnante là-bas sous la neige et les grêles,
Comme tu pleurerais tes loisirs doux et francs,

---

1. Malabaraise : Indienne de la côte de Malabar.
2. Tamarins : tamariniers, grands arbres à feuilles persistantes.

Si, le corset brutal emprisonnant tes flancs,
Il te fallait glaner ton souper dans nos fanges [1]
Et vendre le parfum de tes charmes étranges,
L'œil pensif, et suivant, dans nos sales brouillards,
Des cocotiers absents les fantômes épars !

1. Fanges : boues.

146
Sur les débuts d'Amina Boschetti [1]
Au théâtre de La Monnaie, à Bruxelles

AMINA bondit, – fuit, – puis voltige et sourit ;
Le Welche [2] dit : « Tout ça, pour moi, c'est du prâcrit [3] ;
Je ne connais, en fait de nymphes [4] bocagères,
Que celles de *Montagne-aux-Herbes-Potagères* [5]. »

5   Du bout de son pied fin et de son œil qui rit,
Amina verse à flots le délire et l'esprit ;
Le Welche dit : « Fuyez, délices mensongères !
Mon épouse n'a pas ces allures légères. »

Vous ignorez, sylphide [6] au jarret triomphant,
10   Qui voulez enseigner la walse [7] à l'éléphant,
Au hibou la gaîté, le rire à la cigogne,

Que sur la grâce en feu le Welche dit « haro ! »
Et que le doux Bacchus [8] lui versant du bourgogne,
Le monstre répondrait : « J'aime mieux le faro [9] ! »

---

1. **Amina Boschetti** : danseuse qui s'était produite en Belgique.
2. **Le Welche** : qui parle le dialecte welche.
3. **Prâcrit** : dialecte vulgaire du sanscrit.
4. **Nymphes** : divinités gracieuses des bois et des rivières.
5. **Montagne-aux-Herbes-Potagères** : rue célèbre de Bruxelles.
6. **Sylphide** : génie aérien plein de grâce.
7. **Walse** : graphie allemande pour « valse ».
8. **Bacchus** : dieu romain du vin.
9. **Faro** : bière belge.

147

À M. Eugène Fromentin [1]
À propos d'un importun
qui se disait son ami

Il me dit qu'il était très riche,
Mais qu'il craignait le choléra ;
— Que de son or il était chiche [2],
Mais qu'il goûtait fort l'Opéra ;

5   — Qu'il raffolait de la nature,
Ayant connu monsieur Corot [3] ;
— Qu'il n'avait pas encore voiture,
Mais que cela viendrait bientôt ;

— Qu'il aimait le marbre et la brique,
10   Les bois noirs et les bois dorés ;
— Qu'il possédait dans sa fabrique
Trois contre-maîtres décorés ;

— Qu'il avait, sans compter le reste,
Vingt mille actions sur le *Nord* [4] ;
15   — Qu'il avait trouvé, pour un zeste,
Des encadrements d'Oppenord [5] ;

ooo

---

1. Eugène Fromentin : peintre et écrivain français (1820-1876).
2. Chiche : avare.
3. Corot : peintre français (1796-1875).
4. Le Nord : compagnie de chemin de fer.
5. Oppenord : architecte et décorateur français (1672-1742).

— Qu'il donnerait (fût-ce à Luzarches[1]!)
Dans le bric-à-brac jusqu'au cou,
Et qu'au Marché des Patriarches[2]
20 Il avait fait plus d'un bon coup;

— Qu'il n'aimait pas beaucoup sa femme,
Ni sa mère; — mais qu'il croyait
À l'universalité de l'âme,
Et qu'il avait lu Niboyet[3]!

25 — Qu'il penchait pour l'amour physique,
Et qu'à Rome, séjour d'ennui,
Une femme, d'ailleurs phthisique[4],
Était morte d'amour pour lui.

Pendant trois heures et demie,
30 Ce bavard, venu de Tournai[5],
M'a dégoisé toute sa vie;
J'en ai le cerveau consterné.

S'il fallait décrire ma peine,
Ce serait à n'en plus finir;
35 Je me disais, domptant ma haine:
« Au moins, si je pouvais dormir! »

---

1. Luzarches: petite ville française.
2. Marché des Patriarches: marché parisien.
3. Niboyet: auteur français de romans moralisateurs et de récits de voyage.
4. Phthisique: phtisique, atteint de tuberculose.
5. Tournai: ville belge.

Comme un qui n'est pas à son aise,
Et qui n'ose pas s'en aller,
Je frottais de mon cul ma chaise,
40 Rêvant de le faire empaler.

Ce monstre se nomme Bastogne ;
Il fuyait devant le fléau [1].
Moi, je fuirai jusqu'en Gascogne [2],
Ou j'irai me jeter à l'eau,

45 Si dans ce Paris, qu'il redoute,
Quand chacun sera retourné,
Je trouve encore sur ma route
Ce fléau, natif de Tournai.

---

1. Le fléau : le choléra.
2. Gascogne : ancienne région du Sud-Ouest de la France.

148
Un cabaret folâtre[1]
Sur la route de Bruxelles à Uccle[2]

Vous qui raffolez des squelettes
Et des emblèmes détestés,
Pour épicer les voluptés,
(Fût-ce de simples omelettes!)

5　　Vieux Pharaon, ô Monselet!
Devant cette enseigne imprévue,
J'ai rêvé de vous: *À la vue*
Du cimetière, Estaminet!

---

1. Folâtre: qui aime plaisanter.
2. Bruxelles, Uccle: villes belges.

Poèmes apportés par l'édition de 1868

L'édition posthume de 1868 a été réalisée par Théodore de Banville. Elle disperse assez aléatoirement vingt-cinq poèmes (onze repris des *Épaves*, treize parus dans des revues et un inédit) dans les six sections de 1861. Elle n'inclut pas les pièces condamnées en 1857, et l'ordre des poèmes ne peut être considéré comme conforme au souhait de Baudelaire.

149

Le Gouffre

Pascal [1] avait son gouffre, avec lui se mouvant.
— Hélas ! tout est abîme, — action, désir, rêve,
Parole ! et sur mon poil qui tout droit se relève
Mainte fois de la Peur je sens passer le vent.

5 En haut, en bas, partout, la profondeur, la grève [2],
Le silence, l'espace affreux et captivant...
Sur le fond de mes nuits Dieu de son doigt savant
Dessine un cauchemar multiforme et sans trêve.

J'ai peur du sommeil comme on a peur d'un grand trou,
10 Tout plein de vague horreur, menant on ne sait où ;
Je ne vois qu'infini par toutes les fenêtres,

Et mon esprit, toujours du vertige hanté,
Jalouse du néant l'insensibilité.
Ah ! ne jamais sortir des Nombres et des Êtres !

---

1. Pascal : philosophe français (1623-1662).
2. Grève : terrain plat situé au bord de la mer.

150
Le Couvercle

En quelque lieu qu'il aille, ou sur mer ou sur terre,
Sous un climat de flamme ou sous un soleil blanc,
Serviteur de Jésus, courtisan de Cythère[1],
Mendiant ténébreux ou Crésus rutilant,

Citadin, campagnard, vagabond, sédentaire,
Que son petit cerveau soit actif ou lent,
Partout l'homme subit la terreur du mystère,
Et ne regarde en haut qu'avec un œil tremblant.

En haut, le Ciel! ce mur de caveau qui l'étouffe,
Plafond illuminé pour un opéra bouffe
Où chaque histrion[2] foule un sol ensanglanté;

Terreur du libertin, espoir du fol ermite;
Le Ciel! couvercle noir de la grande marmite
Où bout l'imperceptible et vaste Humanité.

---

1. Cythère: île grecque dédiée, dans la mythologie, à Aphrodite, déesse de l'amour.
2. Histrion: comédien.

151

L'Examen de minuit

La pendule, sonnant minuit,
Ironiquement nous engage
À nous rappeler quel usage
Nous fîmes du jour qui s'enfuit :
5   — Aujourd'hui, date fatidique,
Vendredi, treize, nous avons,
Malgré tout ce que nous savons,
Mené le train d'un hérétique [1].

Nous avons blasphémé [2] Jésus,
10   Des Dieux le plus incontestable !
Comme un parasite à la table
De quelque monstrueux Crésus [3],
Nous avons, pour plaire à la brute,
Digne vassale des Démons,
15   Insulté ce que nous aimons
Et flatté ce qui nous rebute ;

---

1. Hérétique : qui soutient une opinion contraire à la doctrine de l'Église.
2. Blasphémé : insulté.
3. Crésus : roi de Lydie (561-546 av. J.-C.), immensément riche.

Contristé, servile bourreau,
Le faible qu'à tort on méprise ;
Salué l'énorme Bêtise,
20   La Bêtise au front de taureau [1] ;
Baisé la stupide Matière
Avec grande dévotion,
Et de la putréfaction [2]
Béni la blafarde [3] lumière.

25   Enfin, nous avons, pour noyer
Le vertige dans le délire,
Nous, prêtre orgueilleux de la Lyre,
Dont la gloire est de déployer
L'ivresse des choses funèbres,
30   Bu sans soif et mangé sans faim !...
– Vite soufflons la lampe, afin
De nous cacher dans les ténèbres !

---

1. La Bêtise au front de taureau : allusion au Minotaure, monstre au corps
de bête et à la tête d'homme.

2. Putréfaction : pourriture.

3. Blafarde : blanche et pâle.

152

L'Avertisseur

Tout homme digne de ce nom
A dans le cœur un Serpent jaune,
Installé comme sur un trône,
Qui, s'il dit : « Je veux ! » répond : « Non ! »

5   Plonge tes yeux dans les yeux fixes
Des Satyresses [1] ou des Nixes [2],
La Dent dit : « Pense à ton devoir ! »

Fais des enfants, plante des arbres,
Polis des vers, sculpte des marbres,
10   La Dent dit : « Vivras-tu ce soir ? »

Quoi qu'il ébauche ou qu'il espère,
L'homme ne vit pas un moment
Sans subir l'avertissement
De l'insupportable Vipère.

---

1. Satyresse : forme féminine rare de « satyre ».
2. Nixe : ondine de la mythologie germanique.

153
Le Rebelle

Un Ange furieux fond du ciel comme un aigle,
Du mécréant [1] saisit à plein poing les cheveux,
Et dit, le secouant : « Tu connaîtras la règle !
(Car je suis ton bon Ange, entends-tu ?) Je le veux !

5   « Sache qu'il faut aimer, sans faire la grimace,
Le pauvre, le méchant, le tortu [2], l'hébété,
Pour que tu puisses faire à Jésus, quand il passe,
Un tapis triomphal avec ta charité [3].

« Tel est l'amour ! Avant que ton cœur ne se blase,
10   À la gloire de Dieu rallume ton extase ;
C'est la Volupté vraie aux durables appas [4] ! »

Et l'Ange, châtiant autant, ma foi ! qu'il aime,
De ses poings de géant torture l'anathème [5] ;
Mais le damné répond toujours : « Je ne veux pas ! »

---

1. Mécréant : qui n'a pas de principes religieux.
2. Tortu : tortueux.
3. Allusion au triomphe fait à Jésus le jour des Rameaux.
4. Appas : charme.
5. Anathème : personne frappée d'excommunication pour cause d'hérésie.

154

Les Plaintes d'un Icare [1]

Les amants des prostituées
Sont heureux, dispos et repus ;
Quant à moi, mes bras sont rompus
Pour avoir étreint des nuées.

5   C'est grâce aux astres nonpareils,
Qui tout au fond du ciel flamboient,
Que mes yeux consumés ne voient
Que des souvenirs de soleils.

En vain j'ai voulu de l'espace
10   Trouver la fin et le milieu ;
Sous je ne sais quel œil de feu
Je sens mon aile qui se casse ;

Et brûlé par l'amour du beau,
Je n'aurai pas l'honneur sublime
15   De donner mon nom à l'abîme
Qui me servira de tombeau.

---

1. Icare : personnage de la mythologie grecque qui se construit des ailes pour voler. Celles-ci ayant fondu quand il s'est approché du soleil, Icare fait une chute mortelle.

Ajouts de 1868

155

La Prière d'un païen

Ah! ne ralentis pas tes flammes ;
Réchauffe mon cœur engourdi,
Volupté, torture des âmes !
Diva ! supplicem exaudî [1] *!*

5   Déesse dans l'air répandue,
Flamme dans notre souterrain !
Exauce une âme morfondue,
Qui te consacre un chant d'airain [2].

Volupté, sois toujours ma reine !
10 Prends le masque d'une sirène
Faite de chair et de velours,

Ou verse-moi tes sommeils lourds
Dans le vin informe et mystique,
Volupté, fantôme élastique !

---

1. *Diva ! supplicem exaudî !* : Ô Déesse ! prête l'oreille au suppliant !
2. Airain : bronze.

156

Bien loin d'ici [1]

C'est ici la case sacrée
Où cette fille très parée,
Tranquille et toujours préparée,

D'une main éventant ses seins,
Et son coude dans les coussins,
Écoute pleurer les bassins :

C'est la chambre de Dorothée [2].
— La brise et l'eau chantent au loin
Leur chanson de sanglots heurtée
Pour bercer cette enfant gâtée.

Du haut en bas, avec grand soin,
Sa peau délicate est frottée
D'huile odorante et de benjoin [3].
— Des fleurs se pâment dans un coin.

---

1. Le poème est inspiré par le souvenir de l'île Bourbon (actuelle Réunion).
2. Dorothée : nom d'une prostituée qu'a connue Baudelaire sur l'île Bourbon.
3. Benjoin : encens.

157
Madrigal[1] triste

I

Que m'importe que tu sois sage ?
Sois belle ! et sois triste ! Les pleurs
Ajoutent un charme au visage,
Comme le fleuve au paysage ;
5   L'orage rajeunit les fleurs.

Je t'aime surtout quand la joie
S'enfuit de ton front terrassé ;
Quand ton cœur dans l'horreur se noie ;
Quand sur ton présent se déploie
10   Le nuage affreux du passé.

Je t'aime quand ton grand œil verse
Une eau chaude comme le sang ;
Quand, malgré ma main qui te berce,
Ton angoisse, trop lourde, perce
15   Comme un râle d'agonisant.

J'aspire, volupté divine !
Hymne profond, délicieux !
Tous les sanglots de ta poitrine,
Et crois que ton cœur s'illumine
20   Des perles que versent tes yeux !

                                    ooo

---

1. Madrigal : courte pièce en vers destinée à la galanterie.

II

Je sais que ton cœur, qui regorge
De vieux amours déracinés,
Flamboie encor [1] comme une forge,
Et que tu couves sous ta gorge
25 Un peu de l'orgueil des damnés [2] ;

Mais tant, ma chère, que tes rêves
N'auront pas reflété l'Enfer,
Et qu'en un cauchemar sans trêves,
Songeant de poisons et de glaives [3],
30 Éprise de poudre et de fer,

N'ouvrant à chacun qu'avec crainte,
Déchiffrant le malheur partout,
Te convulsant quand l'heure tinte,
Tu n'auras pas senti l'étreinte
35 De l'irrésistible Dégoût,

Tu ne pourras, esclave reine
Qui ne m'aimes qu'avec effroi,
Dans l'horreur de la nuit malsaine
Me dire, l'âme de cris pleine :
40 « Je suis ton égale, ô mon Roi ! »

---

1. Encor : encore (licence poétique).
2. Damné : condamné aux souffrances de l'Enfer.
3. Glaive : épée.

158
La Lune offensée

Ô Lune qu'adoraient discrètement nos pères,
Du haut des pays bleus où, radieux sérail [1],
Les astres vont te suivre en pimpant attirail,
Ma vieille Cynthia [2], lampe de nos repaires,

5   Vois-tu les amoureux sur leurs grabats [3] prospères,
De leur bouche en dormant montrer le frais émail ?
Le poète buter du front sur son travail ?
Ou sous les gazons secs s'accoupler les vipères ?

Sous ton domino jaune, et d'un pied clandestin,
10 Vas-tu, comme jadis, du soir jusqu'au matin,
Baiser d'Endymion [4] les grâces surannées [5] ?

« – Je vois ta mère, enfant de ce siècle appauvri,
Qui vers son miroir penche un lourd amas d'années,
Et plâtre artistement le sein qui t'a nourri ! »

---

1. Sérail : palais d'un sultan.
2. Cynthia : prénom souvent donné à la Lune, par les romantiques anglais notamment.
3. Grabat : lit misérable.
4. Endymion : dans la mythologie grecque, berger aimé de la Lune, à qui il donna cinquante filles.
5. Suranné : démodé.

159
Recueillement

Sois sage, ô ma Douleur, et tiens-toi plus tranquille.
Tu réclamais le Soir ; il descend ; le voici :
Une atmosphère obscure enveloppe la ville,
Aux uns portant la paix, aux autres le souci.

5 Pendant que des mortels la multitude vile [1],
Sous le fouet du Plaisir, ce bourreau sans merci,
Va cueillir des remords dans la fête servile,
Ma douleur, donne-moi la main ; viens par ici,

Loin d'eux. Vois se pencher les défuntes Années,
10 Sur les balcons du ciel, en robes surannées [2] ;
Surgir du fond des eaux le Regret souriant ;

Le Soleil moribond s'endormir sous une arche,
Et comme un long linceul traînant à l'Orient,
Entends, ma chère, entends la douce Nuit qui marche.

---

1. Vile : qui inspire le mépris.
2. Suranné : démodé.

Ajouts de 1868

160
Épigraphe[1]
pour un livre condamné

Lecteur paisible et bucolique,
Sobre et naïf homme de bien,
Jette ce livre saturnien[2],
Orgiaque et mélancolique.

5   Si tu n'as fait ta rhétorique
Chez Satan, le rusé doyen[3],
Jette! tu n'y comprendrais rien,
Ou tu me croirais hystérique[4].

Mais si, sans se laisser charmer,
10   Ton œil sait plonger dans les gouffres,
Lis-moi, pour apprendre à m'aimer;

Âme curieuse qui souffres
Et vas cherchant ton paradis,
Plains-moi!... Sinon, je te maudis!

---

1. Épigraphe : citation mise en tête d'un livre pour en indiquer l'esprit.
2. Saturnien : Saturne est l'emblème de la mélancolie.
3. Doyen : personne qui possède la plus grande dignité dans une université.
4. Hystérique : à l'époque, l'hystérie est le nom d'ensemble donné aux maladies nerveuses

Bilan de lecture

Les Fleurs du mal

Le point en 12 questions

Le contexte biographique et culturel

1. Qui sont Jeanne Duval et madame Sabatier ?

2. Qand paraîssent *Les Fleurs du mal* ? Sous quel régime politique ?

3. Pour quels motifs la justice condamne-t-elle Baudelaire à la parution des *Fleurs du mal* ?

4. À qui Baudelaire dédie-t-il le recueil ?
Quelle esthétique défend-il ?

La composition de l'œuvre

5. De combien de sections se compose la première édition des *Fleurs du mal* ?

6. Quelle est la secton la plus développée du recueil ? Pourquoi ?

Les thèmes de l'œuvre

7. Qu'est-ce que le « spleen » ?

8. Citez un poème du recueil qui, selon, illustre la quête d'idéal de Baudelaire.

9. La femme est-elle présentée uniquement sous un jour positif ? Justifiez votre réponse.

10. Quelle nouveauté poétique présente la section «Tableaux Parisiens » ?

L'alchimie poétique

11. Comment se manifeste cette alchimie dans le poème « Une charogne » ?

12. Quel est le poème qui, selon vous, illustre le mieux l'alchimie poétique ?

parcours
LITTÉRAIRE

Alchimie poétique : la boue et l'or

INTRO

Avec *Les Fleurs du mal*, Baudelaire fait entrer la poésie dans la modernité en fixant au poète une mission inédite : devenir alchimiste pour échapper au spleen, cette douleur de vivre qui le tourmente, et accéder à l'Idéal de beauté auquel il aspire. Tel est le défi que relève Baudelaire lorsque sous son regard et par la magie de son verbe se métamorphose l'image négative de Paris, l'amenant à proclamer : « Tu m'as donné ta boue et j'en ai fait de l'or. » Mais comment se fait-on alchimiste lorsqu'on est poète ?

Au Moyen Âge, les alchimistes recherchaient la pierre philosophale à laquelle on prêtait le pouvoir de changer le plomb en or. Par analogie, Baudelaire imagine une poésie alchimique capable de métamorphoser la laideur en beauté, de rendre extraordinaire le quotidien le plus banal et de transformer la parole vulgaire en langage poétique nouveau.

Cet héritage baudelairien fait du poète de la modernité un alchimiste et de la laideur, mais aussi un alchimiste du quotidien ainsi qu'un alchimiste du verbe, doté d'un pouvoir ancestral : celui de transformer la boue en or.

I • LE POÈTE, ALCHIMISTE DE LA LAIDEUR

Longtemps la poésie n'a été qu'éloge de beaux sentiments. Les poètes romantiques faisaient de la beauté le premier critère poétique, considérant que « la poésie est l'émotion par le beau », selon l'expression d'Alphonse de Lamartine (1790-1869), l'un de leurs plus célèbres représentants.

Largement influencé par le courant romantique, Baudelaire se met en **quête d'un Idéal, incarné par cette beauté poétique**, en s'élevant au-dessus du monde des hommes qui lui cause tant de souffrance. Pour y parvenir, il utilise ses pouvoirs d'alchimiste afin de transformer la réalité.

308 • Les Fleurs du mal

1 • Baudelaire: «tu m'as donné ta boue et j'en ai fait de l'or»

Transformer la boue en or, telle est l'ambition du poète dans le sonnet «Alchimie de la douleur» situé dans la section «Spleen et Idéal» des *Fleurs du mal*. Cependant, au lieu d'entrevoir le monde paradisiaque qu'il recherche, le poète découvre une **beauté hantée par le spleen**, si destructeur. L'alchimie est alors inversée: elle transforme la beauté en laideur et l'or en boue, produisant l'effet contraire de ce que le poète attend. Mais ce premier mouvement n'est qu'une étape dans sa quête de l'Idéal.

> **Les poètes de «l'alchimie poétique»**
>
> Les principaux poètes qui se sont intéressés au principe de l'alchimie poétique sont:
>
> • Victor Hugo • Lautréamont
> • Paul Verlaine • Germain Nouveau
> • Émile Verhaeren • Arthur Rimbaud
> • Tristan Corbière • Guillaume Apollinaire

➤ «Le plus triste des alchimistes»

TEXTE 1

Charles Baudelaire (1821-1867), *Les Fleurs du mal* (édition de 1861), «Alchimie de la douleur»

Dans ce sonnet ajouté en 1861 à la section «Spleen et Idéal», Baudelaire mesure combien l'Idéal recherché est difficile à atteindre. Le spectacle de la nature n'est que laideur et source d'angoisse. La douleur provoque une alchimie négative qui transmue le beau en laid, l'or en boue, au grand désespoir du poète.

[Un idéal impossible à atteindre][1]

L'un t'éclaire avec son ardeur,
L'autre en toi met son deuil, Nature!
Ce qui dit à l'un: Sépulture!
Dit à l'autre: Vie et splendeur!

---

1. Les indications entre crochets qui précèdent les poèmes de ce parcours sont données à titre indicatif pour éclairer le sens de chaque poème.

5 Hermès[1] inconnu qui m'assistes
Et qui toujours m'intimidas,
Tu me rends l'égal de Midas[2],
Le plus triste des alchimistes ;

Par toi je change l'or en fer
10 Et le paradis en enfer ;
Dans le suaire[3] des nuages

Je découvre un cadavre cher,
Et sur les célestes rivages
Je bâtis de grands sarcophages[4].

La transformation de la boue en or

Pour échapper à la banalité désespérante du monde dans lequel il se sent emprisonné, le poète reprend l'initiative dans un second mouvement. Il se fait alchimiste de la laideur afin de transformer la boue en or pur. C'est la **mission poétique des *Fleurs du mal*** et le **sens de l'épilogue** à la seconde édition de 1861.

TEXTE 2

Charles Baudelaire (1821-1867)
« Ébauche d'un épilogue pour la deuxième édition des *Fleurs du mal* » (1861)

Dans cet épilogue inachevé de l'édition de 1861, Baudelaire imagine un deuxième moment alchimique qui constitue une réponse au sonnet « Alchimie de la douleur ». Le poète-alchimiste de la laideur plonge au cœur de Paris, ville enlaidie par le mal dû aux excès de la vie moderne, pour l'embellir et s'approcher ainsi de l'Idéal de beauté.

---

1. Hermès : dans la mythologie grecque, dieu des voyageurs et conducteur des âmes des morts.
2. Midas : roi de Phrygie, qui obtint le pouvoir de transformer ce qu'il touchait en or.

3. Suaire : linceul.
4. Sarcophage : cercueil de pierre.

[La nécessité de transfigurer la laideur]

I

Le cœur content, je suis monté sur la montagne
D'où l'on peut contempler la ville en son ampleur,
Hôpital, lupanars[1], purgatoire, enfer, bagne,

Où toute énormité fleurit comme une fleur,
5 Tu sais bien, ô Satan, patron[2] de ma détresse,
Que je n'allais pas là pour répandre un vain pleur ;

Mais comme un vieux paillard[3] d'une vieille maîtresse,
Je voulais m'enivrer de l'énorme catin[4]
Dont le charme infernal me rajeunit sans cesse.

10 Que tu dormes encor dans les draps du matin,
Lourde, obscure, enflammée, ou que tu te pavanes
Dans les voiles du soir passementés[5] d'or fin,
Je t'aime, ô capitale infâme ! Courtisanes

Et bandits, tels souvent vous offrez des plaisirs
15 Que ne comprennent pas les vulgaires profanes[6].

II

Tranquille comme un sage et doux comme un maudit,
    …j'ai dit :
Je t'aime, ô ma très belle, ô ma charmante…
Que de fois…

---

1. Lupanars : maisons de prostitution.
2. Patron : guide spirituel.
3. Paillard : homme qui se livre à débauche sur le plan sexuel.

4. Catin : prostituée.
5. Passementés : décorés.
6. Profanes : ignorants.

20 Tes débauches[1] sans soif et tes amours sans âme,
          Ton goût de l'infini
    Qui partout, dans le mal lui-même, se proclame,
    Tes bombes, tes poignards, tes victoires, tes fêtes,
    Tes faubourgs[2] mélancoliques,
25 Tes hôtels garnis[3],
    Tes jardins pleins de soupirs et d'intrigues,
    Tes temples vomissant la prière en musique,
    Tes désespoirs d'enfant, tes jeux de vieille folle,
          Tes découragements ;

30 Et tes jeux d'artifice, éruptions de joie,
          Qui font rire le Ciel, muet et ténébreux.

    Ton vice vénérable étalé dans la soie,
    Et ta vertu risible, au regard malheureux,
    Douce, s'extasiant au luxe qu'il déploie…

35   Tes principes sauvés et tes lois conspuées[4],
    Tes monuments hautains où s'accrochent les brumes.
    Tes dômes[5] de métal qu'enflamme le soleil,
    Tes reines de théâtre aux voix enchanteresses,
    Tes tocsins[6], tes canons, orchestre assourdissant,
40 Tes magiques pavés dressés en forteresses,
    Tes petits orateurs, aux enflures[7] baroques,
    Prêchant l'amour, et puis tes égouts pleins de sang,
    S'engouffrant dans l'Enfer comme des Orénoques[8],

---

1. Débauches : usage excessif des plaisirs sensuels.
2. Faubourgs : quartiers hors du centre-ville.
3. Garnis : meublés.
4. Conspuées : vivement critiquées.
5. Dômes : coupoles d'églises.

6. Tocsins : sonneries de cloches d'église pour avertir d'un danger imminent.
7. Enflures baroques : vanités excentriques (l'adjectif baroque étant employé ici au sens figuré).
8. Orénoques : fleuve de l'Amérique du Sud connu alors pour son imposant débit.

Tes anges, tes bouffons neufs aux vieilles défroques[9]
45 Anges revêtus d'or, de pourpre et d'hyacinthe[2],
Ô vous, soyez témoins que j'ai fait mon devoir
Comme un parfait chimiste et comme une âme sainte.
    Car j'ai de chaque chose extrait la quintessence[3],
Tu m'as donné ta boue et j'en ai fait de l'or

TEXTE 3
Charles Baudelaire (1821-1867)
Les Fleurs du mal, « Une charogne » (1857) → page 66

Ce poème, qui figure parmi premiers poèmes composés du recueil Les Fleurs du mal, *raconte une promenade amoureuse violemment interrompue par la vision d'un cadavre en décomposition. Cependant, loin d'inspirer du dégoût au poète promeneur, la vision de la charogne provoque une alchimie inattendue : la pire laideur cache une beauté insoupçonnée que seul le regard poétique est capable de révéler.*

2 • Victor Hugo : l'éloge de la laideur

On retrouve cet éloge de la laideur dans la poésie de Victor Hugo, chef de file du romantisme français. Car si l'auteur des *Contemplations* est un romantique comme Lamartine, il n'observe cependant pas les mêmes codes. **Pour Hugo, la beauté est partout**. Chaque être, même le plus repoussant, est digne de considération.

Si son œuvre romanesque, et notamment *Les Misérables* (1862), a mis en évidence les injustices qui frappent les plus faibles, sa poésie aussi les réhabilite. Le poète mène un combat politique pour la reconnaissance de tous, comme en témoigne le poème « J'aime l'araignée et j'aime l'ortie ».

---

1. Tes bouffons neufs aux vieilles défroques :
tes nouveaux bouffons aux habits usés.
2. Pourpre et hyacinthe : rouge vif et orange.

3. Quintessence : extrait le plus pur d'une
substance

TEXTE 4 **Victor Hugo** (1802-1885)
Les Contemplations (1856), Livre III,
« J'aime l'araignée et j'aime l'ortie »

*Dans « J'aime l'araignée et j'aime l'ortie », Hugo choisit d'exprimer
sa compassion pour tous les êtres vivants, au-delà de leur apparence
parfois répugnante. Ainsi, sous la plume du poète lyrique, l'ortie et l'araignée,
ordinairement rejetées pour leur laideur, deviennent admirables.*

[Un regard attendri sur la laideur]

J'aime l'araignée et j'aime l'ortie,
    Parce qu'on les hait ;
Et que rien n'exauce et que tout châtie[1]
    Leur morne[2] souhait ;

5 Parce qu'elles sont maudites, chétives[3],
    Noirs êtres rampants ;
Parce qu'elles sont les tristes captives
    De leur guet-apens[4] ;

Parce qu'elles sont prises dans leur œuvre ;
10   Ô sort ! fatals nœuds !
Parce que l'ortie est une couleuvre,
    L'araignée un gueux[5] ;

Parce qu'elles ont l'ombre des abîmes[6],
    Parce qu'on les fuit,
15 Parce qu'elles sont toutes deux victimes
    De la sombre nuit.

Passants, faites grâce à la plante obscure,
    Au pauvre animal.

---

1. Châtie : punit.
2. Morne : triste.
3. Chétives : de faible constitution.
4. Guet-apens : piège.

5. Gueux : pauvre.
6. Abîmes : gouffres.

Plaignez la laideur, plaignez la piqûre,
20   Oh ! plaignez le mal !

Il n'est rien qui n'ait sa mélancolie ;
    Tout veut un baiser.
Dans leur fauve[1] horreur, pour peu qu'on oublie
    De les écraser,

25 Pour peu qu'on leur jette un œil moins superbe[2],
    Tout bas, loin du jour,
La vilaine bête et la mauvaise herbe
    Murmurent : Amour !

3 • Le Comte de Lautréamont : le culte de la laideur

Tout autre est l'éloge de la beauté chez Isidore Ducasse, dit le comte de Lautréamont. Disparu très tôt et inconnu de son vivant, il est l'incarnation du poète maudit. Il laisse pourtant derrière lui un recueil, *Les Chants de Maldoror*, qui marquera profondément les poètes du xxᵉ siècle.

Sur un mode provocateur, ce poète revendique **la laideur comme supérieure à la beauté** et comme source d'un bonheur absolu. Dans « Le Pou », Lautréamont va plus loin que Baudelaire en valorisant le mal et la destruction. Pour ce poète, la violence et la laideur du monde sont paradoxalement sources de beauté poétique.

TEXTE 5

Comte de Lautréamont (1846-1870)
Les Chants de Maldoror (1869), II, 9, « Le Pou »

Épopée fantastique divisée en six chants, Les Chants de Maldoror *présentent, sous la forme de poèmes en prose, les errances de Maldoror, un héros « en mal d'horreur ». Fasciné par le mal sous tous ses aspects, Maldoror entretient un culte de la laideur ici symbolisée par un parasite détesté des hommes : le pou.*

---

1. Fauve : féroce.   **2. Superbe** : orgueilleux.

[Un éloge provocateur de la laideur]

Vous ne savez pas, vous autres, pourquoi ils ne dévorent pas les os de votre tête, et qu'ils se contentent d'extraire, avec leur pompe, la quintessence[1] de votre sang. Attendez un instant, je vais vous le dire : c'est parce qu'ils n'en ont pas la force. Soyez
5 certains que, si leur mâchoire était conforme à la mesure de leurs vœux infinis, la cervelle, la rétine des yeux, la colonne vertébrale, tout votre corps y passerait. Comme une goutte d'eau. Sur la tête d'un jeune mendiant des rues, observez, avec un microscope, un pou qui travaille ; vous m'en donnerez des
10 nouvelles. Malheureusement ils sont petits, ces brigands de la longue chevelure. Ils ne seraient pas bons pour être conscrits[2] ; car, ils n'ont pas la taille nécessaire exigée par la loi. Ils appartiennent au monde lilliputien[3] de ceux de la courte cuisse[4], et les aveugles n'hésitent pas à les ranger parmi les infiniment
15 petits. Malheur au cachalot[5] qui se battrait contre un pou. Il serait dévoré en un clin d'œil, malgré sa taille. Il ne resterait pas la queue pour aller annoncer la nouvelle. L'éléphant se laisse caresser. Le pou, non. Je ne vous conseille pas de tenter cet essai périlleux[6]. Gare à vous, si votre main est poilue, ou
20 que seulement elle soit composée d'os et de chair. C'en est fait de vos doigts. Ils craqueront comme s'ils étaient à la torture. La peau disparaît par un étrange enchantement. Les poux sont incapables de commettre autant de mal que leur imagination en médite. Si vous trouvez un pou dans votre route, passez
25 votre chemin, et ne lui léchez pas les papilles de la langue. Il vous arriverait quelque accident. Cela s'est vu. N'importe, je suis déjà content de la quantité de mal qu'il te fait, ô race humaine ; seulement, je voudrais qu'il t'en fît davantage.

---

1. Quintessence : extrait le plus pur d'une substance.
2. Conscrits : appelés à faire leur service militaire.
3. Lilliputien : de petite taille.

4. De la courte cuisse : de petite taille.
5. Cachalot : mammifère marin, proche de la baleine.
6. Périlleux : risqué.

II • LE POÈTE, ALCHIMISTE DU QUOTIDIEN

Si, à la suite de Baudelaire, chaque poète tend à se faire alchimiste du quotidien, poursuivre le projet de l'auteur des *Fleurs du mal* n'est pas l'imiter. Tous ne s'intéressent pas aux mêmes aspects du quotidien et ne lui accordent pas le même traitement.

L'alchimie poétique opère différemment selon le regard que les poètes portent sur la ville, sur un objet banal ou sur le monde industriel.

1 • Paul Verlaine : la beauté impressionniste de la ville

Profondément influencé par Baudelaire, Paul Verlaine, a le projet d'offrir une **alchimie du quotidien** qui devienne **merveille poétique**. La poésie de celui qui s'est imposé très jeune, avec ses *Poèmes saturniens* (1866), comme le chef de file du symbolisme dépeint des paysages intérieurs hantés par la mélancolie d'amours perdues.

Cette peinture des sentiments s'accompagne de rêveries impressionnistes sur la beauté de la ville où, âme errante et solitaire, Verlaine aime à se perdre. Le poète fait de la ville la source d'une douceur et d'un bonheur inédits. Il dépeint la vie urbaine sous un **angle impressionniste** : une **suite d'images brèves et de sensations furtives** font oublier un temps au poète sa terrible mélancolie.

TEXTE 6

Paul Verlaine (1844-1896)
La Bonne chanson (1870),
« Le bruit des cabarets, la fange du trottoir »

La ville dépeinte par Verlaine dans La Bonne Chanson *reflète à quel point le poète a été marqué par sa lecture des « Tableaux parisiens » de Baudelaire. Pour Verlaine, comme pour le poète des* Fleurs du mal*, la ville est un lieu ambivalent : attirante par sa beauté singulière, elle reste indifférente à sa souffrance amoureuse.*

[Un regard impressionniste sur la beauté de la ville]

Le bruit des cabarets, la fange[1] du trottoir,
Les platanes déchus[2] s'effeuillant dans l'air noir,
L'omnibus[3], ouragan de ferraille et de boues,
Qui grince, mal assis entre ses quatre roues,
5 Et roule ses yeux verts et rouges lentement,
Les ouvriers allant au club, tout en fumant
Leur brûle-gueule[4] au nez des agents de police,
Toits qui dégouttent, murs suintants[5], pavé qui glisse,
Bitume défoncé, ruisseaux comblant l'égout,
10 Voilà ma route – avec le paradis au bout.

2 • Germain Nouveau : la beauté espiègle du banal

C'est vers une **alchimie plus joyeuse et ludique** que tend Germain Nouveau. Proche de Rimbaud, il offre une poésie du quotidien dans laquelle, sous l'influence de Baudelaire, il explore la beauté des existences les plus simples. Cependant, à la différence du poète des *Fleurs du mal*, Nouveau fait souvent l'éloge du banal en usant de la satire.

Si ce poète de la modernité veut lui aussi transmuer la laideur en beauté, il délaisse pourtant les décors strictement urbains et célèbre sur un **ton léger mais satirique** les **objets intimes du quotidien**.

TEXTE 7 **Germain Nouveau** (1851-1920)
Valentines (1885), **« Le Peigne »**

Dans ce recueil, Germain Nouveau chante son amour de la femme, sa Valentine. Les poèmes se succèdent qui louent le corps de la femme et sa bouleversante beauté. Mais il fait également l'éloge de sa parure et de ses objets intimes. Ce poème présente ainsi, avec humour, le plus banal accessoire de la femme : le peigne à cheveux.

---

1. Fange : boue.
2. Déchus : affaiblis.
3. L'omnibus : transport public à cheval.

4. Brûle-gueule : pipe.
5. Suintants : humides.

[L'éloge humoristique d'un objet intime]

La serviette est une servante,
Le savon est un serviteur,
Et l'éponge est une savante ;
Mais le peigne est un grand seigneur.

5 Oui, c'est un grand seigneur, Madame,
Des plus nobles par la hauteur
Et par la propreté de l'âme.
Oui, le peigne est un grand seigneur !

Quoi ? l'on ose dire à voix haute
10 Sale comme un... Du fond du cœur
Que l'on réponde ! À qui la faute ?
Mais le peigne est un grand seigneur !

Oui, s'il n'est pas propre, le peigne,
À qui la faute ? À son auteur ?
15 N'est-ce pas plutôt à la teigne[1] !
Car... le peigne est un grand seigneur.

La faute, elle est à qui le laisse
S'épanouir dans sa hideur[2].
C'est la faute... à notre paresse.
20 Lui, le peigne est un grand seigneur.

Oui, notre main est sa vassale[3],
Et s'il est sale, par malheur,
Il se f...iche un peu d'être sale,
Car le peigne est un grand seigneur.
25 Il ne veut nettoyer la tête,

---

1. Teigne : infection du cuir chevelu due à un parasite, la teigne.
2. Hideur : laideur.
3. Vassale : servante.

Que si la main de son brosseur
Lui fait les dents ; je le répète,
Oui, le peigne est un grand seigneur.

Oui, c'est un grand seigneur, le peigne ;
30 Sans être rogue ou persifleur[1],
Sa devise serait : « Ne daigne. »[2]
Car le peigne est un grand seigneur. [...]

3 • Émile Verhaeren : la beauté nouvelle du monde industriel

Pour Émile Verhaeren, l'alchimie poétique du quotidien doit s'adapter aux **réalités contemporaines d'un monde en pleine mutation**. Les grands bouleversements, provoqués au XIXᵉ siècle par les révolutions industrielles, ont fait émerger de nouveaux paysages urbains. Partout se sont multipliées des manufactures et des usines.

Fasciné par l'industrialisation et la modernisation de la vie urbaine, ce poète flamand d'expression française décrit ces nouvelles réalités. Sous son regard les lieux industriels en constante expansion, leur architecture, les machines écrasantes et les ouvriers au travail se transforment en **objets poétiques**.

TEXTE 8 **Émile Verhaeren** (1855-1916)
Les Villes tentaculaires (1895), **« Les Usines »**

> *Dans son recueil,* Les Villes tentaculaires, *le poète, usant du vers libre, n'hésite pas à recourir à des termes techniques pour célébrer les nouveaux paysages urbains et industriels dont la beauté l'émerveille.*

---

1. Rogue ou persifleur : hargneux ou moqueur.   **2. Ne daigne** : ne refuse pas.

320 • Les Fleurs du mal

[La beauté d'un monde industriel nouveau]

Se regardant avec les yeux cassés de leurs fenêtres
Et se mirant dans l'eau de poix[1] et de salpêtre[2]
D'un canal droit, marquant sa barre à l'infini,
Face à face, le long des quais d'ombre et de nuit,
5 Par à travers les faubourgs[3] lourds
Et la misère en pleurs de ces faubourgs,
Ronflent terriblement usines et fabriques.

Rectangles de granit et monuments de briques,
Et longs murs noirs durant des lieues,
10 Immensément, par les banlieues ;
Et sur les toits, dans le brouillard, aiguillonnées[4]
De fers et de paratonnerres,
Les cheminées.

Se regardant de leurs yeux noirs et symétriques,
15 Par la banlieue, à l'infini,
Ronflent le jour, la nuit,
Les usines et les fabriques.

Oh les quartiers rouillés de pluie et leurs grand'rues !
Et les femmes et leurs guenilles[5] apparues,
20 Et les squares, où s'ouvre, en des caries[6]
De plâtras[7] blanc et de scories[8],
Une flore pâle et pourrie.

---

1. Poix : matière collante et inflammable assurant
l'étanchéité de certains assemblages.
2. Salpêtre : moisissure sur des murs humides.
3. Faubourgs : quartiers hors du centre-ville.
4. Aiguillonnées : formant un paysage d'aiguilles.

5. Guenilles : vêtements misérables.
6. Caries : cavités dans le sol.
7. Plâtras : décombres.
8. Scories : déchets.

Aux carrefours, porte ouverte, les bars :
Étains, cuivres, miroirs hagards,
25 Dressoirs[1] d'ébène et flacons fols[2]
D'où luit l'alcool
Et sa lueur vers les trottoirs.
Et des pintes[3] qui tout à coup rayonnent,
Sur le comptoir, en pyramides de couronnes ;
30 Et des gens soûls, debout,
Dont les larges langues lapent[4], sans phrases,
Les ales[5] d'or et le whisky, couleur topaze[6].

Par à travers les faubourgs lourds
Et la misère en pleurs de ces faubourgs,
35 Et les troubles et mornes[7] voisinages,
Et les haines s'entre-croisant de gens à gens
Et de ménages à ménages,
Et le vol même entre indigents[8],
Grondent, au fond des cours, toujours,
40 Les haletants[9] battements sourds
Des usines et des fabriques symétriques. [...]

III • L'ALCHIMISTE DU VERBE

Pour les poètes, qui s'inscrivent dans le sillage de la **modernité poétique**
inaugurée par Baudelaire, métamorphoser la boue en or s'impose comme
une mission essentielle. Mais il ne s'agit pas uniquement de s'attacher à
embellir des objets repoussants ou à traiter de sujets jugés trop ordinaires.

S'il veut avoir quelque chance d'atteindre son Idéal de beauté, le poète est
tenu d'effectuer un **travail sur la parole poétique**. Le poète se définit avant tout

---

1. Dressoirs : buffets.
2. Fols : bizarres.
3. Pintes : verres de bière.
4. Lapent : boire à la manière d'un chien.
5. Ales : bières.

6. Topaze : pierre précieuse de couleur jaune.
7. Mornes : tristes.
8. Indigents : pauvres.
9. Haletants : essoufflés.

comme un **alchimiste du verbe**. Trois voies s'offrent à lui : l'alchimie par l'image, l'alchimie par la musique et l'alchimie par le recours à la langue familière.

1 • Arthur Rimbaud : l'alchimie poétique par l'image

La première voie, de loin la plus marquante, s'appuie sur l'image considérée comme l'**outil poétique majeur**. C'est la voie empruntée par Arthur Rimbaud. Poète de « l'alchimie du verbe », pour reprendre le titre de son célèbre poème, Rimbaud veut dépasser la réalité ordinaire et créer des **images neuves**. Car selon lui, c'est par le **dérèglement de tous les sens** que le poète se fait **« voyant »** et créateur d'images.

Arthur Rimbaud, dont l'activité littéraire fut aussi brève que fulgurante, a rapidement rompu avec la tradition poétique. Largement influencé par Baudelaire et Verlaine dont il fut un temps le compagnon, Rimbaud souhaite **libérer le langage** de toutes contraintes. Sa poésie alchimique transforme des images ordinaires en visions extraordinaires. Elle est constituée d'images étonnantes, inattendues, qui résultent du dérèglement des perceptions du poète. Sa manière d'envisager l'écriture influencera les surréalistes.

TEXTE 9   **Arthur Rimbaud** (1854-1891)
Une saison en enfer (1873), **« Alchimie du verbe »**

Seule œuvre parue du vivant de l'auteur, Une saison en enfer *se présente comme une autobiographie poétique où Rimbaud revient sur sa recherche d'une parole (le « verbe ») dont les règles sont mises à rude épreuve. Dans le poème « Alchimie du verbe », il révèle les images qui émergent de son esprit lorsqu'il entreprend l'expérience de ce qu'il nomme la « voyance » en poésie. De cette expérience marquée par le dérèglement de tous les sens naît une langue nouvelle.*

[La mise à l'épreuve de la langue poétique]

À moi. L'histoire d'une de mes folies.

Depuis longtemps je me vantais de posséder tous les paysages possibles, et trouvais dérisoires les célébrités de la peinture et de la poésie moderne.

5   J'aimais les peintures idiotes, dessus de portes, décors, toiles de saltimbanques[1], enseignes, enluminures[2] populaires ; la littérature démodée, latin d'église, livres érotiques sans orthographe, romans de nos aïeules[3], contes de fées, petits livres de l'enfance, opéras vieux, refrains niais, rythmes naïfs.

10   Je rêvais croisades, voyages de découvertes dont on n'a pas de relations[4], républiques sans histoires, guerres de religion étouffées, révolutions de mœurs, déplacements de races et de continents : je croyais à tous les enchantements.

J'inventai la couleur des voyelles ! – A noir, E blanc,
15 I rouge, O bleu, U vert. – Je réglai la forme et le mouvement de chaque consonne, et, avec des rythmes instinctifs, je me flattai d'inventer un verbe poétique accessible, un jour ou l'autre, à tous les sens. Je réservais la traduction.

Ce fut d'abord une étude. J'écrivais des silences, des nuits,
20 je notais l'inexprimable. Je fixais des vertiges.

2 • Tristan Corbière : l'alchimie par la musicalité[5]

La deuxième voie explorée notamment par Tristan Corbière, est celle de la musicalité. Cet homme qui souffrait de se voir si laid a façonné une musique poétique originale qui révèle la beauté des êtres repoussants. Refusant la justesse de l'harmonie, Corbière joue de toutes les **dissonances du langage** pour composer une **mélodie à la gloire de la laideur**.

Ce poète, qui incarne la figure du poète maudit, connut une existence aussi brève que tragique. Atteint d'une terrible maladie osseuse et malheureux en amour, l'écrivain se réfugie dans un intense travail d'écriture et produit une poésie nouvelle, libre et inclassable. Pour atteindre la beauté au cœur de la laideur, le poète crée une **musicalité singulière** en usant d'une ponctuation surabondante et en jouant des dissonances du langage courant.

---

1. Saltimbanques : artistes ambulants.
2. Enluminures : images illustrant un livre.
3. Aïeules : grands-mères.
4. Relations : récits.

5. Musicalité et musique : la musicalité désigne le caractère musical ou harmonieux d'un vers, d'un style, quand la musique est l'art de combiner les sons entre eux selon des règles.

TEXTE 10

Tristan Corbière (1845-1875)
Les Amours jaunes (1873), « Le Crapaud »

Unique recueil de son auteur, Les Amours jaunes rassemblent l'essentiel des poésies écrites par Corbière. En dépit de son titre qui reflète la déception du poète pour qui l'amour ne peut susciter que le rire jaune de l'amertume et du désespoir, le recueil est un éloge de la laideur. Le chant dédié au « crapaud » dans le poème ci-dessous révèle la beauté insoupçonnée de cet animal considéré comme laid. À travers lui, Corbière dresse son propre portrait et dépasse sa laideur physique sur laquelle il s'est longtemps apitoyé.

[Un éloge musical de la laideur]

Un chant dans une nuit sans air...
La lune plaque en métal clair
Les découpures du vert sombre.

... Un chant ; comme un écho, tout vif
5 Enterré, là, sous le massif...
    — Ça se tait : Viens, c'est là, dans l'ombre...

    — Un crapaud ! — Pourquoi cette peur,
Près de moi, ton soldat fidèle !
Vois-le, poète tondu, sans aile,
10 Rossignol de la boue... — Horreur ! —

... Il chante. — Horreur !! — Horreur pourquoi ?
Vois-tu pas son œil de lumière...
Non : il s'en va, froid, sous sa pierre.

....
15 Bonsoir — ce crapaud-là c'est moi.

3 • Guillaume Apollinaire : la beauté de la langue familière

La troisième et dernière voie de l'alchimie poétique explore les ressources du langage familier. C'est Apollinaire qui, dans *Alcools* (1913), offre l'exemple le plus accompli de cette opération alchimique qui mélange **langage soutenu et langage familier**. Cette exploration poétique marquera profondément la littérature du xxᵉ siècle.

Poète de la modernité, Apollinaire n'a cessé dans son œuvre de louer les dernières inventions technologiques de son temps. Avions et voitures mais aussi la toute jeune Tour Eiffel ont droit sous sa plume à des éloges enthousiastes. Le poète utilise le **vers libre** pour chanter le **modernisme du nouveau monde**, capable de faire oublier la douleur des amours passées.

TEXTE 11

Guillaume Apollinaire (1880-1918)
Alcools (1913), « Réponse des Cosaques Zaporogues au Sultan de Constantinople »

Ce court poème est la réponse de soldats chrétiens de l'Ukraine et de la Biélorussie au sultan de Constantinople à qui ils avaient tenu tête en refusant de se convertir à l'islam, au xviiiᵉ siècle, lors de l'occupation turque. Au langage soutenu du poète se mêle le langage troupier, familier et vulgaire, des militaires. L'alliance des contrastes produit une parole poétique inédite qui souligne les ressources poétiques de la langue, même lorsqu'elle puise dans le vocabulaire familier.

[La beauté poétique d'une langue familière]

Plus criminel que Barrabas[1]
Cornu comme les mauvais anges[2]
Quel Belzébuth[3] es-tu là-bas

---

1. Barrabas : emprisonné pour avoir défié l'autorité romaine, Barrabas est un personnage de la Bible dont les Juifs réclament la libération à la place de Jésus.

2. Cornu comme tous les mauvais anges : il s'agit ici du diable qui, dans la Bible, est un ange déchu par Dieu.
3. Belzébuth : dans la Bible, le prince des démons.

Nourri d'immondice et de fange
5 Nous n'irons pas à tes sabbats[1]

Poisson pourri de Salonique[2]
Long collier des sommeils affreux
D'yeux arrachés à coup de pique
Ta mère fit un pet foireux
10 Et tu naquis de sa colique

Bourreau de Podolie[3] Amant
Des plaies des ulcères[4] des croûtes
Groin de cochon cul de jument
Tes richesses garde-les toutes
15 Pour payer tes médicaments

---

1. Sabbats : assemblées nocturnes vouées
à l'adoration du diable.
2. Salonique : ville de l'Empire ottoman (turc)
dévastée alors par les soldats du sultan.

3. Podolie : région de l'Ukraine, patrie des
Cosaques Zaporogues qui fut occupée à la fin
du XVIIe siècle par les Turcs.
4. Ulcères : plaies qui peinent à cicatriser.

DOSSIER

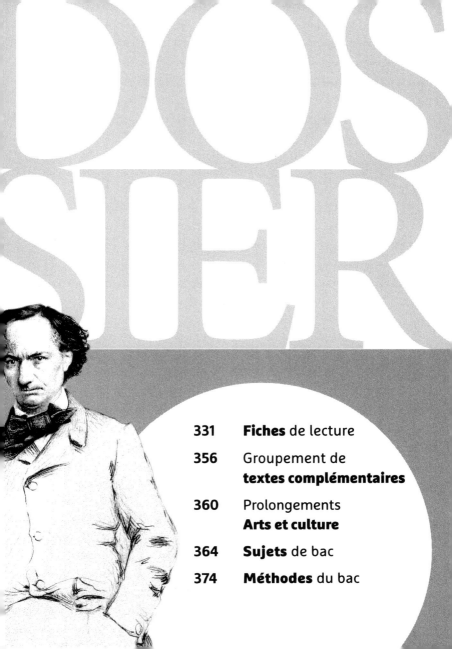

- **331** **Fiches** de lecture
- **356** Groupement de **textes complémentaires**
- **360** Prolongements **Arts et culture**
- **364** **Sujets** de bac
- **374** **Méthodes** du bac

FICHE 1

Les Fleurs du mal
La fiche d'identité

1 • La structure d'ensemble du recueil

Les Fleurs du mal illustrent le parcours de tout homme dans l'existence.

• L'homme est par nature déchiré entre deux aspirations : « **l'Idéal** », qui le pousse à s'élever vers le Bien, et le « **Spleen** », qui le fait chuter dans le mal.

• Pour y échapper, le poète cherche à extraire la beauté du mal, à la manière de l'alchimiste capable de transformer la boue en or. C'est ce qu'il entreprend en célébrant la femme aimée. Cependant celle-ci a un double visage : elle est tout à la fois consolatrice et tentatrice.

• Le poète poursuit son expérience, qui est une longue confrontation avec le mal, dans les différentes sections du recueil.
– Dans les « **Fleurs du mal** », il trouve paradoxalement la création dans la destruction.
– Dans « **Révolte** », il choisit Satan contre Dieu.
– Dans « **Le Vin** », il fuit dans l'ivresse tandis que dans « Tableaux parisiens », il se perd dans la foule.

• Enfin, « **La Mort** », dernière section du recueil, apporte au poète son ultime délivrance.

2 • La forme du recueil

• Le **sonnet** s'impose comme la forme poétique fixe privilégiée par Baudelaire.

• Les autres poèmes sont de longueur très variée : « Bénédiction » (poème 1) comprend dix-neuf quatrains ; « Abel et Caïn » (poème 91) s'étend sur seize distiques. D'autres poèmes sont d'un seul tenant, comme « À une Malabaraise » (poème 145), qui compte vingt-huit vers.

3 • Les vers

• Baudelaire a plusieurs fois recours à l'**hétérométrie**, c'est-à-dire qu'il utilise plusieurs types de vers, parfois dans un même poème.

• Le vers le plus fréquent est l'**alexandrin**. Mais on trouve aussi des octosyllabes et des vers de sept et de cinq syllabes (« L'Invitation au voyage », poème 49).

4 • Trois clés pour entrer dans l'œuvre

• La « **double postulation** » (la formule est de Baudelaire) qui élève l'homme vers l'Idéal et le pousse à la déchéance.

• La **Beauté**, toujours adorée et à jamais inaccessible.

• La **ville** et la **vie urbaine**, un nouveau sujet d'émerveillement poétique.

FICHE 2

L'architecture du recueil

Même s'il cherche constamment la nouveauté, Baudelaire conserve de la tradition littéraire l'exigence de composition. Il constitue ainsi *Les Fleurs du mal* en un recueil devant « être jugé dans son ensemble », dont l'écrivain Barbey d'Aurevilly admire le « plan calculé par le poète, méditatif et volontaire ».

1 • Une exigence de composition

• En **1857**, à sa parution, le recueil comporte **cent poèmes,** organisés en cinq sections.

• Mais le **procès** intenté à Baudelaire en août 1857 le condamne à **exclure six pièces** du recueil, jugées contraires à la moralité.

• Pour rééditer le recueil amputé de ses six pièces, Baudelaire écrit de nouveaux poèmes. Il les ajoute aux précédents et modifie l'organisation initiale pour proposer un **nouveau recueil de cent vingt-six poèmes** en **1861**.

	ÉDITION DE 1857	PIÈCES CONDAMNÉES AU COURS DU PROCÈS DE 1857	ÉDITION DE 1861
« Spleen et Idéal »	77 poèmes	3 pièces : « Les Bijoux » (20) ; « Le Léthé » (30) ; « À celle qui est trop gaie » (39)	1re section : 85 poèmes
« Fleurs du mal »	12 poèmes	3 pièces : « Lesbos » (80) ; « Femmes damnées » (81) ; « Les Métamorphoses du vampire » (87)	4e section : 9 poèmes

Dossier • 333

« Révolte »	3 poèmes		5e section : 3 poèmes
« Le Vin »	5 poèmes		3e section : 5 poèmes
« La Mort »	3 poèmes		6e section : 6 poèmes
« Tableaux parisiens »	Absents de la première édition		2e section : 18 poèmes

• En **1866**, paraissent, sous le titre *Les Épaves*, les six pièces condamnées auxquelles s'ajoutent de nouveaux poèmes.

• En **1868**, une édition posthume des *Fleurs du mal*, intégrant *Les Épaves* et d'autres poèmes, est réalisée sous la responsabilité des amis de Baudelaire.

① « Spleen et Idéal » : une section commune aux éditions de 1857 et de 1861

• La section « Spleen et Idéal » est la plus importante du recueil et a peu varié d'une édition à l'autre. Comme l'indique son titre, cette section explore les formes que prend le **déchirement du poète**, animé par son aspiration à l'Idéal et entravé dans ses capacités créatrices par la puissance du spleen.

• Cette section est tout entière sous le signe de la **dualité** : l'homme moderne aspire tout à la fois à l'élévation spirituelle et à la compromission dans le vice.

• Cette section comprend des **cycles féminins**. Elle consacre en effet à Jeanne Duval, Apollonie Sabatier, puis Marie Daubrun des poèmes qu'on peut regrouper en trois cycles. Ces femmes, à l'égard desquelles Baudelaire éprouve autant d'attirance que de réticence, mettent en évidence la dualité du poète. Elles sont un antidote ambivalent au spleen.

• Dans l'édition de 1857, la section s'achève sur le poème « La Pipe » (77), lequel semble voir une solution possible au spleen dans le plaisir méditatif du tabac. L'édition de 1861 clôt la section « Spleen et Idéal » de manière plus pessimiste avec « L'Horloge » (122). Le poème marque la **victoire inéluctable du temps** qui passe et qui conduit à la mort.

② Deux éditions, deux parcours différents

• Dans l'**édition de 1857**, le poète propose, à travers le parcours des sections suivantes, plusieurs façons d'expérimenter le mal.

– Dans la section «**Fleurs du mal**», la source de la création se trouve dans toutes les formes de la destruction.

– «**Révolte**» revendique le choix de Satan contre les valeurs faussement positives inspirées par Dieu.

– «**Le Vin**» incite, contre la morale commune, à voir dans l'ivresse, et quelle que soit la violence qu'elle suscite, un moyen d'échapper à l'engluement dans le réel et ses souffrances.

– «**La Mort**» consacre la mort comme la seule véritable délivrance.

• L'**édition de 1861** comprend un texte intitulé «Ébauche d'un épilogue pour la 2e édition», où Baudelaire invite le poète à se faire alchimiste de la laideur afin de transformer le laid, le mal, la douleur, et plus généralement la banalité du quotidien en sujet poétique. Ainsi dans la nouvelle section, «**Tableaux parisiens**», c'est, au cœur de la ville de Paris, espace de la laideur et du mal qui se révèle aussi le lieu de l'imprévu et du bizarre, que le poète expérimente ses pouvoirs d'alchimiste. Sous son regard, la ville s'embellit et offre un nouveau visage. Aussi Le poète se plaît-il à se mêler à la foule et à se perdre dans les rues. La ville conserve cette fonction d'échappatoire dans la section qui suit, «Le Vin», où l'on voit le poète s'y plonger pour tenter d'échapper à la dualité douloureuse qui le torture. Toutefois, les trois sections suivantes de cette seconde édition résonnent comme un démenti cruel à ces échappatoires. La mort n'est plus une délivrance, mais le choix ultime de la damnation.

③ *Les Épaves* (1866)

Pour rééditer les six pièces condamnées, exclues de l'édition de 1861, Baudelaire compose et rassemble vingt-trois autres poèmes, qu'il fait circuler, d'abord en Belgique, sous le titre *Les Épaves*.

④ L'édition posthume de 1868

• On sait que Baudelaire rêvait d'une troisième édition des *Fleurs du mal*. Mais sa mort a empêché la réalisation de ce projet. Ses amis, sous la direction de Théodore de Banville, ont donc choisi de composer eux-mêmes un nouveau recueil.

Dossier • 335

FICHE **2**

• Vingt-cinq poèmes ont été ajoutés à l'édition de 1861 (onze repris des *Épaves*, treize parus dans des revues et un inédit). Si cette édition reprend bien l'organisation en sections de 1861, elle intègre de manière assez aléatoire les nouveaux poèmes aux côtés des précédents et brise, à l'évidence, toute cohérence architecturale.

2 • Des thèmes subversifs

L'architecture extrêmement précise des *Fleurs du mal* était d'autant plus nécessaire que, cherchant la beauté dans le mal, le poète proposait comme objet de son exploration poétique des thèmes et des motifs considérés comme scandaleux.

THÈMES	POÈMES
• La laideur • Les sources de dégoût	« Une charogne » (27)
• Le désir et la sexualité (pour dire l'insatiabilité du désir féminin) • les relations de domination • La prostitution • L'homosexualité féminine	« Sed non satiata »(24) « Le Vampire » (29) « Tu mettrais l'univers entier dans ta ruelle » (23) « Lesbos » (80) et « Femmes damnées » (81, 82)
Les paradis artificiels : le vin et l'opium	Le Vin (toute la section) « Le Poison » (45) « Recueillement » (159)
Le blasphème	« Le Reniement de Saint Pierre » (90) « Les Litanies de Satan » (92)

336 • Les Fleurs du mal

FICHE 3 — La figure du poète

La figure du poète maudit, à laquelle on identifie Baudelaire, ne doit pas laisser croire que cette condition est seulement subie. Cette marginalité est un choix éthique et esthétique, conforme à la mission que Baudelaire confie à la poésie.

1 • Les missions du poète

La mission du poète peut ainsi être comprise comme une tentative de faire accéder ses contemporains à un idéal qui leur fait défaut, quitte à leur montrer la beauté qu'on peut extraire de l'apparente laideur du monde. Choisir la poésie, pour Baudelaire, c'est d'abord résister au conformisme de son époque.

1) Un dandy

Né en Angleterre au début du XIXe siècle, le dandysme est une mode vestimentaire qui se traduit par une élégance raffinée mais qui consiste avant tout en un mode de vie et un choix philosophique. Le dandy cultive la différence et l'artifice, et veut le triomphe de l'art sur la nature. Baudelaire revendique à travers le dandysme « le plaisir aristocratique de déplaire ». Le choix de nombreux motifs scandaleux dans *Les Fleurs du mal* peut se rattacher à ce parti pris.

2) Un intercesseur entre Dieu et les hommes

• S'il se distingue des goûts du plus grand nombre, Baudelaire n'établit pas pour autant une coupure définitive entre le poète et la foule. Des romantiques, il conserve en effet l'image d'un poète intercesseur entre Dieu (ou l'Idéal) et les hommes.

• Il considère que les artistes, et par conséquent les poètes, sont investis de la mission quasi prophétique **d'éclairer l'humanité ordinaire** (« Les Phares », poème 6).

FICHE 3

③ Le « prince des nuées »

Condamné à la solitude par sa différence, le poète s'élève au-dessus de l'ingrate multitude des hommes qui ne comprend pas sa vocation. Le poème «L'Albatros» (104) représente ainsi sur le mode allégorique **la condition du poète**, «semblable au prince des nuées», que ses «ailes de géant» «empêchent de marcher» lorsqu'il est «sur le sol au milieu des huées».

2 • Une figure du déchirement

Si le poète s'oppose au conformisme de son époque, c'est aussi parce qu'il a conscience d'incarner tragiquement la condition de l'homme moderne.

① Une condition tragique

Dans *Mon cœur mis à nu*, Baudelaire écrit: «Il y a dans tout homme, à toute heure, deux postulations simultanées, l'une vers Dieu, l'autre vers Satan. L'invocation à Dieu, ou spiritualité, est un désir de monter en grade; celle de Satan, ou animalité, est une joie de descendre.» Constamment tiraillé, le poète oscille entre l'une et l'autre. *Les Fleurs du mal* peuvent donc être lues comme un drame de la conscience. L'oxymore sur lequel est formé le titre du recueil l'indique assez: condamné à assumer la part de mal qui est en lui, le poète ne peut espérer faire jaillir la beauté que de ce terreau maléfique qu'il n'aura de cesse d'explorer.

> **Mon cœur mis à nu (1859-1866)**
>
> À la suite du procès des *Fleurs du mal* et de sa condamnation, Baudelaire très affecté décide de s'engager dans un projet autobiographique dont ce texte, constitué de feuillets épars, était l'un des versants. Il s'agit d'un livre où, annonce-t-il, «j'entasserai toutes mes colères».

② Un peintre de la vie moderne

• La nécessité de chercher la beauté dans le mal et dans la laideur fait de lui un «peintre de la vie moderne». Dans l'essai qu'il consacre au peintre Constant Guys (1802-1892), Baudelaire affirme:

338 • Les Fleurs du mal

Il est beaucoup plus commode de déclarer que tout est absolument laid dans l'habit d'une époque, que de s'appliquer à en extraire la beauté mystérieuse qui peut y être contenue, si minime ou si légère qu'elle soit.

• Les poèmes de la section « Tableaux parisiens » sont également l'occasion privilégiée, pour le poète, de capter l'étrange et fragile beauté de la réalité urbaine.

3 Un alchimiste

• Être poète pour Baudelaire consiste ainsi à **se saisir de la laideur et de la violence du monde pour en extraire la beauté cachée**. Le poète devient un alchimiste capable de transformer la boue en or.

• C'est la mission poétique des *Fleurs du mal* et le sens de l'épilogue inachevé à la seconde édition du recueil (1861) revendiqués par le poète :

Ô vous, soyez témoins que j'ai fait mon devoir
Comme un parfait chimiste et comme une âme sainte.
Car j'ai de chaque chose extrait la quintessence,
Tu m'as donné ta boue et j'en ai fait de l'or.

• Le titre *Les Fleurs du mal*, qui associe dans un oxymore deux termes contradictoires, illustre ce pouvoir alchimique du poète. Un poème comme « Une charogne » (27) évoque ainsi, au cours d'une promenade amoureuse, la vision terrifiante d'un cadavre en décomposition. Mais, en véritable alchimiste, Baudelaire donne de la « carcasse superbe » de la charogne une vision plus apaisante et enchanteresse que celle de sa maîtresse.

FICHE 4 — Le spleen

S'il a beaucoup à voir avec le « mal du siècle » dont était victime la génération romantique, le spleen baudelairien en constitue néanmoins une forme aggravée. Renoncement physique, intellectuel et spirituel, le spleen est une **expérience existentielle de l'ennui** et une **angoisse métaphysique** face à l'absence de transcendance[1] et de finalité historique. Quatre poèmes du recueil portent d'ailleurs le titre « Spleen[2] ». Comment se manifeste-t-il dans *Les Fleurs du mal* ? En quoi le spleen est-il tout à la fois un obstacle à la création poétique et la condition d'une poésie nouvelle ?

> **Définition**
>
> Le mot « spleen » est emprunté à la langue anglaise, mais est employé en français dès le XVIIIe siècle. Il désigne alors un état de tristesse irrémédiable accompagné d'un sentiment d'ennui profond.

1 • Les circonstances propices au spleen

• Même lorsqu'il s'efforce d'atteindre l'idéal, le poète se heurte à un ensemble de circonstances qui marquent inévitablement son entrée dans l'état spleenétique. C'est parce que le spleen est lié au climat que Baudelaire choisit, pour décrire son état, un mot anglais. Il évoque ainsi un **temps brumeux** et **pluvieux**.

• La **solitude du poète**, essentiellement **métaphysique**, le renvoie sans cesse à la vacuité[3] de son existence. Il ne perçoit aucune possibilité de secours d'une éventuelle transcendance. Le titre du poème, « De profundis clamavi » (28), est d'ailleurs emprunté à un psaume de la Bible[4] et détourné de son usage habituel, car il ne sert à rien, pour le poète, d'appeler Dieu à l'aide.

---

1. Transcendance : principe extérieur et supérieur à l'homme et à la réalité dans laquelle il vit (exemple : Dieu).
2. Il s'agit des poèmes 59, 60, 61 et 62.
3. Vacuité : vide.
4. Les premiers mots du psaume 130 de la Bible sont : « Du fond de l'abîme, j'ai crié vers vous, Seigneur. »

• Enfin, c'est parce qu'il se sent profondément désœuvré que le poète est gagné par le spleen. **L'ennui est un terme récurrent** des *Fleurs du mal*. Dans le poème « Spleen » (60), le poète reconnaît que : « L'ennui, fruit de la morne incuriosité,/Prend désormais les proportions de l'immortalité. »

2 • Les effets du spleen

• Lorsque le spleen s'empare du poète, ses manifestations sont physiques, psychiques et intellectuelles. Sous l'effet du spleen, le poète ressent un redoutable **sentiment de claustration**. Ainsi, dans « De profundis clamavi » (poème 28), le poète vit dans « un univers morne à l'horizon plombé ».

• L'angoisse qui manifeste le plus intensément l'emprise du spleen est celle qui s'attache à l'**écoulement du temps**. Le temps qui passe, et conduit à la mort, rappelle au poète qu'il doit le mettre à profit. Dans le poème « L'Ennemi » (10), le Temps, allégorisé[1], est assimilé à un « Ennemi qui nous ronge le cœur ».

• L'emprise du spleen est si forte sur le poète qu'elle a pour conséquence son **impuissance poétique et créatrice**. Dans « L'Ennemi » (poème 10), le poète assimile sa vie à un jardin où l'on trouve des « fleurs », métaphores de la création poétique. Mais sous l'effet du spleen, les capacités créatrices du poète semblent disparaître.

3 • Les antidotes au spleen

• Souvent accablé par la force du spleen, le poète ne cesse cependant d'y chercher des dérivatifs, voire d'y opposer de véritables réponses. Si **les femmes** ne font souvent que redoubler les tourments du poète, l'**amour** n'en reste pas moins sa « fleur du mal » privilégiée. À la source de son exaltation et de son aliénation, déesse ou bourreau selon les moments, mère, sœur ou amante selon le rôle que Baudelaire leur attribue, les femmes conjurent intensément le spleen du poète.

---

1. Allégorisé : traité comme une allégorie ; une allégorie étant la représentation concrète d'une idée abstraite. À l'écrit, l'allégorisation se marque par l'emploi d'une majuscule.

FICHE 4

- Pour tenter d'échapper au spleen qui l'empêche de s'élever vers l'Idéal, le poète tente une opération alchimique. Mais cette opération peut être négative, comme dans « Alchimie de la douleur » (poème 120) où le spectacle de la nature n'est que laideur et source d'angoisse. Mais porté par son besoin d'absolu, le poète dépasse cette réalité et entreprend un patient travail d'**alchimie poétique** qui lui permet de transformer la boue en or.

- Les « **paradis artificiels** » que sont notamment le vin et l'opium constituent des dérivatifs au spleen. Mais, comme le souligne le poète dans « La Fontaine de sang » (poème 84), ils ne réussissent cependant qu'à « endormir pour un jour la terreur qui [l]e mine ».

- La seule vraie réponse au spleen est donc la **création poétique**. Elle n'émerge cependant pas sans difficulté et sans douleur, mais c'est de cette souffrance qu'elle tire sa beauté. Si, dans « L'Ennemi » (poème 10), le poète se désole de son manque d'inspiration, le sonnet constitue en lui-même la preuve d'une victoire du poète alchimiste sur le spleen.

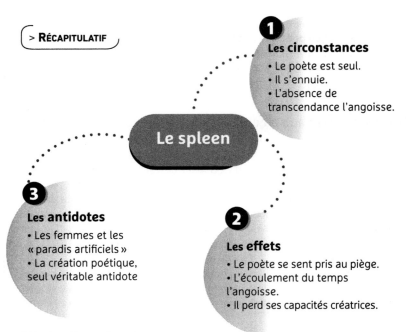

> **RÉCAPITULATIF**

Le spleen

1. Les circonstances
- Le poète est seul.
- Il s'ennuie.
- L'absence de transcendance l'angoisse.

2. Les effets
- Le poète se sent pris au piège.
- L'écoulement du temps l'angoisse.
- Il perd ses capacités créatrices.

3. Les antidotes
- Les femmes et les « paradis artificiels »
- La création poétique, seul véritable antidote

342 • Les Fleurs du mal

FICHE 5 — L'image de la femme

Trois femmes ont compté dans la vie de Baudelaire : **Jeanne Duval**, sa compagne des bons et mauvais jours, qu'il surnommait la Vénus noire en raison de ses origines, la comédienne **Marie Daubrun** et **madame Sabatier** – Apollonie de son prénom – qui tenait salon et recevait chez elle artistes et écrivains. Chacune d'elles a inspiré plusieurs poèmes de « Spleen et Idéal », section où le poète célèbre la femme aimée autant que redoutée. Il convient toutefois de ne pas réduire ces femmes à leurs seules dimensions autobiographiques. Depuis la littérature courtoise du Moyen Âge et les *Amours* de Ronsard au XVIe siècle, la femme est un sujet permanent de la poésie. Baudelaire la célèbre autant qu'il la déteste pour mieux en faire l'un des thèmes de son lyrisme.

1 • La femme célébrée

Une partie de « Spleen et Idéal » idéalise la femme : elle est l'adorée, l'inspiratrice et la réconciliatrice.

1) L'adorée

• « Adorer » selon les dictionnaires, c'est rendre un culte à une divinité ou à une personne que l'on divinise. La femme est l'objet de ce culte. C'est un « **ange** » **doué de toutes les qualités** : « plein de gaieté », « plein de bonté », « plein de bonheur, de joie et de lumières » (« Réversibilité », poème 40, v. 1, 6 et 21).

• Elle est aussi la « **sœur** » (« L'Invitation au voyage », poème 49). Le mot a des résonances, des connotations, aussi religieuses que le mot « ange ». Il renvoie en effet à la conception de l'amour selon Platon (philosophe grec du Ve siècle avant J.-C.). Dans le monde pur et éternel où elles évoluaient avant de s'unir à un corps, toutes les « âmes » étaient « sœurs ». Ces deux mots, « ange » et « sœur », témoignent du penchant de Baudelaire à diviniser la femme.

Dossier • 343

FICHE 5

② L'inspiratrice

• Dès lors, celle-ci devient tout naturellement l'inspiratrice du poète, qui lui prête de nouveau un vocabulaire religieux en lui faisant dire : « Je suis l'Ange gardien, la Muse et la Madone » (« Que diras-tu ce soir, pauvre âme solitaire », poème 37, v. 14). Elle est le « Flambeau vivant » (poème 38) qui **redonne vie et espoir** : « Vous marchez en chantant le réveil de mon âme » (v. 13).

• L'inspiration ne réside pas toutefois dans la suggestion de tel ou tel thème à développer, elle est dans une démarche, dans l'indication d'une direction : celle de la Beauté. Avec ses « yeux pleins de lumières » (« Le Flambeau vivant », poème 38, v. 1), la femme **conduit les « pas » du poète « dans la route du Beau »** (v. 6). Elle est un guide mystique.

③ La réconciliatrice

• Ainsi divinisée, la femme possède le pouvoir de **réconcilier le poète avec le monde** et de l'entraîner vers des ailleurs paradisiaques où « tout n'est qu'ordre et beauté/Luxe, calme et volupté » (« L'Invitation au voyage », poème 49). Elle est métaphoriquement un « beau navire » (poème 48) :

> Tu contiens, mer d'ébène, un éblouissant rêve
> De voiles, de rameurs, de flammes et de mâts
> (« La Chevelure », poème 107, v. 14-15)

• Apaisant l'angoisse et les tourments du poète, la femme, telle une initiatrice, lui permet de **retrouver l'unité primitive du monde** où son « âme peut boire » « À grands flots le parfum, le son et la couleur » (« La Chevelure », poème 107, v. 16-17).

2 • La femme détestée

D'autres poèmes dépeignent à l'inverse la femme sous un tout autre jour : elle peut être indifférente, cruelle et avide.

344 • Les Fleurs du mal

1 L'indifférente

« Spleen et Idéal » dépeint deux sortes d'indifférence féminine.

• La première est involontaire, quand la femme ne se rend pas compte de l'attention qu'elle suscite. C'est « la **froide majesté** de la femme sté-rile » (« Avec ses vêtements ondoyants et nacrés », poème 25, v. 14).

• La seconde forme réside dans la conscience qu'a la femme de l'inté-rêt que le poète lui porte et dans le fait qu'elle s'en moque plus ou moins. Sa parure, sa « large jupe », sa démarche relèvent d'une **straté-gie de séduction** qui n'obéit qu'au simple plaisir de plaire :

> Ta tête se pavane avec d'étranges grâces ;
> D'un air placide et triomphant
> Tu passes ton chemin, majestueux enfant
> (« Le Beau Navire », poème 48, v. 38-40)

2 La cruelle

• D'autres femmes provoquent des réactions contrastées du poète, qui ne sait plus où il en est sentimentalement. « Je te hais autant que je t'aime », lance-t-il « à celle qui est trop gaie » (poème 39, v. 16).

• Trop d'insouciance et trop de joie de vivre provoquent d'autant plus son **amertume** qu'il est, lui, trop souvent sujet au spleen.

• La nudité n'implique pas la transparence. Son « œil mystérieux » peut se montrer « alternativement tendre, rêveur, cruel » (v. 2-3). Le poète s'en **révolte** :

> Ô femme dangereuse, ô séduisants climats !
> Adorerai-je aussi ta neige et vos frimas […] ?
> (« Ciel brouillé », poème 46, v. 13-14)

Même quand elle se donne, la femme peut le faire souffrir, en conser-vant un certain mystère.

3 L'avide

• Un pas supplémentaire est franchi dans la détestation avec la femme avide de plaisir et jamais satisfaite. « Mégère libertine », elle suscite la **répulsion du poète** (« Sed non satiata », poème 24, v. 12). La condam-nation devient alors sévère :

FICHE 5

> Tu mettrais l'univers entier dans ta ruelle,
> Femme impure ! L'ennui rend ton âme cruelle.
> Pour exercer tes dents à ce jeu singulier,
> Il te faut chaque jour un cœur au râtelier
> (poème 23, v. 1-4)

• Le poète en est d'autant plus blessé qu'il avoue ne pas toujours pouvoir satisfaire les désirs d'une telle femme : « Je ne suis pas le Styx pour t'embrasser neuf fois » (« Sed non satiata », poème 24, v. 11), dit-il par allusion au fleuve qui faisait neuf fois le tour des Enfers. Mais le plus souvent, c'est le désespoir qui le saisit.

> Toi qui, comme un coup de couteau,
> Dans mon cœur plaintif es entrée
> (« Le Vampire », poème 29, v. 1-2)

Seule la femme est capable d'infliger au poète autant de blessures.

3 • La femme, un thème clé du lyrisme baudelairien

Qu'il les célèbre ou qu'il les maudisse, le poète entretient avec les femmes des relations complexes, souvent contradictoires et parfois simultanées : c'est, d'un côté, la nostalgie de la pureté et, de l'autre, l'ivresse de la sensualité. Son lyrisme s'en nourrit.

① La nostalgie de la pureté

• La célébration des femmes s'accompagne de leur **désincarnation**. Pour mieux les idéaliser, le poète oublie leur corps. « Réversibilité » (poème 40), « L'Invitation au voyage » (poème 49) n'y font aucune allusion et « Parfum exotique » (poème 21) ne contient qu'une allusion très brève.

• Comme les parfums qui leur sont souvent associés, les femmes favorisent l'évasion du poète **vers un ailleurs lumineux**, apaisé et par définition inaccessible. Cet ailleurs est-il un retour vers une « vie antérieure » (poème 12) ou vers un au-delà, un Idéal ? Il atteste en tout cas chez le poète d'une nostalgie de l'innocence.

346 • Les Fleurs du mal

② L'ivresse de la sensualité

• D'autres poèmes sont en revanche imprégnés d'une forte sensualité, au point d'avoir suscité l'indignation de la justice et de la censure. C'est le cas des «Bijoux» (poème 20):

> Elle était donc couchée et se laissait aimer,
> Et du haut du divan elle souriait d'aise (v. 9-10)

• Le long poème du «Balcon» (poème 34) est de même un hymne à l'amour charnel:

> Que ton sein m'était doux! que ton cœur m'était bon! (v. 8)

③ Une source d'inspiration lyrique

Que cela le rende heureux ou le désespère, chanter la femme est pour le poète un thème lyrique. Voici le bonheur ressuscité: «Je sais l'art d'évoquer les minutes heureuses» («Le Balcon», poème 34, v. 21). Une teinte élégiaque colore ces vers:

> Ces serments, ces parfums, ces baisers infinis,
> Renaîtront-ils d'un gouffre interdit à nos sondes [...]? (v. 26-27)

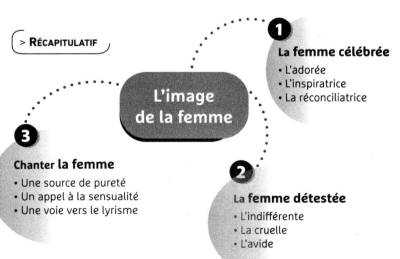

> **RÉCAPITULATIF**

L'image de la femme

❶ La femme célébrée
- L'adorée
- L'inspiratrice
- La réconciliatrice

❷ La femme détestée
- L'indifférente
- La cruelle
- L'avide

❸ Chanter la femme
- Une source de pureté
- Un appel à la sensualité
- Une voie vers le lyrisme

FICHE 6 — L'écriture poétique

L'écriture poétique de Baudelaire rompt avec les codes traditionnels de la poésie : par sa modernité, par son expressivité et par sa musicalité.

1 • Une écriture moderne

Le vocabulaire, tout à la fois savant et simple, les thèmes alors nouveaux ou peu développés et la variété de ses sonnets sont les principales caractéristiques de cette écriture moderne.

1) Un vocabulaire du quotidien

• La langue de la poésie est souvent recherchée, excluant les familiarités de langage et les mots du quotidien. C'était même ce qui la distinguait de la prose. Baudelaire use, lui, de **tous les registres de langue**, même du plus prosaïque. C'est **un alchimiste du verbe** : il extrait l'or poétique de la boue du langage ordinaire.

• Appartiennent ainsi à la langue familière :
– les injures ou expressions dévalorisantes : « Imbécile » (« Le Vampire », poème 29, v. 21) ; « vieux lâche » (« L'Horloge », poème 122, v. 24) ;
– les mots désignant des objets utilitaires, prosaïques (qui relèvent de la prose) : « pelle », « râteaux » (« L'Ennemi », poème 10, v. 6) ; « brûle-gueule » (« L'Albatros », poème 104, v. 11) ;
– des emprunts à l'anglais et à l'espagnol : « Remember », « Esto memor » (« L'Horloge », poème 122, v. 13).

2) Des thèmes nouveaux

• Baudelaire vit à l'époque de l'**urbanisation** et de la transformation de Paris avec les premiers grands travaux du baron Haussmann. Là encore, la poésie est alchimie : elle élève l'ordinaire à la dignité d'un sujet poétique. « Le Soleil » (poème 2) s'ouvre sur une évocation d'un « vieux faubourg, où pendent aux masures/Les persiennes » (v. 1-2). « Le Crépuscule du matin » (poème 68) mentionne des « casernes » (v. 1), des « maisons » qui « çà

348 • Les Fleurs du mal

et là commençaient à fumer » (v. 12). Le poète se souvient de la maison de son enfance « voisine de la ville », en fait Neuilly (poème 70, v. 1).

• Attentif aux humbles et aux plus pauvres, il consacre un poème entier à une mendiante aussi belle que miséreuse (« À une mendiante rousse », poème 65).

• La prostitution est alors un fait de société répandu, notamment dans les **milieux défavorisés**. Aussi les prostituées sont-elles des figures qui apparaissent fréquemment dans la poésie de Baudelaire : dans « La Muse vénale » (poème 8), « Le Jeu » (poème 66) ou « Le Crépuscule du matin » (poème 68).

2 • Une forme privilégiée : le sonnet

① Un apparent classicisme ?

• Baudelaire a la passion de la forme et des formes fixes. *Les Fleurs du mal* comptent ainsi de très nombreuses formes poétiques, notamment celles qui s'appuient sur les procédés de la chanson (ballade, rondeau, pantoum...). Mais, de toutes les formes codifiées, c'est le sonnet qui a sa préférence.

• Presque la moitié des poèmes du recueil sont des sonnets. Mais dans l'édition de 1857, seuls deux poèmes (« Parfum exotique », 21 et « Sed non satiata », 24) respectent en fait strictement le schéma des rimes que le poète parnassien, Théodore de Banville, considère comme régulier.

② Des règles formelles revisitées

• **Forme fixe**, le sonnet n'est **pas pour autant une forme rigide**. Baudelaire l'utilise de différentes façons.

• Si nombre d'entre eux sont en alexandrins (« Correspondances », poème 4), d'autres sont octosyllabiques (« Le Guignon », poème 11 ; « Les Hiboux », poème 57), d'autres encore sont hétérométriques (« Le Chat », poème 33 ; « La Musique », poème 76).

• Leur structure diffère également. Si tous comportent obligatoirement quatorze vers, leur répartition varie. « Causerie » (poème 51) et « La Pipe » (poème 77) comptent ainsi deux quatrains et un sizain.

Dossier • 349

FICHE **6**

• Certains sonnets sont dits **libertins** parce qu'ils s'affranchissent des règles qui les codifient. En principe, par exemple, le premier tercet doit être grammaticalement indépendant des quatrains. Or, ce n'est pas le cas dans «Remords posthume» (poème 32) ou «L'Aube spirituelle» (poème 42).

③ Des thèmes scandaleux

• Baudelaire joue également de l'histoire du sonnet. Cette forme poétique, qui a été inventée par le poète italien Pétrarque (1304-1374), a longtemps été consacrée à l'évocation de sujets nobles, comme la peinture des sentiments amoureux.

• Baudelaire use de cette forme pour traiter de sujets alors considérés comme vulgaires et les **élever au rang de sujets poétiques**. Il évoque ainsi les chats (poème 33) ou encore le vin (poème 97).

• L'apparent respect des règles métriques n'est donc qu'un leurre destiné à mettre en relief l'exploitation de thèmes défiant les règles de la morale traditionnelle. Ainsi, la régularité de «Sed non satiata» (poème 24) est au contraire tout à fait ironique, puisqu'elle se greffe sur un motif scandaleux.

• Baudelaire coule les motifs de la modernité poétique et du scandale dans les formes les plus traditionnelles de la poésie. S'il ne déconstruit pas totalement celles-ci, il utilise leur potentiel subversif pour explorer les formes du mal.

3 • Une écriture expressive

Moderne, cette écriture est aussi diverse dans ses effets: les registres en sont variés; les images, comparaisons et métaphores, ainsi que les nombreuses personnifications sont d'une grande puissance suggestive.

① Des registres variés

• Leur gamme est étendue. Les plus significatifs sont:
– le **registre de l'horreur et du morbide**: à l'exception des chats, le bestiaire suscite souvent la répulsion: ce sont les hiboux (poème 57), la charogne en état de décomposition (poème 27) ou le «peuple muet d'infâmes araignées» («Spleen», poème 62, v. 11);

350 • Les Fleurs du mal

– le **registre fantastique** qui prend souvent la forme d'un cauchemar. Les quatre poèmes consacrés au spleen (poèmes 59-62) se colorent d'épouvante. « Le Jeu » (poème 66) voit le poète se dédoubler ;

– le **registre lyrique** qui est omniprésent. Tantôt sur le mode élégiaque : « L'Ennemi » (poème 10) orchestre le thème de la fuite du temps. Tantôt sur le mode nostalgique : « J'ai longtemps habité sous de vastes portiques » (« La Vie antérieure », poème 12, v. 1).

2 Les images : comparaisons et métaphores

• Les images sont au cœur de l'écriture poétique de Baudelaire. Les **comparaisons** sont nombreuses, souvent introduites par l'adverbe ou la conjonction « comme ». Ce sont elles qui rendent sensibles les « correspondances » : « Comme de longs échos », « Vaste comme la nuit et comme la clarté », « Doux comme les hautbois »... (« Correspondances », poème 4, v. 5, 7, 10).

• La **métaphore** est une comparaison dont le terme comparatif n'est pas exprimé. Pour qualifier sa jeunesse, le poète dit qu'elle fut « un ténébreux orage » (« L'Ennemi », poème 10, v. 1). La « chevelure » se transforme en une « mer odorante et vagabonde » (« Le Serpent qui danse », poème 26, v. 7). Parfois le poète perd toute identité pour devenir un objet ou un lieu : « Je suis un cimetière abhorré de la lune » (« Spleen », poème 60, v. 8).

3 Personnifications et prosopopées

• Ces deux procédés occupent une place à part dans les images. Les personnifications font de la poésie de Baudelaire une **poésie habitée** : par elles, tout prend vie. C'est l'« Aurore » qui « éblouit » et la « Nuit » qui « console » (« Tout entière », poème 36, v. 15-16). La « Nature » parle, même si c'est confusément, dans « Correspondances » (poème 4).

• Certaines de ces personnifications s'expriment **au style direct** : c'est le procédé de la prosopopée. La « Beauté » s'adresse aux mortels (poème 17). L'« Horloge » « nous dit » de son doigt menaçant :

[…] *Souviens-toi !*
Les vibrantes Douleurs dans ton cœur plein d'effroi
        Se planteront bientôt comme dans une cible
(poème 122, v. 2-4)

Dossier • 351

FICHE **6**

4 • Une écriture musicale

« La musique souvent me prend comme une mer », écrit Baudelaire dans
« La Musique » (poème 76, v. 1). De fait, c'est toute son écriture qui est
empreinte de musicalité : par ses refrains, par ses échos sonores et par
ses rythmes.

① Refrains et reprises

• À la manière des **chansons**, certains poèmes renferment des refrains.
Les trois strophes de « L'Invitation au voyage » (poème 49) sont ainsi sépa-
rées par un distique qui revient tel un refrain. « Harmonie du soir » (poème
43) reprend les mêmes vers, mais à des places chaque fois différentes.

• « Le Balcon » (poème 34), « Réversibilité » (poème 40), « L'Irréparable »
(poème 50) et « Mœsta et errabunda » (poème 55) jouent également sur
des phénomènes de reprises. Le premier vers de chaque strophe y est
aussi le dernier. Dans « Le Beau Navire » (poème 48), il ne s'agit plus d'un
vers isolé, mais d'une strophe entière.

② Les effets et échos sonores

• Répétition d'un même son (voyelle), l'**assonance** est par nature musi-
cale, comme dans « La Vie antérieure » (poème 12, v. 5-8) : « Les houles, en
roulant [...]/Les tout-puissants accords [...]/Aux couleurs du couchant ».

• Les **allitérations** produisent des effets sonores par la répétition des
mêmes consonnes, comme dans « Parfum exotique » (poème 21, v. 11-14)
où les « p », les « f », les « l » et les « m » reviennent comme dans un leitmotiv :

> Pendant que le parfum des verts tamariniers,
> Qui circule dans l'air et m'enfle la narine,
> Se mêle dans mon âme au chant des mariniers.

③ Les rythmes

• L'hétérométrie de plusieurs poèmes associant les **vers pairs et impairs**
accentue la musicalité du texte. C'est le cas du « Serpent qui danse »
(poème 26), du « Poison » (poème 45), de « L'Invitation au voyage » (poème
49) ou de « La Musique » (poème 76).

• Même quand les poèmes sont isométriques, le rythme produit des **cadences à chaque fois différentes**. Voici l'exemple d'un alexandrin fluide où la césure à l'hémistiche est peu marquée : « Je sais l'art d'évoquer les minutes heureuses » (« Le Balcon », poème 34, v. 21). Cet autre alexandrin est en revanche beaucoup plus heurté : l'Espoir « Vaincu, pleure, et l'Angoisse atroce, despotique » (« Spleen », poème 62, v. 19).

> **RÉCAPITULATIF**

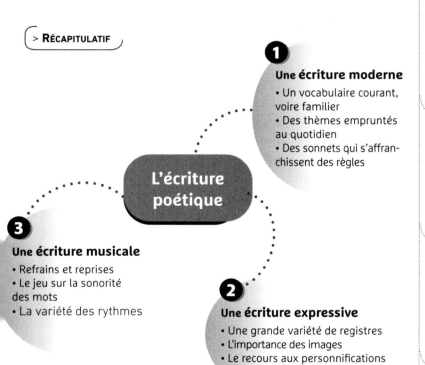

1. Une écriture moderne
- Un vocabulaire courant, voire familier
- Des thèmes empruntés au quotidien
- Des sonnets qui s'affranchissent des règles

L'écriture poétique

3. Une écriture musicale
- Refrains et reprises
- Le jeu sur la sonorité des mots
- La variété des rythmes

2. Une écriture expressive
- Une grande variété de registres
- L'importance des images
- Le recours aux personnifications

FICHE 7 — *Les Fleurs du mal* en *10 citations*

● Le spleen

« Ô douleur, ô douleur ! Le Temps mange la vie.

(« L'Ennemi », p. 40)

« […] l'Espoir,
Vaincu, pleure et l'Angoisse atroce, despotique,
Sur mon crâne incliné plante son drapeau noir.

(« Quand le ciel…, *Spleen* », p. 123)

● L'aspiration à l'idéal

« Dis-moi, ton cœur parfois s'envole-t-il, Agathe,
Loin du noir océan de l'immonde cité […] ?.

(« Moesta et errabunda », p. 114)

« Là, tout n'est qu'ordre et beauté,
Luxe, calme et volupté.

(« L'Invitation au voyage », p. 101)

« Je suis belle, ô mortels ! comme un rêve de pierre.

(« La Beauté », p. 51)

● La femme

Ta tête se pavane avec d'étranges grâces.

(« Le Beau Navire », p. 99)

Ô femme dangereuse, ô séduisants climats !
Adorerai-je aussi ta neige et vos frimas […] ?

(« Ciel brouillé », p. 96)

Amante ou sœur, soyez la douceur éphémère
D'un glorieux automne ou d'un soleil couchant.

(« Chant d'automne », p. 220)

● L'alchimie poétique

Les parfums, les couleurs et les sons se répondent.

(« Correspondances », p. 30)

Ô vous, soyez témoins que j'ai fait mon devoir
comme un parfait chimiste et comme une âme sainte,
Car j'ai de chaque chose extrait la quintessence,
Tu m'as donné ta boue et j'en ai fait de l'or.

(Épilogue à la deuxième édition, p. 311)

Dossier • **355**

THÈME

La fuite du temps, source de création artistique

La fuite du temps est l'un des thèmes traditionnels de la poésie et de la création artistique. Elle les colore d'une teinte mélancolique, mais peut aussi leur donner un sens. L'art est en effet souvent perçu comme le moyen de lutter contre la perte et l'oubli. Que reste-t-il au poète lorsque celui-ci fait le bilan de sa vie ? Comment le temps peut-il inspirer le poète tout en étant son plus grand ennemi ? La poésie peut-elle constituer une réponse à l'angoisse du temps qui passe ? Telles sont les questions que se posent les auteurs de ce corpus, de Musset à Aragon.

DOC 1 — Charles Baudelaire, *Les Fleurs du mal*, « L'Ennemi » (1857) → page 25

> « L'Ennemi » prend place dans la section « Spleen et Idéal », entre « Le Mauvais Moine » et « Le Guignon ». Dans ce sonnet, le poète passe en revue les saisons de sa vie, et déplore la fuite du temps, laquelle tarit son inspiration.

DOC 2 — Alfred de Musset, *Derniers vers*, « Tristesse » 1840)

> À ses débuts, Alfred de Musset fut salué par le critique Sainte-Beuve comme « un enfant de génie ». À 30 ans, en 1840, sa liaison tapageuse avec George Sand et ses œuvres majeures sont derrière lui. Musset évoque à demi-mots, dans ce sonnet, plusieurs moments dramatiques de sa vie et dresse le bilan d'une vie de poète.

J'ai perdu ma force et ma vie,
Et mes amis et ma gaieté ;
J'ai perdu jusqu'à la fierté
Qui faisait croire à mon génie.

5 Quand j'ai connu la Vérité,
J'ai cru que c'était une amie ;
Quand je l'ai comprise et sentie,
J'en étais déjà dégoûté.

Et pourtant elle est éternelle,
10 Et ceux qui se sont passés d'elle
Ici-bas ont tout ignoré.

Dieu parle, il faut qu'on lui réponde.
Le seul bien qui me reste au monde
Est d'avoir quelquefois pleuré.

DOC 3 **Guillaume Apollinaire,** *Alcools,* **« Automne malade »**
(1913)

Alcools *réunit des poèmes de tous les tons, toutes les formes, tous les genres, écrits entre 1898 et 1913. L'automne évoque traditionnellement la fuite du temps et la mélancolie. Dans ce poème, Apollinaire reprend ce topos et en renouvelle l'évocation grâce au choix de l'écriture en vers libres.*

Automne malade et adoré
Tu mourras quand l'ouragan soufflera dans les roseraies
Quand il aura neigé
Dans les vergers

5 Pauvre automne
Meurs en blancheur et en richesse
De neige et de fruits mûrs
Au fond du ciel
Des éperviers planent
10 Sur les nixes[1] nicettes[2] aux cheveux verts et naines
Qui n'ont jamais aimé

---

1. Nixe : nymphe des eaux dans les légendes germaniques.

2. Nicettes : mignonnes.

THÈME

Aux lisières lointaines
Les cerfs ont bramé

Et que j'aime ô saison que j'aime tes rumeurs
15 Les fruits tombant sans qu'on les cueille
Le vent et la forêt qui pleurent
Toutes leurs larmes en automne feuille à feuille
Les feuilles
Qu'on foule
20 Un train
Qui roule
La vie
S'écoule

DOC 4 Louis Aragon, *Le Roman inachevé*, « **Je chante pour passer le temps** », © Éditions Gallimard

Le Roman inachevé paru en 1956 est l'autobiographie d'Aragon écrite en vers. Le poète, âgé de cinquante-neuf ans, revient sur sa vie passée, à la lumière des désillusions politiques qu'il a connues, et de l'amour d'Elsa Triolet qui continue à l'inspirer.

Je chante pour passer le temps
Petit qu'il me reste de vivre
Comme on dessine sur le givre
Comme on se fait le cœur content
5 À lancer cailloux sur l'étang
Je chante pour passer le temps

J'ai vécu le jour des merveilles
Vous et moi souvenez-vous-en
Et j'ai franchi le mur des ans
10 Des miracles plein les oreilles
Notre univers n'est plus pareil
J'ai vécu le jour des merveilles

Allons que ces doigts se dénouent
Comme le front d'avec la gloire
15 Nos yeux furent premiers à voir
Les nuages plus bas que nous
Et l'alouette à nos genoux
Allons que ces doigts se dénouent

Nous avons fait des clairs de lune
20 Pour nos palais et nos statues
Qu'importe à présent qu'on nous tue
Les nuits tomberont une à une
La Chine s'est mise en Commune
Nous avons fait des clairs de lune

25 Et j'en dirais et j'en dirais
Tant fut cette vie aventure
Où l'homme a pris grandeur nature
Sa voix par-dessus les forêts
Les monts les mers et les secrets
30 Et j'en dirais et j'en dirais

Oui pour passer le temps je chante
Au violon s'use l'archet
La pierre au jeu des ricochets
Et que mon amour est touchante
35 Près de moi dans l'ombre penchante
Oui pour passer le temps je chante

Je passe le temps en chantant
Je chante pour passer le temps

ARTS et culture

Baudelaire, le poète des peintres

Un critique d'art

Avant d'être le poète des *Fleurs du mal*, Baudelaire débute en tant que critique d'art. Passionné très tôt par la peinture, il fréquente les Salons et prend la défense de peintres de son époque, comme Eugène Delacroix. C'est dans cet environnement qu'il commence à développer sa conception singulière de la Beauté.

Baudelaire refuse le réalisme sous toutes ses formes et critique notamment la photographie qu'il juge trop plate. Pour le poète, être peintre c'est sublimer le réel par l'imagination.

Les Fleurs du mal et la peinture

On retrouve cet amour de la peinture dans les *Fleurs du mal* où Baudelaire rend hommage à de nombreux artistes. Ainsi « Les Phares » fait référence à Antoine Watteau, « De Profundis Clamavi » s'inspire de Pietro della Vecchia et « Vers pour le portrait de M. Honoré Daumier » représente un célèbre caricaturiste.

Dans son recueil, Baudelaire prend aussi ses distances avec des courants artistiques qu'il affectionne peu : le néo-classicisme d'Ingres auquel il fait allusion dans « Les Bijoux », le réalisme de Léon Bonnat qu'il évoque dans « Le Flacon » et celui de Gustave Courbet qui a pourtant effectué son portrait mais avec qui il s'est ensuite brouillé.

Poète des peintres, Baudelaire marquera durablement l'imaginaire pictural du XXe siècle. Son œuvre influence de nombreux peintres, comme en témoignent notamment les tableaux d'Henri Matisse.

1. *Les Trois Parques* (XVIIe siècle)

- **Auteur** : Pietro della Vecchia (1603-1678), peintre vénitien
- **Technique** : peinture (huile sur toile)
- **Dimensions** : 29,6 x 43,9 cm
- **Genre** : scène mythologique

 L'image est reproduite dans le cahier couleurs, p. I.

La mort et son grotesque

Dans la mythologie romaine, les trois Parques, Nona, Decima et Morta, tiennent le fil de la vie des mortels, qu'elles coupent lorsque leur heure est venue. Baudelaire les évoque notamment dans le dernier vers de son « De profundis clamavi » (28) à travers la métaphore de « l'écheveau du temps ».

Pietro Della Vecchia en a, parmi bien d'autres, proposé une représentation. Peintre italien de l'époque baroque, il est particulièrement reconnu comme peintre de scènes grotesques et de portraits.

2. *L'Embarquement pour Cythère* ou *Pèlerinage à l'île de Cythère* (1717)

- **Auteur** : Jean Antoine Watteau (1684-1721), peintre français
- **Technique** : peinture (huile sur toile)
- **Dimensions** : 129 x 194 cm
- **Genre** : scène galante

 L'image est reproduite dans le cahier couleurs, p. II.

Le peintre des fêtes galantes

Watteau est cité par Baudelaire dans la sixième strophe des « Phares » (6), où des « cœurs illustres,/Comme des papillons, errent en flamboyant ». Il peint ce tableau comme morceau de réception pour entrer à l'Académie royale, qui crée pour lui la catégorie de « peintre de fêtes galantes ».
Dans l'Antiquité, l'île de Cythère était un lieu sacré dédié à Aphrodite, la déesse de l'Amour.

ARTS ET CULTURE

Dante et Virgile aux Enfers dit aussi *La Barque de Dante* (1822)

- **Auteur** : Eugène Delacroix (1792-1863), peintre français
- **Technique** : peinture (huile sur toile)
- **Dimensions** : 189 x 241,5 cm
- **Genre** : scène de genre

> L'image est reproduite dans le cahier couleurs, p. III.

Aux origines du romantisme

Cité dans la huitième strophe des « Phares » (6), Delacroix est le peintre le plus important pour la réflexion esthétique de Baudelaire. Préférant la couleur au trait, et le mouvement à la ligne, Baudelaire oppose l'art romantique de Delacroix à celui, néoclassique, d'Ingres.

Ce tableau est la première œuvre présentée au Salon de 1822 par Delacroix et marque le signal de la révolution romantique. Ses grandes dimensions (189 cm x 241,5 cm) anoblissent le thème littéraire de la descente aux Enfers, ici emprunté à l'œuvre de Dante, et élèvent, dans la hiérarchie des genres, un thème tenu jusque-là pour secondaire en peinture.

Portrait de Baudelaire (1848)

- **Auteur** : Gustave Courbet (1819-1877), peintre et sculpteur français
- **Technique** : peinture (huile sur toile)
- **Dimensions** : 54 x 65 cm
- **Genre** : portrait

> L'image est reproduite dans le cahier couleurs, p. IV.

Le réalisme en marche

Né à Ornans en 1819, Gustave Courbet fréquente, à Paris, la bohème artistique et littéraire. Il rencontre Baudelaire, probablement par l'intermédiaire de l'écrivain Champfleury (1821-1889), le chef de file du réalisme. De 1847 à 1849, le peintre et le poète sont très liés ; c'est à cette époque que Courbet peint le portrait de Baudelaire. Ils se brouillent par la suite critiquant l'un et

362 • Les Fleurs du mal

l'autre leurs choix esthétiques. En 1862, Baudelaire reconnaît néanmoins les mérites de Courbet qui a représenté le poète dans *L'Atelier du peintre* (1855).

Lire l'image

1/ Quelle est la composition du tableau?
2/ Quels sont les objets représentés? Qu'indiquent-ils?
3/ Quelle image du poète ce tableau nous donne-t-il?

5 *Luxe, calme et volupté* (1904)

- **Auteur** : Henri Matisse (1869-1954), peintre et sculpteur français
- **Technique** : peinture (huile sur toile)
- **Dimensions** : 98,5 x 118,5 cm
- **Genre** : paysage

 L'image est reproduite en 2ᵉ de couverture

Le goût de la couleur

Chef de file du fauvisme, Matisse a néanmoins expérimenté plusieurs techniques picturales avant de devenir le peintre fauve que l'on connaît. Le tableau *Luxe, calme et volupté* s'inscrit dans cette perspective, même si Matisse emploie la couleur pure en usant d'une touche énergiquement morcelée, qui n'est néanmoins ni pointillée, ni même mosaïquée.

Le tableau propose une représentation du célèbre vers de Baudelaire qu'il prend pour titre, mais ne cherche pas à englober l'intégralité du poème «L'Invitation au voyage» (49).

Lire l'image

1/ Quelle est la composition du tableau?
2/ Quels éléments du tableau vous semblent illustrer le vers de Baudelaire?
3/ La scène représentée vous évoque-t-elle d'autres tableaux, d'autres peintres?

L'épreuve écrite

Sujet de **dissertation** n°1

En 1855, alors qu'il rédige *Les Fleurs du mal*, Baudelaire interpelle en ces mots le poète qui est en lui/la figure du poète ?: « Tâchez de concevoir un beau banal ! » Que pensez-vous de cette injonction ?

Vous répondrez à cette question dans un développement argumenté, en vous appuyant sur votre lecture des *Fleurs du mal* et sur les autres textes étudiés dans le cadre du parcours « Alchimie poétique : la boue et l'or ».

👍 pour vous aider

Pour la méthode générale de la dissertation, reportez-vous à la fiche page 374.

❶ Analyser le sujet

C'est à la lumière du vers fameux de Baudelaire, « Tu m'as donné ta boue et j'en ai fait de l'or », qu'il faut interpréter ce sujet portant sur la conception de la beauté pour le poète. Celle-ci repose sur le paradoxe et l'alliance des contraires : ce qui est conçu comme laid ou quelconque peut soudain être l'objet d'éloges. L'écriture poétique métamorphose l'ordinaire en extraordinaire : le banal devient ainsi source de beauté.

❷ Formuler la problématique

Comment, dans *Les Fleurs du mal*, Baudelaire fait-il de la banalité une source de beauté ?

❸ Organiser ses idées

> 1. Un regard neuf sur le quotidien

- Relevez les poèmes qui mettent en lumière la vie quotidienne dans la section des « Tableaux parisiens ».
- Élargissez la question de la banalité à celle de la laideur. Appuyez-vous sur « Une charogne » qui éclaire la manière dont le poète transmue l'horreur en beauté.

> 2. Les outils poétiques : une écriture originale et moderne

- Relevez l'usage du vocabulaire courant ou familier : « L'Ennemi » ou « L'Horloge ».
- Intéressez-vous aux sonnets qui s'affranchissent des règles traditionnelles : « Le Guignon », « Le Chat » ou « La Pipe ».

🖊 pour vous aider

> 3. Le poète, nouvel alchimiste ?

• En vous appuyant sur « Alchimie de la douleur », montrez en quoi consiste l'opération alchimique qui transforme le beau en banal et vice versa.

• Relisez « L'Albatros » puis montrez comment le poète devient, par cette alchimie, un être hors du commun et incompris des hommes.

④ Rédiger la dissertation

> L'introduction

Baudelaire est l'un des premiers poètes de la modernité. Son projet de transformer la banalité en beauté participe d'une révolution poétique qui s'étend à tous ceux qui lui sont postérieurs.

> Le développement

Appuyez-vous sur votre plan établi au brouillon. N'oubliez pas d'illustrer chacun de vos arguments par un exemple en citant des vers en intégralité.

> La conclusion

Vous pouvez ouvrir la réflexion à d'autres poètes comme Apollinaire ou Ponge, qui ont tous deux fait de la banalité un sujet poétique.

Dossier • **365**

L'ÉPREUVE ÉCRITE

Sujet de **dissertation** n° 2

Présentant les poèmes les plus célèbres de la modernité, l'écrivaine Jeanne Bourin déclare : « Tout est matière à poésie. » Que pensez-vous de cette affirmation ?

Vous répondrez à cette question dans un développement argumenté, en vous appuyant sur votre lecture des Fleurs du mal et sur les autres textes étudiés dans le cadre du parcours « Alchimie poétique : la boue et l'or ».

👍 *pour vous aider*

Pour la méthode générale de la dissertation, reportez-vous à la fiche page 374.

1 Analyser le sujet

Si dans les siècles passés, le poète n'évoquait que des sujets nobles, il n'en est plus ainsi avec la poésie moderne. Celle-ci s'ouvre à tous les sujets – l'infâme comme le sublime, la culture antique comme le monde moderne – et à tous les registres de langue. Jeanne Bourin souligne donc ici la rupture que constitue la révolution poétique moderne qui se veut plus démocratique.

2 Formuler la problématique

Dans quelle mesure la poésie moderne, à travers l'évocation de sujets jusque-là écartés de la tradition, constitue-t-elle une révolution poétique qui entend s'adresser à tous ?

3 Organiser ses idées

> 1. Tous les sujets sont poétiques

• Relevez dans les poèmes du parcours la variété de thèmes abordés par la poésie moderne : la laideur (Hugo), la ville (Verlaine), ou les objets du quotidien (Nouveau).
• Montrez que cette poésie aborde le monde dans ce qu'il a de plus moderne : les nouveaux paysages urbains (Verhaeren), ou les inventions technologiques (Apollinaire, « Zone »).

> 2. Des formes poétiques nouvelles ?

• Ces sujets sont évoqués à travers deux formes poétiques : des formes nouvelles en vers et le poème en prose (« Alchimie du verbe », Rimbaud).
• Songez à la façon dont Baudelaire a revisité l'héritage des formes poétiques en introduisant des variantes métriques dans le sonnet : « La Pipe ».

366 • Les Fleurs du mal

> 3. Un poème pour tous ?
• À partir du texte d'Apollinaire dans le parcours, réfléchissez à l'usage d'un langage familier proche de l'oralité : est-ce un moyen de s'adresser à tous ?
• Montrez comment le poète peut se faire le porte-parole de la foule (Baudelaire, « Les Foules »).

④ Rédiger la dissertation

> L'introduction
La révolution poétique moderne a rompu avec la tradition classique en évoquant les sujets les plus divers, aussi triviaux soient-ils. Il s'agit de parler de tout à tous, sans distinction.

> Le développement
Appuyez-vous sur votre plan établi au brouillon. N'oubliez pas d'illustrer chacun de vos arguments par un exemple en citant des vers en intégralité.

> La conclusion
Vous pouvez élargir votre propos en évoquant la poésie engagée, comme la poésie de la Résistance avec Louis Aragon, par exemple.

L'ÉPREUVE ÉCRITE

Sujet de **commentaire**

Victor Hugo, « J'aime l'araignée et j'aime l'ortie », *Les Contemplations,* III
> page 312, texte 3.

Commentez le texte.

Vous devrez composer un devoir qui présente de manière organisée ce que vous avez retenu de vote lecture et justifie, par des analyses précises, votre interprétation et vos jugements personnels.

> *pour vous aider*

Pour la méthode générale du commentaire, reportez-vous à la fiche 2, page 376.

Il s'agit d'un poème extrait du Livre III des *Contemplations*, dans lequel Victor Hugo se révolte contre les injustices et prend la défense des plus vulnérables.

1 Analyser le texte

Le poète témoigne de son intérêt pour le sort des rejetés et affirme son amour pour l'araignée et l'ortie, injustement repoussées à cause de leur laideur.

2 Formuler la problématique

Comment Hugo, à travers la défense de l'araignée et de l'ortie, réhabilite-t-il les êtres méprisés ?

3 Organiser ses idées

> 1. Un portrait d'êtres méprisés
• Montrez comment ces deux êtres associés à la noirceur sont mis en lumière et humanisés par le poète.
• Comment le poète suggère-t-il qu'ils souffrent du mépris dont ils sont l'objet ?

> 2. Une défense compatissante
• Analysez la dimension argumentative du poème dans son rapport avec le registre pathétique.

> 3. Un appel à l'amour
• Relevez les procédés par lesquels le poète s'adresse au lecteur.
• À quels sentiments universels Hugo fait-il appel pour unir le lecteur à sa cause ?

368 • Les Fleurs du mal

L'épreuve orale

Sujet d'**oral** n° 1

Charles Baudelaire, *Les Fleurs du mal*, « Harmonie du soir »
(< page 92, vers 1 à 16)
Pour la méthode générale de l'épreuve orale, reportez-vous à la fiche 4, page 378.

1 LECTURE ORALISÉE

👍 • Marquez une légère pause entre chacun des quatrains afin de souligner la construction formelle du poème et soulignez par vos intonations les vers exclamatifs.

2 EXPLICATION DU PASSAGE

👍 • Montrez que ce poème convoque des souvenirs amoureux. Relevez les termes qui permettent d'affirmer que ce souvenir est douloureux.
• Montrez comment se construit progressivement la musicalité du poème. Soyez attentif d'une part, aux reprises de vers et aux jeux de rimes et, d'autre part, aux vocabulaires religieux et musical.

3 QUESTION DE GRAMMAIRE > **Identifiez et analysez aux vers 7 et 8 les différentes fonctions des adjectifs.**

👍 L'adjectif qualificatif peut être épithète, attribut ou apposé. L'épithète est placé directement à côté du nom ; l'adjectif attribut est séparé du nom qu'il qualifie par un verbe d'état ; l'adjectif apposé est séparé du nom ou du GN qu'il qualifie par ue virgule.

FICHES

GROUPEMENT

PROLONGEMENTS

SUJETS DE BAC

MÉTHODES

Dossier • 369

L'ÉPREUVE **ORALE**

Questions *pour l'entretien*

Ces questions, qui font référence à Alcools *de Guillaume Apollinaire, ont été conçues à titre d'exemples.*

1 Dans votre dossier est mentionnée la lecture d'Alcools. Pouvez-vous présenter brièvement cette œuvre et exposer les raisons de votre choix ?

2 Quels poèmes avez-vous particulièrement aimés ? Pourquoi ?

3 De nombreux poèmes font l'éloge de la banalité du quotidien : pouvez-vous en évoquer quelques-uns ? Les moyens mis en œuvre par Apollinaire sont-ils semblables à ceux convoqués par Baudelaire ?

Sujet d'**oral** n° 2

Germain Nouveau, *Valentines*, « Le Peigne »

< page 317, vers 1 à 32

Pour la méthode générale de l'épreuve orale, reportez-vous à la fiche 4, page 378.

1 LECTURE ORALISÉE

👍 • La lecture doit rendre compte de l'ironie à l'œuvre dans le poème. Il faut privilégier un ton joueur et amusé qui en souligne la ponctuation atypique.

2 EXPLICATION DU PASSAGE

👍 • Relevez les procédés stylistiques (personnification, allitération, ponctuation, etc.) employés par le poète qui choisit ironiquement d'évoquer un objet aussi banal que le peigne.

• Soyez attentif, derrière l'humour, à la déclaration d'amour du poète à celle qu'il appelle sa « Valentine ».

3 QUESTION DE GRAMMAIRE > **Indiquez le type des phrases interrogatives au vers 13 et 14 puis analysez leur emploi.**

👍 Demandez-vous si ces interrogations attendent-elles une réponse ou si elles traduisent un sentiment, une intention.

Questions *pour l'entretien*

Ces questions, qui font référence à Mignonne, allons voir si la rose *de Ronsard, ont été conçues à titre d'exemples.*

1 Dans votre dossier est mentionnée la lecture de *Mignonne, allons voir si la rose* de Ronsard. Pouvez-vous présenter brièvement cette œuvre et exposer les raisons de votre choix ?

2 Quels poèmes avez-vous particulièrement aimés ? Pourquoi ?

3 La plupart des poèmes de ce recueil font l'éloge de l'être aimé : pouvez-vous en évoquer quelques-uns ? Pourquoi Ronsard privilégie-t-il la forme du sonnet ?

Dossier • 371

L'ÉPREUVE ORALE

DES IDÉES DE *lectures cursives...*

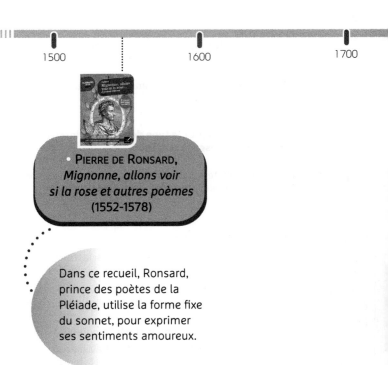

1500 — 1600 — 1700

- **PIERRE DE RONSARD,** *Mignonne, allons voir si la rose et autres poèmes* (1552-1578)

Dans ce recueil, Ronsard, prince des poètes de la Pléiade, utilise la forme fixe du sonnet, pour exprimer ses sentiments amoureux.

372 • Les Fleurs du mal

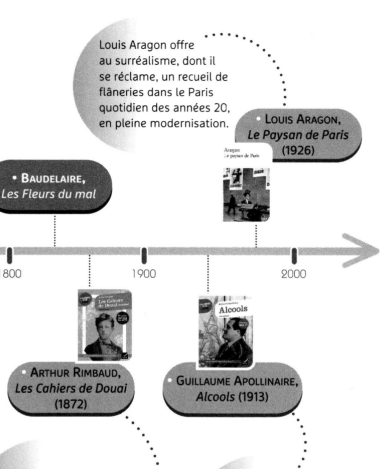

Louis Aragon offre au surréalisme, dont il se réclame, un recueil de flâneries dans le Paris quotidien des années 20, en pleine modernisation.

• **Louis Aragon**, *Le Paysan de Paris* (1926)

• **Baudelaire**, *Les Fleurs du mal*

• **Arthur Rimbaud**, *Les Cahiers de Douai* (1872)

• **Guillaume Apollinaire**, *Alcools* (1913)

Génie précoce, Rimbaud livre ici ses premiers poèmes d'adolescent fugueur. Cet « alchimiste du verbe » crée une langue poétique moderne pénétrée d'images neuves.

Apollinaire présente dans *Alcools* son amour du monde moderne. Avions, voitures et paysages urbains fournissent le matériau de ses poèmes.

Dossier • 373

MÉTHODE

1

RÉUSSIR
la **dissertation**

Le jour du bac, vous avez le choix entre trois sujets de dissertation sur un même objet d'étude, selon l'œuvre et le parcours que vous avez étudiés en classe. Vous devez montrer que vous en avez compris les principaux enjeux.

1 • <u>Analyser le sujet</u>

• Le sujet se présente en général sous la forme d'une question ou sous la forme d'une citation suivie d'une question. Une phrase de consigne délimite ensuite le champ de votre réflexion (l'œuvre seule ou l'ensemble des textes pouvant s'inscrire dans le parcours concerné).

• Lisez attentivement l'ensemble de l'énoncé. Identifiez les **mots clés** et définissez-les si nécessaire.

2 • <u>Formuler la problématique, trouver des idées</u>

• Reformulez alors la citation et/ou la question pour mettre en évidence le **problème posé**.

• Notez en vrac toutes les **idées** qui vous viennent à l'esprit, **en lien avec ce problème** : à ce stade, il n'y a pas de mauvaise idée.

• Listez au brouillon **les œuvres et les textes** que vous avez lus dans le cadre du parcours concerné : ils pourront vous fournir de précieux exemples. Quel éclairage apportent-ils sur le sujet ?

3 • <u>Organiser ses idées</u>

• Reprenez vos notes et organisez vos idées : pour chaque partie, vous devez avoir au moins deux **arguments**, illustrés par un ou plusieurs **exemples** chacun. Chaque argument correspond à une sous-partie.

• Mettez **vos connaissances au service de votre argumentation** : il ne s'agit pas de « recaser » des citations ou des éléments d'analyse appris

374 • Les Fleurs du mal

par cœur, mais de sélectionner les exemples les plus pertinents et de montrer comment ils illustrent votre idée.

Quel type de plan ?

La formulation du sujet peut vous indiquer le type de plan à privilégier.

> Je dois **discuter** une affirmation ....▸ Plan **dialectique** (I. thèse ; II. antithèse ; III. synthèse)

> Je dois **prouver** la validité d'une thèse ....▸ Plan **thématique** (I. arguments 1 ; II. argument 2 ; etc.)

• Dans le cas d'un plan dialectique, vous devez d'abord expliciter l'affirmation (I), puis formuler des réserves (II), avant de la reformuler pour dépasser l'opposition entre I et II (III). Notez bien que l'antithèse ne consiste pas à dire le contraire de ce qui a été dit dans la thèse, mais à en évoquer les limites ou les lacunes.

• Dans le cas d'un plan thématique, présentez successivement différents arguments en faveur de la thèse proposée.

4 • Rédiger la dissertation

• Rédigez d'abord votre **introduction** au brouillon. Elle doit comporter :
– une phrase d'amorce ;
– la citation qui sert de support au sujet (le cas échéant) ;
– une reformulation de la problématique ;
– l'annonce de votre plan.

• Rédigez ensuite votre développement en suivant le **plan établi au brouillon** (une sous-partie = un paragraphe).

Ménagez des transitions entre vos grandes parties.

• Rédigez enfin une **conclusion** qui synthétise votre point de vue et répond au problème posé par le sujet. Vous pouvez terminer en élargissant le débat (autre époque, autres arts...).

> **Conseil** Ménagez des transitions entre vos grandes parties et utilisez des connecteurs logiques pour aider le correcteur à comprendre la logique de votre argumentation.

• Relisez attentivement l'ensemble de votre devoir : que vous soyez à l'aise ou non en orthographe, on fait souvent des fautes lorsque l'on est pris dans le fil d'une réflexion. L'important est de réussir à les corriger !

Dossier • 375

MÉTHODE 2

RÉUSSIR le commentaire de texte

Le commentaire consiste à proposer une interprétation d'un texte littéraire de manière argumentée. Le texte proposé au bac relève de l'un des objets d'étude abordés pendant l'année, mais n'est pas extrait d'une œuvre au programme.

1 • Analyser le texte

• Lisez une première fois le texte, sans oublier le paratexte et les notes : cela vous permet d'établir sa « **carte d'identité** ».

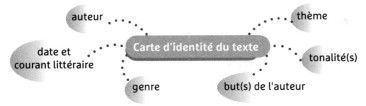

• À l'aide du paratexte et de la connaissance que vous pouvez avoir de l'œuvre, **situez le texte** le plus précisément possible.

2 • Dégager la problématique

• Notez vos **impressions de lecture** : qu'avez-vous compris ? quel effet le texte produit-il sur vous ?

• Relisez plusieurs fois le texte en l'annotant : identifiez sa **structure** et repérez les **procédés littéraires** qui vous semblent signifiants. Notez toutes vos remarques au brouillon.

• Essayez de résumer la **spécificité du texte** en une phrase : qu'est-ce qui le rend intéressant, selon vous ? Cela vous permet de formuler votre problématique, de préférence sous forme de question : « Comment...? », « En quoi...? »

3 • **Organiser ses idées**

• Identifiez ensuite **deux ou trois pistes de réponse** (ou axes de lecture) qui structureront votre analyse. Attention, un procédé littéraire ne constitue pas un axe de lecture !

Dans les séries technologiques, le sujet comporte un parcours de lecture, qui vous donne les deux grandes parties de votre commentaire.

• Classez les éléments relevés de manière à constituer des parties et des sous-parties équilibrées. Votre plan doit aller **du plus simple au plus complexe**.

• Chaque sous-partie doit comporter :

4 • **Rédiger le commentaire**

• Rédigez d'abord votre **introduction** au brouillon. Elle doit comporter :
– une phrase d'amorce ;
– une courte présentation du texte, qui le définit et le situe ;
– votre problématique ;
– l'annonce de votre plan.

• Rédigez ensuite votre développement en suivant le plan établi au brouillon. Retenez que : **un paragraphe = une sous-partie**.

Ménagez des transitions entre vos grandes parties.

• Rédigez enfin une **conclusion** qui synthétise votre démonstration et répond à la problématique. Vous pouvez terminer en ouvrant sur d'autres textes partageant les mêmes enjeux, mais évitez les ouvertures artificielles.

Conseil Consacrez environ 1 heure 30 à la rédaction au propre. Gardez au moins 10 minutes pour vous relire : la qualité de la langue fait partie des critères d'évaluation !

MÉTHODE

3

RÉUSSIR
l'épreuve orale

L'épreuve orale dure 20 minutes et vous disposez de 30 minutes de préparation. Vous êtes évalué tant sur vos connaissances que sur votre capacité à vous exprimer à l'oral.

1 • <u>Comprendre l'épreuve</u>

L'épreuve orale se déroule comme suit :

1re partie : exposé (🕐 12 min 📊 12 points)	2de partie : entretien (🕐 8 min 📊 8 points)
• lecture du texte • explication linéaire • question de grammaire	• présentation d'une œuvre intégrale • échange avec l'examinateur

2 • <u>Bien gérer le temps de préparation</u>

• Commencez par **délimiter le passage** à expliquer : il ne correspond pas forcément à la totalité de l'extrait étudié en classe.

• Lisez une première fois le texte pour vous le remettre en mémoire, puis re-lisez-le en l'annotant. Notez les **idées importantes**, dans l'ordre du texte, en utilisant un code couleur qui vous permette de vous repérer facilement dans vos notes et dans le texte.

> **Conseil** N'essayez pas de rédiger l'intégralité de votre explication : face à l'examinateur, vous devez être naturel(le) et spontané(e).

• N'hésitez pas à structurer votre explication en vous appuyant sur les **mouvements du texte**.

• Prévoyez environ 5 minutes pour répondre à la question de grammaire et 5 minutes pour préparer la 2de partie de l'oral, en notant les points clés de la présentation.

378 • Les Fleurs du mal

3 • **Réussir la première partie de l'oral**

• Présentez brièvement le texte (auteur, œuvre, époque, parcours dans lequel il s'inscrit), puis lisez-le à haute voix.

> **Conseil** Soignez la lecture : ne parlez pas trop vite, faites les liaisons et utilisez une intonation adaptée.

• Expliquez le texte **sans le paraphraser** : il ne s'agit pas de reformuler le propos de l'auteur, mais de proposer une interprétation du texte. Vous devez donc toujours analyser les procédés que vous relevez.

• **Concluez** votre explication en synthétisant vos observations : quels sont les principaux enjeux du texte ? Ouvrez éventuellement en évoquant d'autres textes du parcours.

• Répondez enfin à la question de grammaire :
– citez la phrase ou le passage concerné ;
– décrivez le fait grammatical en utilisant un vocabulaire adapté.

4 • **Réussir la seconde partie de l'oral**

• Dans un premier temps, l'examinateur vous invite à **présenter l'œuvre** que vous avez choisie. Soyez concis mais efficace :
– résumez brièvement l'œuvre et ses principaux enjeux ;
– expliquez pourquoi vous avez choisi de la présenter.

• L'examinateur prendra appui sur votre présentation pour vous poser des questions. C'est surtout votre **aptitude à dialoguer** qui est évaluée : efforcez-vous de développer vos réponses et de réagir aux propositions de l'examinateur.

Quelques conseils pour être à l'aise à l'oral

PENDANT L'ANNÉE
• prendre la parole en public dès que possible
• repérer les tics de langage et les gestes nerveux et s'entraîner à les éliminer

JOUR J
• prendre le temps de s'installer confortablement
• ne pas parler trop vite ni trop bas
• respirer profondément

Dossier • 379

Index des poèmes

Les poèmes surlignés sont étudiés dans l'une de ces trois rubriques : « Clés pour vous guider »,
« Parcours littéraire » ou « Sujet d'oral ». Ils font l'objet d'un marquage spécifique au fil du texte.

A

À celle qui est trop gaie (39) 85
À M. Eugène Fromentin (147) 287
À une Dame créole (54) 113
À une Madone (113) 222
À une Malabaraise (145) 284
À une mendiante rousse (65) 129
À une passante (128) 250
Abel et Caïn (91) 176
Albatros (L') (104) 206
Alchimie de la douleur (120) 232
Allégorie (85) 164
Âme du vin (L') (93) 181
Amour du mensonge (L') (131) 257
Amour et le Crâne (L') (89) 172
Au Lecteur 21
Aube spirituelle (L') (42) 91
Avec ses vêtements ondoyants et nacrés (25) 63
Avertisseur (L') (152) 296
Aveugles (Les) (127) 249

B

Balcon (Le) (34) 78
Béatrice (La) (86) 165
Beau navire (Le) (48) 99
Beauté (La) (17) 51
Bénédiction (1) 24
Bien loin d'ici (156) 300
Bijoux (Les) (20) 55
Bohémiens en voyage (13) 45
Brumes et pluies (63) 125

C

Cabaret folâtre (Un) (148) 290
Causerie (51) 107
Chanson d'après-midi (114) 225
Chant d'automne (112) 220
Charogne (Une) (27) 66
Chat (Le) (Dans ma cervelle se promène) (47) 97
Chat (Le) (Viens, mon beau chat) (33) 77
Châtiment de l'orgueil (16) 49
Chats (Les) (56) 116
Chevelure (La) (107) 212
Ciel brouillé (62) 96
Cloche fêlée (La) (58) 118
Confession (41) 89
Correspondances (4) 30

Coucher du soleil romantique (Le) (133) 265
Couvercle (Le) (150) 293
Crépuscule du matin (Le) (68) 136
Crépuscule du soir (Le) (67) 134
Cygne (Le) (124) 238

D

Danse macabre (130) 254
De profundis clamavi (28) 70
Destruction (La) (78) 147
Deux bonnes sœurs (Les) (83) 162
Don Juan aux enfers (15) 47
Duellum (108) 214

E

Élévation (3) 29
Ennemi (L') (10) 40
Épigraphe pour un livre condamné (160) 305
Examen de minuit (L') (151) 294

F

Fantôme (Un) (110) 216
Femmes damnées (81) 155
Femmes damnées (82) 160
Fin de la journée (La) (101) 197
Flacon (Le) (44) 93
Flambeau vivant (Le) (38) 84
Fontaine de sang (La) (84) 163
Franciscæ meæ laudes (53) 111

G

Géante (La) (19) 54
Gouffre (Le) (149) 292
Goût du néant (Le) (119) 231
Gravure fantastique (Une) (117) 229
Guignon (Le) (11) 42

H

Harmonie du soir (43) 92
Héautontimorouménos (L') (52) 108
Hiboux (Les) (57) 117
Homme et la mer (L') (14) 46
Horloge (L') (122) 234
Horreur sympathique (121) 233
Hymne (136) 269
Hymne à la beauté (106) 210

I

Idéal (L') (18) 53
Imprévu (L') (143) 280
Invitation au voyage (L') (49) 101
Irrémédiable (L') (64) 126
Irréparable (L') (50) 104

J

J'aime le souvenir de ces époques nues (5) 32
Je n'ai pas oublié, voisine de la ville (70) 139
Je t'adore à l'égal de la voûte nocturne (22) 59
Je te donne ces vers afin que si mon nom (35) ... 80
Jet d'eau (Le) (134) 266
Jeu (Le) (66) 132

L

La servante au grand cœur (69) 138
Lesbos (80) 151
Léthé (Le) (30) 73
Litanies de Satan (Les) (92) 178
Lola de Valence (140) 276
Lune offensée (La) (158) 303

M

Madrigal triste (157) 301
Martyre (Une) (79) 148
Masque (Le) (105) 208
Mauvais Moine (Le) (9) 39
Métamorphoses du vampire (Les) (87) 167
Mœsta et errabunda (55) 114
Monstre (Le) (138) 271
Mort des amants (La) (98) 191
Mort des artistes (La) (100) 193
Mort des pauvres (La) (99) 192
Mort joyeux (Le) (73) 142
Muse malade (La) (7) 37
Muse vénale (La) (8) 38
Musique (La) (76) 145

O • P • Q

Obsession (118) 230
Parfum exotique (21) 57
Paysage (123) 236
Petites Vieilles (Les) (126) 244
Phares (Les) (6) 34
Pipe (La) (77) 146
Plaintes d'un Icare (Les) (154) 298
Poison (Le) (45) 95
Possédé (Le) (109) 215
Prière d'un païen (La) (155) 299

R

Rançon (La) (144) 283
Rebelle (Le) (153) 297
Recueillement (159) 304
Remords posthume (32) 76
Reniement de Saint Pierre (Le) (90) 174
Rêve d'un curieux (Le) (102) 198
Rêve parisien (132) 259
Revenant (Le) (72) 141
Réversibilité (40) 87

S

Sed non satiata (24) 61
Semper eadem (111) 219
Sept vieillards (Les) (125) 241
Sépulture (74) 143
Serpent qui danse (Le) (26) 64
Sisina (115) 227
Soleil (Le) (2) 28
Sonnet d'automne (116) 228
Spleen (*J'ai plus de souvenirs*) (60) 120
Spleen (*Je suis comme le roi*) (61) 122
Spleen (*Pluviôse, irrité contre la ville entière*) (59) 119
Spleen (*Quand le ciel bas et lourd*) (62) 123
Squelette laboureur (Le) (129) 252
Sur *Le Tasse en prison* d'Eugène Delacroix (141) 277
Sur les débuts d'Amina Boschetti (146) 286

T • U

Tonneau de la haine (Le) (71) 140
Tout entière (36) 81
Tristesses de la lune (75) 144
Tu mettrais l'univers entier dans ta ruelle (23) ... 60
Une nuit que j'étais près d'une affreuse Juive (31) 75

V • Y

Vampire (Le) (29) 71
Vers pour le portrait de M. Honoré Daumier (139) 275
Vie antérieure (La) (12) 43
Vin de l'assassin (Le) (95) 186
Vin des amants (Le) (97) 190
Vin des chiffonniers (Le) (94) 184
Vin du solitaire (Le) (96) 189
Voix (La) (142) 278
Voyage (Le) (103) 199
Voyage à Cythère (Un) (88) 169
Yeux de Berthe (Les) (135) 268

Promesses d'un visage (Les) (137) 270
Que diras-tu ce soir, pauvre âme solitaire (37) 83

Dossier • 381

Table des illustrations

En 2ᵉ de couverture

- Henri Matisse, *Luxe, calme et volupté* (1904). Huile sur toile, 98 x 111,8 cm, Paris, musée d'Orsay. © Succession H. Matisse - Photo © RMN-Grand Palais, musée d'Orsay/Hervé Lewandowski

Dans l'ouvrage

- Page 12 Portrait de Charles Baudelaire, auteur anonyme eau-forte (XIXᵉ siècle). Château de Compiègne. coll. Archives Hatier
  Jeanne Duval dessinée par Charles Baudelaire. Coll. Archives Hatier

- Page 13 Illustration de Georges Rochegrosse pour le frontispice d'une édition des *Fleurs du mal*, 1917. Brown University Library

- Page 15 Percement de l'avenue de l'Opéra, photographie anonyme (XIXᵉ siècle). Coll. Archives Hatier

- Pages 372-373 Ronsard, Mignonne, allons voir si la rose..., coll. Classiques & Cie Lycée, © Éditions Hatier • Rimbaud, *Les Cahiers de Douai*, coll. Classiques & Cie Lycée, © Éditions Hatier • Apollinaire, *Alcools*, coll. Classiques & Cie Lycée, © Éditions Hatier • Aragon, *Le Paysan parvenu*, coll. Folio, © Éditions Gallimard

Dans le cahier couleurs, au centre du livre

- Page I Pietro Muttoni dit della Vecchia, *Les Trois Parques* (XVIIᵉ siècle). Modène, Galleria Estense. ph © Archives Alinari, Florence/Dist. RMN-Grand Palais/Mauro Magliani

- Page II Antoine Watteau, *L'Embarquement pour Cythère ou Pèlerinage à l'île de Cythère* (1717). Huile sur toile, 129 × 194 cm, Paris, musée du Louvre, ph © Stéphane Maréchalle/RMN-Grand Palais (musée du Louvre)

- Page III Eugène Delacroix, *Dante et Virgile aux Enfers* dit aussi La Barque de Dante (1822). Huile sur toile, 189 x 246 cm, Paris, musée du Louvre. ph © Josse/Leemage

- Page IV Gustave Courbet, *Portrait de Baudelaire* (1848). Huile sur toile, 54 x 65 cm, Montpellier, musée Fabre. ph ©RMN-Grand Palais/Agence Bulloz

Conception graphique de la maquette : Studio Favre & Lhaïk ; pour la partie texte :
c-album, Jean-Baptiste Taisne et Rachel Pfleger • Mise en pages : RAY Publishing Ltd
• Mise en pages cahier couleurs : Clarisse Mourain • Iconographie : Hatier Illustrations
• Suivi éditorial : Charlotte Monnier et Caroline Blanc

PAPIER À BASE DE FIBRES CERTIFIÉES

Hatier s'engage pour l'environnement en réduisant l'empreinte carbone de ses livres. Celle de cet exemplaire est de :
700 g éq. CO_2
Rendez-vous sur www.hatier-durable.fr

Achevé d'imprimer en Espagne par Black Print
Dépôt légal n° 06360-0/01- Août 2020